ロールシャッハ・テスト講義 I | 基礎篇

Lectures on the Rorschach Test I
by NAKAMURA, Noriko

中村紀子 著

Ψ
金剛出版

In memory of Dr. John E. Exner.

— N.

ロールシャッハ・テスト講義 I
基礎篇

Rorschach Test Lesson I
Basic Lesson

講義1　ロールシャッハ・テストの誕生 ……………………………………013

はじめに　013
アセスメント，私の場合　015
アセスメントの内容，私の場合　016
ロールシャッハ・テストを学ぶ——ロールシャッハ言語とは何か？　017
イントロダクション——ロールシャッハ・テストの歴史　020
　ヘルマン・ロールシャッハとオイゲン・ブロイラー（020）／臨床家としてのヘルマン・ロールシャッハ（023）／インク・ブロット誕生秘話（026）／筆で描いた図版（032）
ヘルマン・ロールシャッハの後継者たち　034
　5人の大家（035）／第二次世界大戦とロールシャッハの衰退（037）
『ロールシャッハ・テスト体系』刊行の軌跡　039
ロールシャッハ研究の変遷　040

講義2　ロールシャッハ・テストを学ぶための基礎知識 ……………044

包括システム初期の研究——図版を見せて何をしているのか　044
　投映が起こる3種類の反応（048）
知覚のプロセスとしてのロールシャッハ——反応の過程　050
　潜在的な反応（050）／知覚走査と情報入力（053）／検閲（055）
ロールシャッハ変数の安定性　056
　変化しやすい変数（056）／比較的不安定な感情に関する変数（059）／子どもの発達と年齢別のデータ（061）／IQとの関連（063）／問題解決場面としてのロールシャッハ（063）
ロールシャッハ・テストの3本柱　064

講義3　反応領域・発達水準・組織化活動 ……………………………066

反応領域　066
　全体反応（W：Wholes）でなければ部分反応（D：Common Details または Dd：Unusual Details）（066）／空白部分反応（S：White Space Details）（069）／空白領域についての最終確認（072）／複数のD領域を用いた場合の反応領域のコード（072）／反応領域についての最終確認（074）
発達水準（Developmental Quality：DQスコア）　077

発達水準の特徴（077）

発達水準を整理する── v, +, o, v/+　078
発達水準の高低を測る（078）／DQv（079）／DQ+（081）／DQo（082）／DQv/+（082）／成長過程と発達水準（083）

発達水準の理解を深める　086
構造一覧表の見方──発達水準を中心として　088
組織化活動（Organizational Activity：Z スコア）　089
Z スコアを理解する（090）／ZW（091）／ZA（093）／ZD（093）／ZS（094）／図版 III と図版 X の顔反応についての Z スコアの特別なルール（094）

Z スコアから見えてくるもの　096
Z スコアの頻度が低い（098）／変化しやすい Zf スコア（099）／ZSum, ZEst, Zd（100）／Zd の期待値（±3.0）（102）／オーバー・インコーポレート（情報取り込み過剰）／アンダー・インコーポレート（情報取り込み不足）（105）／ザルで水をすくう（107）

講義 4　決定因子 I ── 形態反応と運動反応　……………………………110

決定因子　110
他者の眼から世界を追体験する（111）

形態反応（Form Response：F）　112
運動反応（Movement Responses）　113
FM（Animal Movement：動物運動）（114）／M（Human Movement：人間運動）（114）／m（Inanimate Movement：無生物）（115）／M と FM と m の区分法（117）

a, p（active-passive：積極と消極の右肩文字）　118
a と p の識別法 1 ──エネルギー量と重力（m の場合）（120）／a と p の識別法 2 ──ルールで決まっているもの（121）

運動反応は思考活動を反映する　122
M ──最も高度な思考活動を反映するもの（123）／白雪姫、青い鳥、虐待サバイバー（126）／FM ──欲求を反映するもの（128）／m ──ストレスを反映するもの（130）

講義 5　決定因子 II ── 有彩色反応と無彩色反応　……………………………131

有彩色反応（Chromatic Color Responses）を学ぶ　131

Cn（Color Naming Response：色彩命名）（131）／体験型——思考と感情（M の数：重みづけした色彩反応）（133）／FC（Form-Color Response：形態色彩反応），CF（Color-Form Response：色彩形態反応），C（Pure Color Response：純粋色彩反応）（134）

有彩色反応のコーディングを学ぶ　137
CF 反応のコード（137）／FC 反応のコード（139）

C と CF のコードの区別　140
C 反応（140）／C 反応が CF 反応となる場合（141）

ステップダウンの原則　142

直接的で明白な色彩使用　143
ロケーター（locator）（145）

無彩色反応（Achromatic Color Responses）を学ぶ　145
無彩色反応とコードしない場合（147）

講義 6　決定因子 III —— 濃淡反応と形態立体反応 ……………………… 150

濃淡反応（Shading Responses）を学ぶ　150

材質反応（Texture Response）　151
T 反応の例外（154）

濃淡立体反応（Shading-Dimensionality Response : Vista）　155
図版 IX の V 反応（156）／濃淡立体反応の解釈法（157）／構造一覧表のなかの V 反応を解釈する（158）／V 反応と罪悪感や自責感情の関係（159）

濃淡拡散反応（Diffuse Shading Responses）　162

ブレンド反応（Blend Response : (.)）　163

ブレンド反応・補論　165

包括システムのユニークなコード（FD，Fr，rF，(2)）を学ぶ　167

形態立体反応（Form Dimension Response : FD）　167

反射反応（Reflection Responses : Fr, rF）　170
形態反射反応（Fr : Form-Reflection Response）と反射形態反応（rF : Reflection-Form Response）（170）／反射反応とセルフ・エスティーム（自尊心・自己価値観）（172）

ペア反応（Pair Response : 2）　174
反射反応と治療計画（175）

F再論　177

講義7　形態水準 179

形態水準（Form Quality）　179
形態水準は何を測っているのか（180）／o（Ordinary：普通）（181）／+（Ordinary-elaborated：普通−詳細）（181）／u（Unusual：稀少）（183）／−（Minus：マイナス）（184）

補外法　185
マイナス反応の正しい見極め方（186）／複数の対象を含んだ反応の形態水準について（189）／形態水準が付かない決定因子（191）

講義8　反応内容・平凡反応 193

反応内容（Content）　193
H（Human：人間）（193）／Hx（Human experience：人間的体験）（195）／A（Animal：動物）（198））／（　）を付けて（H）や（Ad）とする際の注意（199）／An（Anatomy：解剖）（199）／Art（Art：芸術）（200）／Ay（Anthropology：人類学）（200）／Bl（Blood：血液）（202）／Bt（Botany：植物）（202）／Cg（Clothing：衣服）（202）／Cl（Clouds：雲）（203）／Ex（Explosion：爆発）（203）／Fi（Fire：火）（203）／Fd（Food：食物）（203）／Ge（Geography：地理）（205）／Hh（Household：家財道具）（205）／Ls（Landscape：地景）と Na（Nature：自然）（205）／Ls と Na と孤立指標（206）／Sc（Science：科学）（208）／Sx（Sex：性）（209）／Xy（X-ray：エックス線写真）（209）／Id（Idiographic：個性記述的反応）（210）

平凡反応（Popular Responses：P）　210
13の平凡反応（210）／平凡反応——比較研究から明かされる出現率（211）

講義9　特殊スコアⅠ —— 逸脱言語表現と不適切な結合 216

特殊スコア（Special Scores）　216
3本柱と特殊スコアの前後関係（216）／特殊スコアの概説（217）

逸脱言語表現（Deviant Verbalizations：DV, DR）　219
逸脱言語表現（Deviant Verbalization：DV）（219）／逸脱反応（Deviant Response：DR）（224）／DR のレベル 2（227）

不適切な結合（Inappropriate Combinations）　228
不調和な結合（Incongruous Combination：INCOM）（228）／作話的結合（Fabulized Combination

：FABCOM）（231）／レベル1とレベル2の区別のない特殊スコア（233）／不適切な論理（Inappropriate Logic：ALOG）（233）／混交反応（Contamination：CONTAM）（236）／識別困難なCONTAM（239）

講義10　特殊スコアⅡ────特殊な反応内容から特殊スコア練習問題 ……………241

特殊な反応内容1　241

抽象的内容（Abstract Content：AB）（241）／攻撃的な運動（Aggressive Movement：AG）（242）／協力的な運動（Cooperative Movement：COP）（243）／特殊な色彩現象（Special Color Phenomena）（246）／色彩投映（Color Projection：CP）（246）／逆CPについて（247）

人間表象反応（Human Representational Responses）　248

良質（GHR）と貧質（PHR）（248）／データ解析からGHRとPHRを理解する（253）

特殊な反応内容2　254

損傷内容（Morbid Content：MOR）（254）

個人的な反応（Personalized Answer）　257

個人的（Personal：PER）（257）

固執（Perseveration：PSV）　258

特殊スコアのコーディングの難しさ　263

特殊スコア練習問題　265

問題1（265）／問題2（266）／問題3（266）／問題4（266）／問題5（267）／問題6（267）／問題7（268）

付録 …………………………………………………………………………………269

付録Ⅰ　ノーマル・データ────インターナショナル・データと日本人データ 240　271

付録Ⅱ　トライアル15　281

付録Ⅲ　構造一覧表と布置記録表　287

あとがき　293

文献　299

事項索引　303

ロールシャッハ・テスト講義 I
基礎篇

Rorschach Test Lesson I
Basic Lesson

講義 1

ロールシャッハ・テストの誕生

First Lesson
The Birth of the Rorschach Test

はじめに

　おはようございます。今日から始まります初級の講座に登壇させていただきます中村紀子と申します。
　はじめに,『ロールシャッハ・テスト講義I』についての枠組みをお伝えいたします。実は私自身ロールシャッハを好んで使っているところがありまして,毎日の臨床のなかで普段着のように気張らずに,特別なものとしてではなくこれを活用しています。ですから,本書でも講師である私の傾向や癖のようなものが思いがけず出てしまうことがあると思います。できるだけ教科書『ロールシャッハ・テスト――包括システムの基礎と解釈の原理』(金剛出版, 2009)の行間を埋めるようなやり方で,実用的な情報を提供できればと思っています。本書を通じて包括システムのロールシャッハが正しく伝わっていって,皆様の臨床でロールシャッハの方法論が見立てのひとつとして首尾よく使われるようになることを願っております。

基本的に私のアイデンティティは中村心理療法研究室にあって，ここはワンルームを2つに区切ったところで，私ともう1人しかいないという，本当に手狭な，屋台を引っぱっているような臨床の開業をしています。そこでカップルセラピーや夫婦セラピーや家族療法を主にするのが中村伸一，アセスメントと主に個人療法を担当するのが私という，大ざっぱな持ち分があります。そういった職場で，わざわざ来室して何か話すべきことや解決すべき問題を抱えて目の前にいらっしゃる人に対して，私に何ができるのか，どのような援助やサービスを提供できるのかをつねに考えています。心理学的なサービスを提供するのが自分の仕事だと思っていますので，私のやっていることが理に適っていなかったり的を射ていなかったりすると，来室した人はわざわざ時間もお金もエネルギーもかけなくなります。簡単に言うと誰もいらっしゃらなくなりますよね。ですから，そのような現実のなかで，なぜロールシャッハが必要でこれが好きかというと，ロールシャッハの結果は私が伴走者として最後まで相手と共に完走するための見取図を描いてくれますし，少し先の一歩をどうするのかについて私自身を支える客観的な海図を提供してくれるからなのです。私にとってロールシャッハはカウンセリングをするのと同じかそれ以上に日常的なことで，その意味でこれからロールシャッハについて解説していくときには思いがけず，私の普段の臨床経験から理解してきたことを織り交ぜてお話しすることになるかもしれません。なるべく，教科書を見ればわかることではなく，実際にロールシャハを施行して実務に使う段になって必要な情報をお伝えできればと思っています。

アセスメント，私の場合

　初回面接は 90 分間で通常面接より長く時間を取って，ゆっくりこれまでの経過や，ここでどのような援助をしてもらえると期待しているのかなど全般をうかがった後に，「次回は私が用意するアセスメント（心理テスト）をさせてもらって，今後の見通しややり方について一緒に考えるデータをつくりたいのですが，2 時間ほど時間をいただけますか」とお願いします。「私にできることやできないことを確認したり，事態をさまざまな側面から把握したりして，カウンセリングの頻度や，薬物療法の必要性についてもわかっておきたいのです」と必要であれば説明を加える場合もあります。そうすると「そうしてくれるほうがありがたい」と歓迎される傾向が最近は強いと感じます。自分の個性をわかってもらったうえで自分に特化したカウンセリングを進めてもらいたい，という意識が強まっているように思います。ご夫婦で来室されるケースでも，早い段階で双方の心理学的なデータをそろえてフィードバック・セッションを挟み，問題解決を要領よく進めるという方法をよく取ります。カップルセラピーの場合は，どちらか一方に問題となる症状などの主訴が具体的にあればそれがカウンセリングのつなぎになりますが，むしろ双方の関係性そのものが問題になっていることのほうが多く，双方が自分には問題がないという前提で来室されているので，その関係性を具体的で客観的に見えるデータにするロールシャッハの作業は，ドロップアウトを未然に防いだり，夫婦関係を新しい見方でとらえなおしたりなど，得があっても損はないというのがこれまでの私の臨床での経験知です。

アセスメントよりもっと話がしたいという場合には急いでテストをしませんが，それでも必要であれば遅くとも5セッション目くらいまでにはアセスメントを差し挟むようにします。

アセスメントの内容，私の場合

2時間の時間枠で，まずロールシャッハを施行して，次にA4のコピー用紙に2Bの鉛筆で4枚の絵（実のなる木，人，家，家族）を描いてもらいます。整理体操の意味でPOMS（Profile of Mood State）の客観テストをして終わります。さらに，宿題としてSCT（精研式文章完成法テスト）とMMPI（ミネソタ多面的人格目録）を持ち帰ってやってもらうためにそれぞれについてやり方を説明して，返信用の封筒を用意しておいて，終わったら封筒に入れて投函してくださいとお願いします。

学校の校医や養護教諭，職場の産業医や他の精神科の医師から「心理学的アセスメントの精査」のみを依頼されてコンサルテーションをする場合は，5回に分けて面接します。1回目は初回面接として90分，2回目に2時間でロールシャッハを含めた，描画，POMS，SCT，MMPI（必要であればベンダーゲシュタルト検査）を施行して，3回目に2時間枠で知能検査，4回目は60分でクレペリン検査を実施します。5回目はアセスメント・フィードバック・セッションの90分面接を行ないます。結果についてはご本人と（本人が望めば両親や配偶者や教師や上司も同席して）話し合います。その話し合いの結果をもとに，コンサルティーに向けてレポートを作成して送ります。紹介元のコンサルティーと最後にセッションをもつことができれば，結果のレポートをもとに学校や，職場，精神科などの他職種の専門家の方々と話し合いや確認，情報交換

が進むので，アセスメントの結果についての相互理解がさらに深まって消化不良が少なくなります。ここまでできると，アセスメントの結果がどのように生かされるのかが見届けられて，アセスメントをする者としての醍醐味を味わえます。

ロールシャッハ・テストを学ぶ——ロールシャッハ言語とは何か？

　本書とその続篇では2つのことに焦点を合わせて学んでいきます。まず，どのようにロールシャッハ言語に変換するのかという「コード」，2つ目は，包括システムでどのようにロールシャッハを施行するのかという「施行法」についてです（『ロールシャッハ・テスト講義Ⅱ——解釈篇』［金剛出版より近刊］で解説します）。どちらも技術なので，頭で理解してわかることと，実際に自分でやってみてできることには大きな違いがあります。

　皆様のロールシャッハを学ぼうというモティベーションやキャリアはいろいろだと思いますが，ロールシャッハを学ぶことを私の感覚で言いかえますと，新しい言語を学ぶのに似ているかもしれません。「ロールシャッハ言語」を使ってコミュニケーションを取ることになるからです。2人の間に図版があって，何を見たのかを言ってくれた受検者の言葉を聞きながら，相手の見たものを理解して聞いた通りにロールシャッハの言葉に通訳・翻訳する技術を学ぶということになります。ですので，本書を読めばロールシャッハを施行できるようになり，コーディングもマスターできるというのはちょっと違います。たとえば私は韓国語を知らないのですが，語学学校で習うとします。3日間で文法を覚えて，挨拶や日常会話のフレーズを教材などで覚えたからといって，すぐに韓国語

で不自由なくコミュニケーションが取れるわけでありません。その意味では，ロールシャッハ言語の習得も同じで，繰り返し自分の身につくように練習し，修得する必要があります。講座に出てわかったということと，本当に自分がわかって使えるということとの間にはギャップがあるものです。繰り返し学んで身につけて，専門家の振る舞いとして一連の行動が自然にできるようになるには時間がかかると思います。

　この基礎篇では，ロールシャッハ言語について学びます。次の解釈篇は，施行法と結果をまとめた構造一覧表からどのようにデータを読んで解釈をするのかという手続きについて学びます。1日1ケースずつコードを確認して，解釈の仕方を学んでいきます。包括システムのロールシャッハ言語を学んでいただいた後，解釈を実務で使いこなしていけるようになるためには，パターン学習が大切ではないかと思っていますので，この基礎篇，解釈篇のあとにつづけて解釈を学ぶための6つの基礎臨床解釈を用意しました（以下，金剛出版より刊行予定）。

　「基礎臨床解釈Ⅰ ──統合失調症」──ロールシャッハ上に現われてくる統合失調症について学習します。主に PTI（Perceptual-Thinking Index：知覚と思考の指標）に示される，思考や現実感覚の歪みについて，知覚の逸脱のさまざまについて学びます。

　「基礎臨床解釈Ⅱ ──抑うつ」──抑うつ状態やうつの現われは実にさまざまで臨床像としてもたいへん多いものですが，自殺予防や危機管理の意味でも重要な課題です。包括システムの「S-Con（Suicide Constellation：自殺の危険性を示す指標）」と「DEPI（Depression Index：抑うつ指標）」や「CDI（Coping Deficit Index：対処力不全指標）」を読み合わせて抑うつの実態を把握します。

　「基礎臨床解釈Ⅲ ──パーソナリティ障害」──特にボーダーライン・パーソナリティについて学習します。1980年代になってロール

シャッハがふたたび脚光を浴びたのは，構造化された知能検査では優秀な結果を出す人が，構造化されていないロールシャッハではうまくやれないという，ボーダーラインの特徴がさかんに研究されたためでもありました。統合失調症とは異なるその独特な特徴がどのようにロールシャッハに現われるのかを学びます。

「基礎臨床解釈 IV —— CDI」——包括システムでロールシャッハを使い始めたら，おそらく最も多く遭遇するのがこの CDI（対処力不全指標）に該当する人ではないでしょうか。これは病院臨床に限らず，非行や犯罪の司法領域，不登校や引きこもりや摂食障害などの児童思春期や，対人関係の問題を含む学生相談，離婚調停や親権争いを扱う家庭裁判所など広範囲で遭遇する人々に該当する可能性が高いものです。

「基礎臨床解釈 V ——夫婦と家族」——クライアントだけのロールシャッハではなくて，夫婦あるいは親子でロールシャッハを取った場合の関係性の学習です。いわゆる困難なケースでは，結果的に家族全員にロールシャッハを受けていただくことになることも珍しくありません。家族全員のロールシャッハのデータが揃うと，個人の結果だけからわかることとは異なって，関係性を見立てに使えるようになります。扱うデータは多くなり，まとめるのが大変ではありますが，それを超えるメリットとはどのようなことなのかを学んでいきます。特にカウンセリングに参加しないメンバーがいる場合，ロールシャッハのデータがあると，それが貴重な存在となる場合があります。

「基礎臨床解釈 VI ——子ども」—— 5 歳から小学生年代までのロールシャッハを扱います。子どもだからロールシャッハをしても仕方がない，というのは違うことがおわかりいただけると思います。わずか 5 年間あまりの人生経験のなかで，これまで見たもの聞いたもの，自分を取り巻いていた経験を走馬灯のようにいろいろ語ってみせてくれることが

あります。子どもを対象にする場合の施行法や解釈は特別なものではありませんが，該当する年齢に応じて微調整をして，子どもの発達の観点から理解の枠を広げる必要があります。

イントロダクション——ロールシャッハ・テストの歴史

まずロールシャッハ・テストの歴史から講義を始めたいと思います。資料の「ロールシャッハの歴史」というところをご覧ください（表1-1）。ヘルマン・ロールシャッハ（Herman Rorschach）がロールシャッハの図版をつくった，ということはご存知だと思いますが，それは1910年代にまでさかのぼります。まずこの歴史の一覧表は，オイゲン・ブロイラー（Eugen Bleuler）に始まります。オイゲン・ブロイラーはスイスのチューリッヒ大学医学部の教授で，当時としては非常に新しいもの好きで，たとえばフロイトの知見も早々と重んじたひとりとも言われますし，同時に非常に有能な臨床家だったとも言われます。

ヘルマン・ロールシャッハとオイゲン・ブロイラー

ここでブロイラーから話を始めたのには理由があります。実はヘルマン・ロールシャッハの個人史については，『ロールシャッハとエクスナー』（金剛出版，2005）でジョン・エクスナー（John E. Exner）自身が詳しく語っています。また『ロールシャッハ・テスト』にも，第1章でロールシャッハの歴史についてふれています。ヘルマン・ロールシャッハ自身は10代のうちに母を亡くすという経験をされていて，そのせいか，将来は医者になろうと思っていたようです。兄も早くに亡くなり，

表 1-1　ロールシャッハの歴史

1911		オイゲン・ブロイラー　「スキゾフレニア（統合失調症）」
1919		第一次世界大戦終了
1921		ヘルマン・ロールシャッハ　*Psychodiagnostik*（『精神診断学』）
1922		ヘルマン死亡　37 歳　急性虫垂炎による腹膜炎
クロッパー	1922	ミュンヘン大で Ph-D
	33	スイスでロールシャッハを始め，渡米
	36	機関誌 *Rorschach Research Exchange* 発刊
	39	Rorschach Institute 設立
ベック	1932	コロンビア大学で全米初ロールシャッハで Ph.D
	33	チューリッヒ留学
	37	マニュアル出版
ピオトロフスキー	1927	ポーランドで Ph.D，渡米
	34	クロッパーのセミナーで学ぶ
	38	クロッパー法から離れる
	57	*Perceptanalysis* 出版
ヘルツ	1932	ウエスタン・リザーヴ大学で Ph.D
ラパポート ＆ シェーファー	1938	ハンガリーで Ph.D，渡米
	46	*Diagnostic Psychological Testing* 出版
		第二次世界大戦
エクスナー	1955	朝鮮戦争（エクスナー空軍で参戦負傷）
	59	コーネル大で Ph.D
		クロッパー，ベックのセミナー参加
	69	*The Rorschach System* 出版
	69	Rorschach Research Foundation 設立
	74	*The Rorschach*：*vol.1 1st ed*
	78	*vol.2 1st ed*
	82	*vol.3 1st ed*
	86	*vol.1 2nd ed*
	91	*vol.2 2nd ed*
	93	*vol.1 3rd ed*
	95	*vol.3 2nd ed*
	95	*Issues & Methods in Rorschach Research*
	2003	*The Rorschach : Vol.1 4th ed.*
	2005	*The Rorschach : Vol.2 3rd ed.*

次男だった彼が長男のポジションにつくことになります。父親は亡くなった妻の妹と再婚するのですが，その継母とヘルマンより年下の兄弟らはうまくいかなかったために，長男役のヘルマンが兄弟たちの世話をし，まとめるという家族における重要な役割も果たします。その後ヘルマンが10代のうちに父親も亡くなります。この父親が美術教師だったので，その影響もあって，ヘルマン・ロールシャッハは芸術的な才能にも恵まれていました。これは図版作りに直接に関わってまいります。そして芸術家になるのか医者になるのか悩んだ末に選んだのが，チューリッヒ大学に進むという結論で，医学部に進み1909年に医者になります。そして1912年，「反射幻覚と類似現象について」という学位論文を書いて医学博士となりますが，そのときの指導教官がブロイラーでした。

　ブロイラーとヘルマン・ロールシャッハの強いつながりのひとつは，指導教官ブロイラーが，1911年にスキゾフレニア（統合失調症）という概念を提唱したことに関連します。スキゾフレニアという概念はそれ以降現在まで世界中で使いつづけられていますが，スキゾフレニアという概念が提示される以前は1890年代の研究をまとめてクレペリンが「早発性痴呆」としていました。ですからクレペリンのいう早発性痴呆とはまったく違った心的現象が分裂していく症状群をスキゾフレニアとしてブロイラーが再定義をしたわけです。1911年といえば，フロイトが次々と自分の臨床経験をまとめて著作を発表していた時期です。その頃，今から100年前の1911年にはヘルマン・ロールシャッハは最初にインク・ブロット（インクのシミ）作りに取り組んで臨床実験を始めていました。ブロイラーが指導教官であり，フロイトが活躍していた，そして間もなく1919年に第一次世界大戦が起こる，そんな時代でした。

　ヘルマン・ロールシャッハは医者になると同時に，同じチューリッヒ大学の医学生だったオルガと結婚します。ヘルマン・ロールシャッハは

もともとロシアやロシア人に憧れを抱いていたこともあって，ロシア語もたしなんでいて，ロシア人のオルガと結婚してからオルガの故郷であるロシアでの開業を志してロシアに行きます。実はそのときブロイラーは，ヘルマン・ロールシャッハに若手研究者向けの研究職を斡旋していたようです。そういう意味では，これは私の勝手な推測ですけれど，ブロイラーはヘルマン・ロールシャッハに期待していたのではないかと思います。しかしそれを蹴って，ヘルマン・ロールシャッハはロシアに行くことを選びます。長くつきあって結婚するのを待たせていたオルガとロシアに行くことになりますが，半年足らずで開業はうまくいかず，ヘルマンだけが1年ほど先に戻ってきます。戻ったヘルマン・ロールシャッハに，ブロイラーは就職先を斡旋してはくれませんでした。そこで彼は，中央から離れた郊外の州立病院に就職します。ヘルマン・ロールシャッハが臨床医としてなぜ精神科を選んだのかはわかりませんが，彼のはじめての職場は地方で，しかも入院患者も多く，400のベッドがありながら，常勤の精神科医が2人という多忙な職場だったようです。そして新入りのヘルマン・ロールシャッハが担当したのは，慢性患者病棟だったようです。

臨床家としてのヘルマン・ロールシャッハ

　ヘルマン・ロールシャッハが臨床の現場に就いて取り組んだのは，変化や交流の少ない患者さんたちを活性化することでした。そこで彼が作ったのがパペットです。大きさはかなり大ぶりなものでした（図1-1）。30センチ×50センチはありそうなもので，いろいろな種類の人物像があります。裏には一本持ち手となる棒がついていて，どれもひもを引っ張ると，手などの一部が動く仕掛けになっています。パン屋さん

図1-1　パペット

だったらフランスパンを，鍛冶屋さんだったら金槌をもっているというように，役割がわかる人物像をたくさん作りました。そしてそれを患者さんたちに，シナリオに沿って上演したようです。今でいう集団療法のようなものだったと思うのですが，これは入院患者さんたちを楽しませて，活性化し，関わりや交流のきっかけをつくりたいと思ってのことだったようです。ところがこれが目論見通りにはならなかったようです。おそらく，「ふぅん，それで？」みたいなことだったのでしょうか。

　ところで，早くに両親を亡くしたヘルマン・ロールシャッハは，中高一貫の寮生活をする男子校で過ごしました。その学校では仲間をあだ名で呼びあうのが習慣だったようで，彼はクレックスと呼ばれていました。クレックスとは「Klexography」（インクのシミ）の接頭辞（Klex）です。

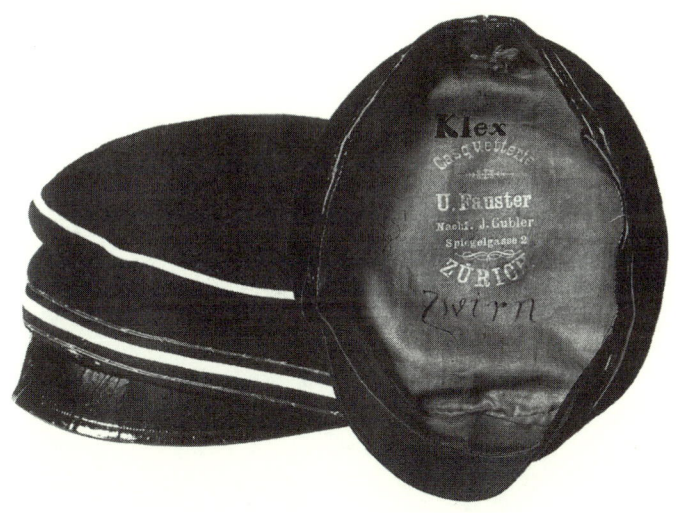

図 1-2 "Klex"

ですから「シミ」というのが彼のニックネームだったことになります。ヘルマン・ロールシャッハの学生帽の内側に Klex と書かれているのが見えます（図 1-2）。10 代の若い頃に仲間内でどのようにシミ遊びをしていたのかわかりませんが，インクのシミ遊びには長けていて，あだ名がつくほどでした。その当時の仲間が学校の先生になっていて，「昔よくインクのシミ遊びをしたけれど，あれを今のクラス生徒たちにやらせて学級運営に使っているんだ」と言うのを聞いて，ヘルマン・ロールシャッハは，そのインクのシミ遊びのことをふたたび思い起こします。1911 年にインク・ブロット作りをして，それを使った臨床研究を始めてみたもののそのままになっていましたが，パペットよりもインク・ブロットのほうが患者さんたちに適しているかもしれないと，ふたたび患

者さんに見せるために図版作りを始めたのは1915年頃のようです。

インク・ブロット誕生秘話

　次にお見せするインク・ブロット（図1-3, 1-4, 1-5, 1-6, 1-7）は一番初めの頃の試作のブロットですが、これを見ると安心するのは、ヘルマン・ロールシャッハが作るインクのシミでさえこういうものだということです。皆さん、作ってみたことはありますか？　インクのシミ遊びっていうのは、絵の具でやってみると、ロールシャッハ・テストの10枚の図版のようにはならないし、下手をすると本当にただのシミにしか見えない、何にもたとえられないものができたりします。試作にとりかかったヘルマン・ロールシャッハは、気に入ったインクのシミが偶然できると、そのインクのシミの構想を使って同じようなものを繰り返し何度も作って改良していきました。現在私たちが手にしている図版は、そのような彼の執念で作られたインクのシミだったということは間違いありません。これはもともと日本でお習字のときに使う半紙よりさらに薄い紙に作られています。1910年代当時は紙が貴重品でしたから、この紙も画用紙のようなものではなく非常に薄いティシューといわれるものでした。シリーズのなかには1枚くらいシンプルなものがあったほうがいいのではないかと、試作の図版Ⅴにあった左右の余分な部分を取って、現在の図版Ⅴにします（図1-8）。図版Ⅵは、今私たちが使っている向きとは反対向きで使用されていました（図1-9）。これには"Early Experimental Blot Used by Rorschach from the Files of Elisabeth Rorschach"と書いてありますが、ヘルマン・ロールシャッハの長女であるエリザベスが父の遺したものを保管しておられて、その遺品から出てきたものということです。見ていただくとわかるように、図版には最初から濃淡が

講義1　ロールシャッハ・テストの誕生　　027

図1-3　試作ブロット

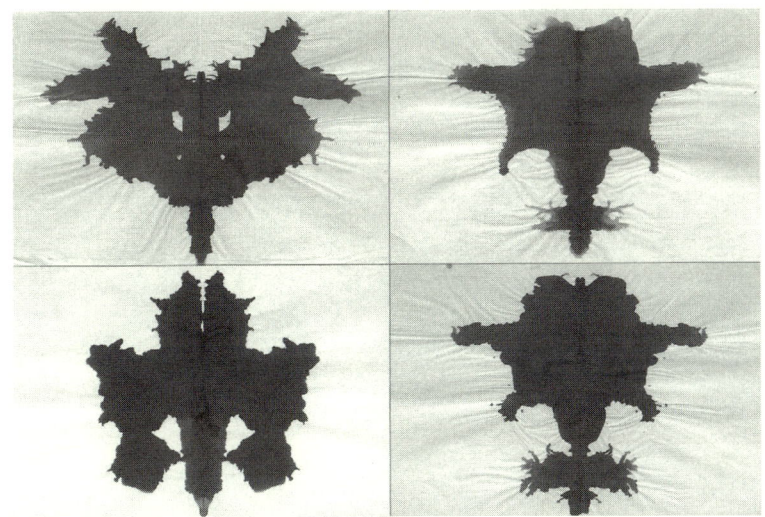

図1-4　試作ブロット

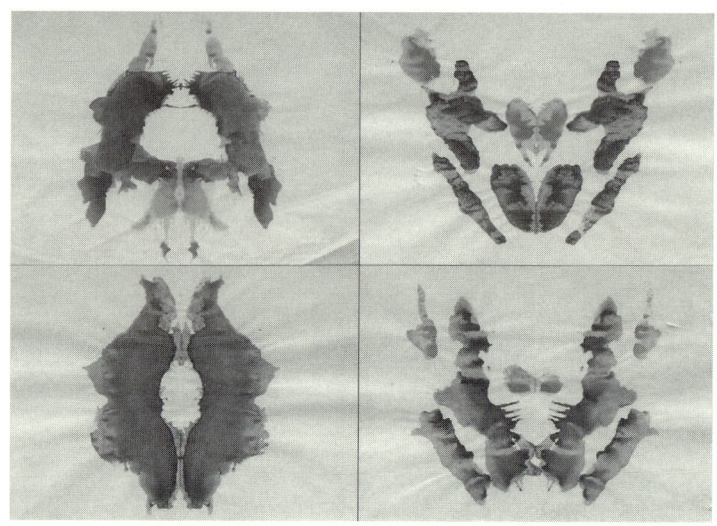

図 1-5　試作ブロット

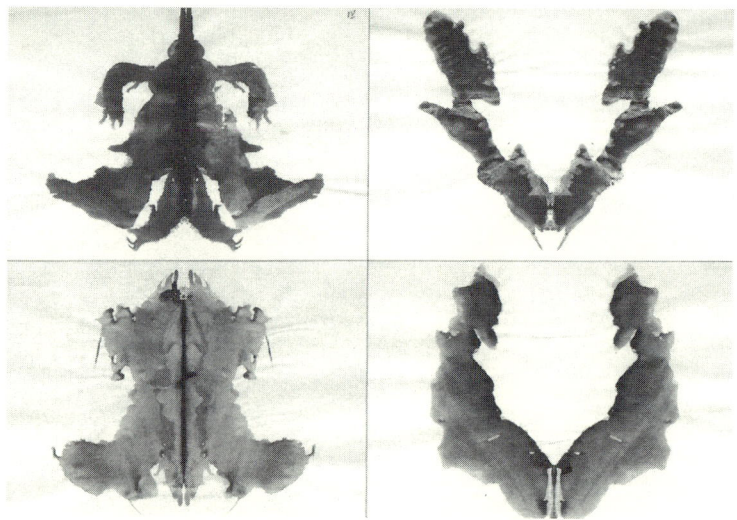

図 1-6　試作ブロット

講義1　ロールシャッハ・テストの誕生　　029

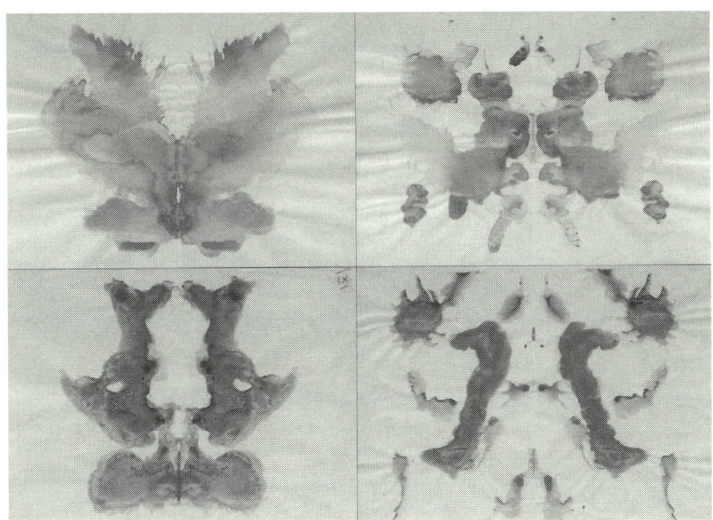

図1-7　試作ブロット

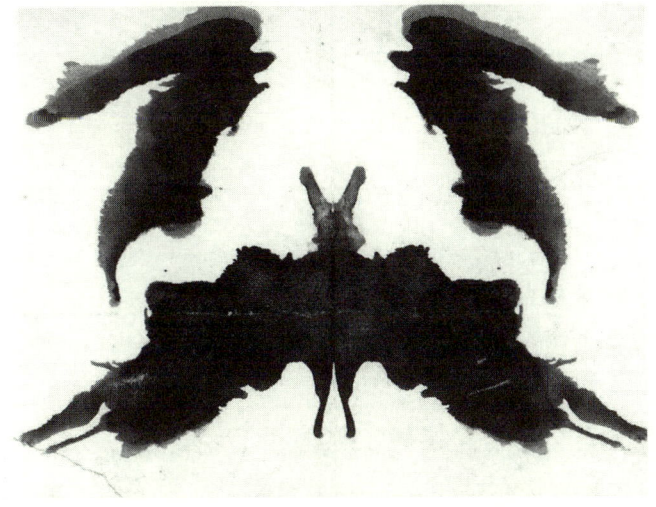

図1-8　試作ブロット

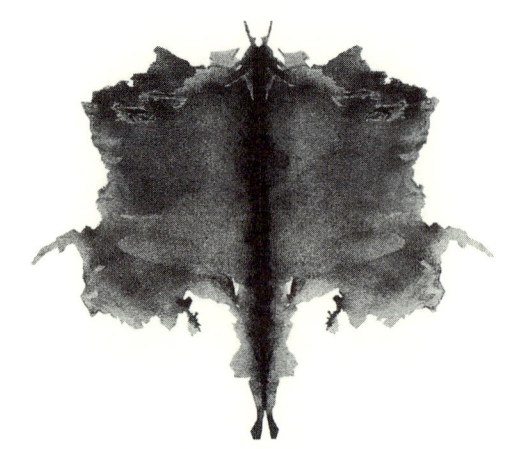

Early Experimental Blot Used by Rorschach from the Files of Elisabeth Rorschach

図1-9　試作ブロット

あったようですね。

　さて，パペットに代わって患者さんたちに見せていた当時の図版は今のものよりも大きいサイズのものだったようですが，その図版を「これ何に見える？」と患者さんたちに提示すると，「○○に見える」「そうじゃない，□□だろう」というような反応をしてくれたようです。ヘルマン・ロールシャッハがもくろんだように，患者さん同士がお互いに関わるきっかけを図版が触媒となって引き起こしていきました。

　ヘルマン・ロールシャッハは，最初は集団で全員に向かって図版を提示して「これ何に見える？」と聞いていたようですが，それも一通り終わると一人ずつ個別にいくつかのシリーズの図版を見せて，何を見るのかを確認していく作業を始めました。ヘルマン・ロールシャッハは個別に実施していく過程で，スキゾフレニアの人が他の疾患の人たちと違っ

たものの見方をすることに気がつきます。それは，「なぜスキゾフレニアの患者さんは他の患者さんと違って，『形あるものを見ない』のだろう」という重大な疑問でした。これはトライアル・ブロットを作るかたわら，1917年から1919年頃にかけて，自分の臨床のデータを集めていくなかでの発見でした。スキゾフレニアの概念は1911年に自分の師が提示したもので，当時の名だたる精神病理学者がこの問題についてホットに議論している最中のことです。

　現在ロールシャッハ法として学ぶのは包括システムですが，ロールシャッハを学ぶのであればヘルマン・ロールシャッハの原著『精神診断学』（鈴木睦夫訳『新・完訳精神診断学』金子書房，1998）はぜひ一度手に取ってみてください。今から学ぶ包括システムのロールシャッハ法とはまったく異なるのでテキストにはなりませんが（当時ヘルマンはFの形態，Mの人間運動反応，有彩色反応の3種類（FC, CF, C）の決定因子しか使っていませんでした），ヘルマン・ロールシャッハがこの本を執筆していた当時に考えていたことを理解する手助けになります。

　ヘルマンが収集したデータにはIQに限界のある精神発達遅滞の人たちのロールシャッハ・データも含まれていますが，それはなぜだったのでしょうか？　スキゾフレニアがそれまでの概念であった早発性痴呆とは違うことを確認するために，IQに限界のある対象も含めたのでしょう。ほかにも，老人性痴呆症，コルサコフ氏病，進行性麻痺，アルコール依存症，そして学業年限の長かった健常者と短かった健常者などを対象として合計400名以上のロールシャッハのデータを集めています。他の疾患の患者群と異なったスキゾフレニアの特徴を確認するというのがヘルマン・ロールシャッハのリサーチ・プランでしたが，同時に，図版を見せて何に見えるかを報告してもらうという，こんなに簡単な方法で，人の精神内界の特徴や病理を理解し鑑別することができると

いう，科学的な方法論としてのロールシャッハ法の確立を目指していました。指導教官だったブロイラーの意に沿って研究職に就くことをしなかったヘルマンが，師の提唱したスキゾフレニアが「図版に対する視知覚反応の特徴によって」，ほかの疾患とはたしかに質的に異なるということを証明できれば，大いなる名誉挽回となると考えていたのかもしれません。ヘルマンの職場は研究職とは異なる臨床現場でしたが，その当時ホットなテーマとなっていたスキゾフレニアという現象がこれほど簡単な手続きで理解できるという発見にわくわくしていたに違いありません。彼の研究の第一歩は，おそらくブロイラーのスキゾフレニア概念の提示なくして語れないと思います。

筆で描いた図版

　少し話の触先を変えてみましょう。スキゾフレニアの人たちはなぜ図版に一定の輪郭を見ないのでしょうか？　一定の輪郭のないものを見るというのはどういうことでしょうか？　決まった形のないもの，空の雲も火も水も自然界にそのままで存在するものはたいていがそうです。多くの人たちは図版のなかの輪郭をつかむのに，スキゾフレニアの人たちはそういう輪郭を無視した形のないものを見てしまうのです。このことに気がついてから彼は，今まで使っていたブロットから構想を得て，大小さまざまな筆を使って図版を描き始めました。それまで『精神診断学』のなかでヘルマン・ロールシャッハが「インク・ブロット」と呼んでいたのが，「ターフェル（図版）」と言うようになる変化が起こります。ヘルマン・ロールシャッハは，スキゾフレニアの特徴である一定の輪郭を無視した知覚がより明確になるように，図版にははっきりわかる輪郭の手がかりがあったほうがいいと考えたのです。ヘルマン・ロール

シャッハが作ったこの当時のトライアル・ブロットのなかには，よく見るとまず鉛筆で輪郭を描いた線があるものが見つかりました。たぶん全体の輪郭を鉛筆で取っておいて，そのうえに筆で赤を塗り，そのまたあとに別な筆で黒を塗るという練習をしたもののようです。それまでも，いろいろな画家の絵を模写したり，スケッチをしたりなどしていた彼の芸術的な画家としてのスキルが，筆をもって作りはじめたこの図版作りに惜しみなく発揮されました。ですから今私たちの手元にある10枚の図版は，『精神診断学』で説明されているような，紙を半分に折ってインクを2〜3滴たらして合わせたものを開いたらできる偶然のしろものであるインクのシミではもはやありません。では，なぜ大小さまざまな筆を使って描くことにしたのでしょうか。それは図版を何か形状や形のあるものに見えやすくしたかったからです。図版のなかに形態を盛りこむ必要があったのです。

　ヘルマン・ロールシャッハが出版社とやりとりした『精神診断学』の最終校正を見ますと，「ここはもう少し暗く」または「もう少し明るく」とドイツ語で細かく指示が書きこんであります。明らかに非対称に色むらが入るように指示をしています。指示があまりにも込み入っていたので，出版社が辟易して，「これ以上リクエストをしないでほしい」「校正はこれを限りとする」「あまりあれこれ注文をつけるなら出版しないことにする」と言われるほどでした。ロールシャッハの図版には最初から何かに見えやすい「形」と「色むら」が盛りこまれたということです。一方でヘルマン・ロールシャッハは『精神診断学』というタイトルにするのか躊躇していました。むしろ副題になっている「形態知覚の実験」のほうがピンときていて，人がどのようにして物の形態を見るのかということが病理の理解につながるなら，すごい発見だと思っていました。

　ちなみに最後までヘルマン・ロールシャッハは12枚の図版を使って

いて，その前までは 15 枚の図版を使っていたようです。出版に際して図版は 10 枚が限界だという申し渡しを出版社から受けて，10 枚にしたいきさつがあるようです。ご存知のようにヘルマン・ロールシャッハは不幸にも『精神診断学』を出版して 1 年も経たないうちに亡くなりました。刊行された『精神診断学』には雑誌の付録のような形で 10 枚の図版が付いていましたが，生前に実際に売れたのは 3 冊ほどだったといいます。刊行から 8 カ月後に亡くなるまで，ヘルマン・ロールシャッハがおそらくロールシャッハ・テストがブロイラーに受け入れられることを期待していたのだろうと思われますが，ブロイラーのお墨付きをもらえるどころか，新しいもの好きのブロイラーから何のコメントも評価ももらえず，売れたのは 3 冊，刊行から 8 カ月後にヘルマン・ロールシャッハは 37 歳で急性虫垂炎による腹膜炎のため亡くなっています。失意のなか，デプレッションであったのか，自殺に近い行為があったのではないかとささやかれる死でした。

ヘルマン・ロールシャッハの後継者たち

ヘルマン・ロールシャッハは亡くなるまでの間，精神科医仲間に自分の技術を伝えていました。ブラインド・アナリシスというのを聞いたことがあると思いますけれど，ヘルマン・ロールシャッハの同僚がヘルマンに図版を借りて教えてもらったやり方でデータを取ってくると，ヘルマン・ロールシャッハがそれを見て，ブラインド・アナリシス（受検者の年齢以外の情報をまったくもたずに結果を分析する方法）でその同僚に結果を返しました。データを送ってブラインド・アナリシスを依頼していた同僚の質問のなかには，「退院をさせるか否かについて迷ってい

る」というのはもちろん，「本人は芸術家になることを希望しているがその素質はあるだろうか？」などに至るまでさまざまでした。ヘルマンは当時のカーボンコピーのタイプで，長々と綿密にそれらの質問課題に応えています。いろいろなことがロールシャッハの結果からわかるということを同僚に伝えながら，その作業を心底ヘルマン自身楽しんでいたということがよくわかります。そのようなスーパーヴィジョン，アドバイス，コンサルテーションのやりとりをしたデータがたくさん残っています（「ロールシャッハ・アーカイブス博物館」（スイス・ベルン）に収蔵）。ですから，スイスにロールシャッハは根づきませんでしたけれど，ヘルマンの周りで彼から直接指導を受け，臨床への具体的な適用を学んでいた同僚からアメリカにその技法が伝わっていきます。第一次世界大戦が1919年に終わって以降，アメリカからヨーロッパに留学する者がいたり，ヨーロッパからアメリカに留学する者がいたりと人の移動が発生します。そして1930年から1940年にかけて，児童のアセスメントを必要としていたアメリカの研究者がロールシャッハ法をアメリカにもちこみ，ロールシャッハ法はその後その地で発展していきます。

5人の大家

　当時アメリカでロールシャッハを研究した研究者が多数いたなかで，特に影響力の大きかった5人をジョン・エクスナーが挙げています。ブルーノ・クロッパー（Bruno Klopfer），サミュエル・ベック（Samuel Beck），ジークムント・ピオトロフスキー（Zygmunt A. Piotrowski），唯一の女性のマルグリット・ヘルツ（Marguerite R. Herz），そして共同研究者で師にあたるデヴィッド・ラパポート（David Rapaport）と弟子にあたるトーマス・シェーファー（Thomas W. Shaffer）です。

クロッパーは，1930年代〜50年代の実験心理学を基礎にしたアメリカの実証心理学に飽き足らなかった人です。人間はネズミでもイヌでもないので，動物実験で実証できたからといってそれは人間を説明することにはならない，人間はそれ以上のものであるのだと考えました。彼はユング研究所で研究して，実験心理学をもとにした実証心理学を越えて人間全体について理解しようとした人でした。

　一方ベックは，もともと新聞記者でしたが，一念発起してコロンビア大学に入学，1932年にアメリカではじめてロールシャッハで学位（Ph.D）を取得します。アメリカでロールシャッハが学問的な位置づけを得たという意味で，このことは重要です。ベックは，精神発達遅滞の人たちのデータで学位論文をまとめました。一方で彼はできるだけヘルマン・ロールシャッハの手法や考えに忠実であろうとした人で，当時のアメリカの実証的な心理学の手法を踏襲しようとする人でもありました。ですから最後には，クロッパーとベックは本格的に対立し，アメリカにおけるロールシャッハ・コミュニティは破綻してしまいます。

　ピオトロフスキーは途中からクロッパーのセミナーで学びましたが，後にそこから離れて独自の手法を考案していきました。早くからロールシャッハ法は先々コンピューターを使って大量のデータを解析して研究されていく時代が来るという，数学者だけあって当時まだ誰も知らなかった時代にロールシャッハ法の方法論を予言していました。主著は1950年の『知覚分析』（上芝功博訳，新曜社，1980）で，運動反応について詳細に研究しましたし，その知見は包括システムにも採用されています。

　ヘルツは子どものデータを集め，発達的な観点からリサーチをしました。とても優秀な教育者だったようです。

　ラパポートとシェーファーは，精神分析の立場の人でした。精神分析

の研究者のなかには，分析の概念を具体的に説明したり，研究したりするのに好んでロールシャッハ法を使う人がいました。たとえば，精神分析の概念の転移／逆転移の現象をロールシャッハ・テストの反応に現われるものとして具体化し説明しようとしました。シェーファーの *Diagnostic Psychological Testing*（Hodder Arnold H & S, 1946）は古典ではありますが，今も読む価値の高い「二者関係について」の論文を含んでいます。一方ラパポートは，逸脱言語反応を研究しました。ロールシャッハを施行すると，思考の逸脱は言葉のなかに出てきます。ラパポートは，言葉に現われる逸脱思考，歪んだ思考をおよそ25種類に分類しました。

　こうして5人の大家が，立場を異にしながらロールシャッハを研究していきます。非常に活気に満ちた時代だったと考えていいと思いますし，ヘルマン・ロールシャッハがあまりに早くに亡くなってしまい，残した仕事が多すぎたため，アメリカで5人の大家がその不足を補いながら，コードや解釈仮説をつくり，ロールシャッハ法を集大成していきました。残念ながら，同じ10枚の図版を使いながらも，それぞれの理論の相違によってまったく異なるテストになってしまったかのような印象を残して，1950年代へとつながっていきます。

第二次世界大戦とロールシャッハの衰退

　1950年代のロールシャッハの衰退には第二次世界大戦が関わってきます。この大戦には多額の国家予算が心理学関連の研究に投じられました。戦争に勝利することや，帰還兵の心理学的サポートのために，アメリカは心理学の進歩を望み必要としたのです。ミネソタ大学のMMPIの研究はその典型例です。ほかにも客観的で有用性の高い心理テストの研究が活発になされるようになると，優秀な研究者や学生がみんなそち

らに流れていき，ロールシャッハは流れに乗り遅れていきます。そのうち，時間も手間もかかるロールシャッハは敬遠されて使われなくなる時代になっていきます。

　ロールシャッハの研究を発展させてきた5人の大家は，『ロールシャッハ・リサーチ・エクスチェンジ』という機関誌を1936年に創刊しました。この機関誌では，ロールシャッハについての研究を発表しあうことが当初の目的でしたが，後に意見の対立していたベックとクロッパーの争いの場になってしまい，機関誌は廃刊に追いこまれてしまいます。このクロッパーとベックとの決裂した関係を取りもっていたのがヘルツでしたが，結局それも功を奏さずに，5人の活動自体が沈滞していきます。

　ところが，このロールシャッハが衰退していく時代を迎えて5人がようやくコンセンサスにたどりつきます。ロールシャッハがこのまま研究されずに衰退するのは惜しい，人間を理解する方法論としてのロールシャッハ法が非常に有効な手段である，ということに関しては5人が共通の思いをもっていたからです。そこで5人は，ロールシャッハ法がほかの客観テストに匹敵する信頼性と妥当性をもつためには，第三者に研究を委ねなければいけないというコンセンサスを得るに至りました。そのときに白羽の矢が立ったのが，ジョン・エクスナーでした。ジョン・エクスナーは，高校卒業後，朝鮮戦争に際してパイロットを募集しているのを聞いて従軍します。そして北朝鮮上空で撃ち落とされて，3人乗りの飛行機で1人が亡くなり，彼を含む2人が帰国，そこで一念発起して大学に行こうと決めます。法律を学ぶことを希望していましたが，大学で出会って結婚していた妻のドリスが「この授業とっても面白くて，あなた好きになるんじゃないの？」と勧めた授業があったので，その授業を取ってみたところ，それがロールシャッハの授業で，本当にその虜になってしまいます。それ以降エクスナーは，クロッパーのセミナーや

ベックのセミナーに出て，アシスタントを務めるまでになります。後に，エクスナー自身が教壇に立つときには，ベック法とクロッパー法の両方を教えていたようです。当時エクスナーはロールシャッハに惚れこんで自分の学位論文として取り組んでいたところでしたので，その矢先に5人の大家からこのようなプロジェクトを任されて，担ぎ出されるような格好で引き受けます。後になってエクスナーは，「学位論文を仕上げるついでに引き受けてもいいかもしれないと思った研究が，その後自分の一生をかけることになるとはまったく思わなかった」と述懐しています。

『ロールシャッハ・テスト体系』刊行の軌跡

1969年に出版された *The Rorschach System*（本明寛監修『ロールシャッハ・テスト――分析と解釈の基本』，実務教育出版，1972）は，5人の大家による決定因子や解釈や施行法をリストにして比較検討したものでした。以降，Rorschach Research Foundation（ロールシャッハ研究財団）を設立して，研究費として NIMH（National Institute of Mental Health：国立精神衛生研究所）から多額の研究費を受けました。ひとりの人間が一生をかけてロールシャッハ法をこれほど発展させられたことに驚き尊敬します。そのためには個人のエネルギーもそうですが，研究費も大切な要素だったと思います。研究費を受けた成果は，*The Rorschach* を vol.1, vol.2, vol.3 と次々に発表して形にしなければなりませんでした。当時包括システムを学ぶ人たちは，新しく教科書が出版されるたびに内容や方法が変わっていくので苦労が多く，評判も良くなかったかもしれません。最初の1974年の *The Rorschach Vol.1* は，施行するときに時間を計っていました。ですが4年経って1978年の *The Rorschach Vol.2* になる

と，時間を計っても解釈としては明確なことは言えないので計時しないことになります。さらに，COPやAGも後から加わりました。そうすると，たとえば論文を書くために200のデータを収集した研究者は，まとめる途中でCOPやAGが体系に加わってくると，すべてのデータにもう一度これらのコードを振り直さなければならなかったのです。現在はその意味では，包括システムが本当に完成して成熟した時期で，学んでいただくには最適な時代ではないかと思います。ただ，エクスナーは，ロールシャッハにはミステリアスでわかっていないことがまだまだ多く，研究をさらに続けてそれらを明らかにして，受検者の福利につながるよう進歩を続けていかなければならないと言っていました。おそらくそれが包括システムのありようなのでしょう。

ロールシャッハ研究の変遷

　今までの歴史的な流れをロールシャッハ研究の変遷という形で，全体を4期に分けてまとめてみました（表1-2）。
　第1期は，ヘルマン・ロールシャッハ自身がこの時代を象徴しますが，ロールシャッハで得られるわずかなサンプルから，知覚刺激を材料にしてその人の精神活動を測定することができることを証明しようとしていました。ロールシャッハは精神測定技術という科学的な方法論であることを確立しようとしていたのが第1期で，1910年代から1920年代，ロールシャッハがアメリカに渡るまでの沈黙の時期も含めて1930年頃までのことでした。
　第2期は，ロールシャッハがアメリカに渡ってからのことになります。1930年代から1950年代にかけて「精神病理学モデル」に則った「鑑別

表 1-2　ロールシャッハ研究の変遷

第 1 期	ロールシャッハが方法論として確立するまで（H. Rorschach） どのように機能して，わずかなサンプルで豊かな情報を与えるかを説明しようとした。
第 2 期	鑑別診断のためのロールシャッハ，精神病理モデルによる群間の特徴 特定のグループの特徴を区別する方法，サインアプローチが主流。
第 3 期	心理学モデルによる個人のパーソナリティ理解，長所と短所，適応と不適応 個人のユニークな特性に関するデータをいかに多く提供できるか。
第 4 期	専門家のための研究というテストからの脱皮，援助や介入に使えるアセスメントへ 相手を「わかる」という作業の質的転換，協働作業の意識。

　診断」のためのロールシャッハとして発展していきます。当時のアメリカは，日本とちょっと違った意味での精神科医と心理士の壮絶な競争の時代がありました。ですから，心理士たちも鑑別診断ができるということが，とても大事なテーマでした。当時アメリカでは，群間の比較研究がなされました。ある疾患や特定のグループ，たとえばうつ病の群とノーマルの群あるいは大学生の群を比べて，うつという現象はロールシャッハにはどのように現われるかという結果から，たくさんのサインアプローチが提示されました。こういったサインのなかでは，ピオトロフスキーのオーガニック・サインがとても有名です。

　第 3 期はエクスナーによる包括システムの時代です。エクスナーの時代というのは，1969 年に始まって，以降著作が次々と刊行された 2005 年までの 30 年あまりを指します。エクスナーはロールシャッハ法を「精神病理学モデル」から「心理学モデル」に則ったものに変えました。「心理学モデル」とは，つまり誰にでもある心の特徴，心の癖，心の仕組みなど，ある個人の心理的な長所や短所，適応や不適応など個人に特有な特徴を描きだすモデルということです。誰にでもある短所が問題な

のではなく，むしろ短所と短所が組みあわさって，そこにストレスが加わると人の行動や心理状況がどうなるかという，人間の心の機能の仕方を解明しようとしたというのが「心理学モデル」ということで，必ずしも病理を描きだそうとしていないところが「精神病理学モデル」に依っていた第2期とは異なります。性格というのは難しいもので，それは反転した1本のひもの表と裏がつながっているメビウスの環のようなもので，良い性格や悪い性格などありえません。良し悪しがひとつながりになっていて，分かれ目がないのです。"優しい"ところが気に入って結婚した夫が"頼りない夫"に変貌して，離婚する理由となってしまうことはよくあります。問題や症状や事態を理解する資料としてのロールシャッハのデータを，病理を見るためだけでなく，さまざまな場面でその人の長所と短所を含めた個別の特徴を知るために，誰にでも使えるようにエクスナーは仕立てなおしました。

　その意味では，ヘルマン・ロールシャッハがスキゾフレニアを念頭に研究していた第1期のロールシャッハと，包括システム仕様のロールシャッハとは，同じ10枚の図版を用いますが，まったく違ったロールシャッハであるということを認識していただけると思います。包括システムは，無意識に立ち入らないロールシャッハ法だと思います。先ほどご紹介したクロッパーは無意識に大いに立ち入ってロールシャッハを豊かにしていこうとした人ですが，そのようなクロッパー法とは異なる仕様になっていることが多いと思います。その意味では，クロッパーの流れを汲む片口法のコーディングや解釈とは，違うところが多いかもしれません。日本には1930年以前にロールシャッハが入ってきて，アメリカよりも早くから内田勇三郎博士によって研究され臨床に応用されるなど研究史は長く，ロールシャッハに関しては先進国と言えます。たとえば韓国はアメリカと政治的にも太いパイプでつながっていますから，ア

メリカで包括システムを学んできてロールシャッハを使う研究者や専門家がいますが，15 年程度の歴史のようです。

　第 4 期は現在の状況です。第 3 期でロールシャッハが「心理学モデル」に則ったものになって「精神病理学モデル」に依らなくなったため，ロールシャッハの結果から，その人が健康に機能している部分とそうでない部分とが両方わかるようになりました。その結果，これまでのようにロールシャッハの結果を専門家の間だけで共有する必要がなくなりました。個人を理解して，介入や援助のために相手をよりよくわかる作業のために，本人を含めさまざまな専門家と結果を共有することができるようになりました。専門家だけで理解するのではなく，受検者本人や本人を取り巻くさまざまな人たちが理解を実感できるように，フィードバックや，協働作業に工夫を凝らすようになりました。第 3 期は心理学モデルへのパラダイムの変換が起こりましたが，その変化をもとに第 4 期は「ロールシャッハ結果の活用」に質的な転換が起こってきていると思われます。

講義 2

ロールシャッハ・テストを学ぶための基礎知識
Second Lesson
The Basic Knowledge to Study the Rorschach Test

包括システム初期の研究──図版を見せて何をしているのか

　さて，エクスナーが包括システムをつくりあげるために最初に手がけた研究は，「私たちはロールシャッハの図版を見せて何をしているのか」というものでした。たとえば，図版Ⅰを赤，黄，青，緑の色の着いた図版にしたり，黒一色の図版と比べて反応がどのように変わるのか，ということも研究しました。また図版Ⅰ（図2-1）の一部を削除して「これは何に見えますか？」と受検者に聞いたりもしています。そうすると不思議なことに，それだけで普通の図版では約90％の割合で，羽のあるもの，チョウとか鳥とかコウモリとか，そういったものが見られるのに，両脇の突出しているところ（Dd34）を取っただけで，羽のあるものが回答される割合が10％を切ってしまいます。代わりに何が見えるかというと，正面向きの動物の顔，鬼，仮面，そういったものが見られやすくなります。このような変化はなぜ起こるのか，というのがエクスナーが最初に取り組んだ研究課題でした。この研究結果からエクスナーは，

図 2-1　図版 I の一部分を削除した図版

それぞれの図版には重要な手がかりになるような刺激があると考えるようになります。たとえば図版 I を例に取ると，Dd34 の両脇の突出部分を除くと，真ん中にある 4 つの空白領域が重要な手がかり刺激となって，目や顔に見えるという反応が出やすくなるというわけです。中央の部分（D4）が女の人に見えるという反応も多く見られますが，Dd34 の両脇の突出部分を取ってしまうと，この真ん中に女性が見えるという割合は増えます。理由は，同じように中央の空白領域の手がかり刺激がより重要になるために，空白によって切り取られるラインが女性のウエストやスカートのラインとして知覚されやすくなるからです。では，この D4 領域だけを切り取って提示するとどうでしょうか？（図 2-2）これを見て女性というのは 0% で，だいたい虫と答えることが多いようです。つまり，中央の空白の形状が一役買って，スカートのような，人間の腰

図 2-2　図版 I の D4 領域

のくびれのような形に見えやすくなって女の人と見るのですが，空白のラインがなくなると D4 の中央部分だけを見ても女の人には見えないわけです。このような研究からエクスナーは，私たちは図版を見せられて，「何に見えますか？」と聞かれるとき，短期記憶や長期記憶を呼び戻して，今まで見たものや聞いたものとマッチングさせて，記憶や経験知から選んで合うものを見つけて報告している，と考えました。つまり，図版を見せられたとき，記憶や学習経験を活用して何らかの分類作業をしていると，エクスナーは考えました。

　それまではロールシャッハは投映法であるという前提のもとで，その反応にはいつでも投映が含まれていると考えられていました。投映という現象が発生するには，刺激は曖昧でなければなりません，TAT の図版の絵がそのいい例ですね。なかには鍵にもピストルにもどちらにも見

図 2-3　図版 VIII の D1 領域

えるようにわざわざ曖昧に描かれた 1 枚があります。そのように刺激が曖昧であればあるほど、そこにその人の内的なニードなどが投映されるわけです。ですがエクスナーは、ロールシャッハでは必ずしもつねに投映が起こっているわけではない、投映法の代表であると信じられているほどロールシャッハの図版の刺激は曖昧ではない、と考えました。

　たとえば図版 VIII の一部分（D1）（図 2-3）を見ると、世界中でほぼ 90% の高い割合で何らかの四足動物が見られます。10 枚のなかには曖昧な刺激もあって難しい図版もありますが、何かに見られやすい手がかり刺激も多くあります。一般に子どものほうが投映を起こしにくく、投映が起こるのは反応全体の 3 分の 1 くらいですし、大人でも全体の反応の半分くらいに投映が含まれている程度です。つねに投映が起こっていると解釈するとどうなるかといいますと、1950 年代のアメリカの記録を読むとそのことがわかります。ある女性が図版 I に「コウモリ」と答え、別の女性が「チョウ」と答えたとすると、「チョウ」の反応をした女性は自分の性アイデンティティを受け入れているけれど、「コウモリ」と答えた女性は、自分の女性性が受け入れがたく、対人関係において攻撃的な人だという解釈がなされていました。つまり「コウモリ」と

いう回答に投映が起こっていると解釈をしたわけです。包括システムでは「コウモリ」と言っても「チョウ」と言っても，それはその人が今まで見たもの聞いたもののなかで何に似ているかを分類して一番合ったものを選んだだけで，それ以上解釈できるような特別な資料，材料はこの反応には含まれていないと判断します。

　ただし，投映が起こることはもちろんあります。たとえば図版Ⅰを見て「死んでいるコウモリが道路に落ちていて，羽もぼろぼろで穴も空いています」と言うとすれば，これは，ただ分類して輪郭から「コウモリ」に似ていると言っている反応とは異なります。「死んでいる」「羽がぼろぼろ」「穴が空いている」という意味づけをしたところに，はっきりと投映が起こっています。なぜ，そのような意味づけをするのかというと，そのような意味合いが受検者自身のなかにあって，それがこの「コウモリ」の姿形を借りて語られたということになります。このような投映は最重要視しますし，投映を含んだ反応は解釈では逃しません。投映の意味合いを大事にして，さまざまな観点から繰り返し検討して解釈に使っていきます。

投映が起こる3種類の反応

　投映が起こる反応は3種類あります。
　第1に「運動反応」です。図版は静止画で動画ではありませんから，図版は動いていないのに，2人の人が一緒に太鼓を叩いていますとか，踊りを踊っています，というふうに動きを報告するというのは，その人自身の思い入れが図版に動きを吹き込むという意味で投映が起こっています。すべての運動反応（M, FM, m）に投映が起こっていると考えられます。

第2は「形態水準がマイナスの反応」です。これは多くの人が図版に見ない反応のことで，その人に特別な意味やこだわりがあって，そのように見えるわけがあるという意味で，これも投映が起こった結果です。「何に見えますか？」と聞くときに提示する図版が，検査者と受検者両者の前に提示された共通の「リアリティ（現実）」だとすると，この図版にある"図"のリアリティを越えてそこにはない線や輪郭を勝手に自分でつくった知覚や，受検者の頭のなかにあるイメージが，"図"にある現実よりも優位になって自分流に見えすぎると，結果として図版には見えない反応をすることになるので，マイナス反応となります。たとえば，図版Ⅴ全体で「これはコボちゃんの顔です」という場合がマイナス反応です。なぜならば，図版にはコボちゃんの頭しか見えていないはずなのに，その下の空白部分に自分でコボちゃんの顔の輪郭をつくってしまって，"自分のなかのコボちゃんの見え方"という現実のほうが"図"の現実より優位になっているからです。

　第3が「言語修飾されている反応」です。これは先ほどのコウモリの例のように，「死んで，羽がぼろぼろで，穴が空いた」という反応のことです。輪郭からコウモリに似ていると分類しただけでなく，言語で修飾するなかに自分の思いを語っていて，投映が明確に示されています。その人にとって重要で身近な，とらわれているテーマやイメージが図版を通して語られているので，自己知覚，現実検討能力，対人関係，思考のパターンなどのさまざまな観点から，投映が起こっている材料を検討していきます。

　ときどき「包括システムでは継列分析はしないのですか」という質問を受けるのですが，いわゆる図版Ⅰの1番目の反応から最後の図版の最後の反応まで，順に図版ごとにすべての反応を読んでいくことはしません。その代わり，ここでの例のように投映の起こっている反応であれば，

その反応にはさまざまな観点から焦点をあてて，違った角度から繰り返し何度も検討して全体の解釈に組み込んでいきます。特にこの投映の起こった反応は生々しく個人を語ってくれる重要な反応なので，これらの反応にいろいろな角度からスポットライトをあててその個別の意味を抽出していくので，解釈が立体的になっていきます。

こうして1985年，エクスナーはアメリカのアセスメント学会（Society of Personality Assessment）において，一部投映も含むものの，「ロールシャッハは必ずしも投映法ではない」という発表をしてセンセーショナルなインパクトを与えました。そこから次に彼は，限られた投映を含むロールシャッハの結果からも，一定の分析・解析をするのに必要なロールシャッハの反応数について研究する必要性を考えるようになります。

知覚のプロセスとしてのロールシャッハ──反応の過程

潜在的な反応

表2-1は包括システムが発展する初期の頃（1978年）に行なわれた実験で，後々包括システムの施行法にも影響する重要な概念を提示した実験データとなります（『ロールシャッハ・テスト』208ページ参照）。5群の結果が比較されていますが，内訳は20人の非患者群が2グループ，これはMMPIのK尺度（防衛得点）の上位半数（指示に乗りにくい群）と下位半数（指示に乗りやすい群）に分けてありますが，ほかに非患者児童（11〜13歳），入院中の統合失調症，入院中のうつ病の群それぞれ20人ずつです。ここでは，通常の手続きではない方法でロールシャッハが施行されています。というのは「1分間図版を見

表 2-1　4つの図版提示時間における5群の反応数，X+%，平凡反応の平均 *

	最初の 15 秒		次の 15 秒		次の 30 秒		全体の 60 秒	
	M	SD	M	SD	M	SD	M	SD
20 人の非患者　MMPI の K 尺度の上位半数								
R	30.4	4.1	31.2	5.8	21.7	4.1	83.3a	9.2
X+%	88.9	11.1	81.4	9.9	89.3	9.6	85.1	10.2
P	5.2	2.1	3.5	1.3	3.2	1.1	10.8	2.8
20 人の非患者　MMPI の K 尺度の下位半数								
R	38.1	6.8	32.2	6.1	30.4	7.8	100.6	10.4
X+%	83.2	9.7	79.6	7.6	78.1	8.7	79.9	9.8
P	5.0	1.9	2.4	1.1	1.9	0.9	9.3	3.1
20 人の非患者児童								
R	38.9	7.1	30.7	4.3	24.5	8.3	94.1	9.8
X+%	84.6	7.8	80.1	8.5	84.1	7.8	83.3	8.1
P	5.3	1.8	2.4	1.1	2.0	1.1	9.7	2.2
20 人の統合失調症入院患者								
R	22.7b	6.2	18.1b	5.1	22.4	6.7	63.2b	9.4
X+%	63.2c	10.8	54.6c	11.7	49.3c	11.4	53.6	12.7
P	2.4c	1.6	1.7	1.0	4.3c	1.7	8.4	3.8
20 人のうつ病入院患者								
R	14.8b	4.4	17.1b	5.7	19.3	7.8	51.2b	7.8
X+%	77.1	6.8	72.3	7.1	68.7	8.3	71.9	8.9
P	6.2	3.1	3.1	1.4	0.9	0.7	10.2	4.3

a　MMPI の K 尺度分布の下位半数の非患者群よりも有意に低い，p<.01
b　非患者群との間に有意差がある，p<.01
c　他のすべての群との間に有意差がある，p<.01

* 出典＝『ロールシャッハ・テスト』208 ページ「表 11.2」

て，その間にできるだけたくさん見えたものを教えてください」という教示だったからです。反応はテープレコーダーに録音されて，最初の15秒，次の15秒，最後の30秒と全体の60秒の結果が提示されています。全体の60秒のところを見てください。1分間ずつ10枚の図版を見せられて，10枚全部で平均の反応数は非患者成人で83.3個，指示に乗りやすい傾向の成人は100.6個の反応をしました。児童でさえ94.1個の反応をしました。統合失調症の群は63.2個で，入院中のうつ病の群は51.2個と最も低くなっていますが，それでもかなりの反応数です。これは当時の目論見に反して驚くほど多い反応数でした。平均の反応数は22個くらいですから，3～4倍もの反応を生産することが可能であることを示しています。見ようと思えばこんなにたくさんの反応を見ることができるということで，これは潜在的な反応といいます。見ようと思えば10枚の図版は，こんなにいろいろなものに見えるんだということと，最初の15秒でうつ病や統合失調症の患者群でさえ，ある程度の反応数（22.7個と14.8個）を産出し，成人も児童も，最初の15秒で通常の反応を上回る30～40個の反応を出してしまうというように，その反応が産出される速さに驚きます。見ようと思えば，いろいろな反応が見られるだけでなく，ずいぶん早くにいろいろな反応を見ることが可能だということです。

　さらに平凡反応，ここでP（Popular）と表記されている結果を見てください。最初の15秒で統合失調症以外の群は5個以上の平凡反応を提示しています。平凡反応の平均の数はインターナショナル・データ（付録Ｉ・表1）で平均5個ですが，わずか15秒の間に平均の数の平凡反応を見ることができ，最初の30秒の間にほぼ8個の平凡反応が出ています。興味深いことに，うつ病群は最初の15秒間によく見られる，わかりやすい手がかりである平凡反応（P）を最も多く見てしまうので（6.2

個)、最後の30秒になると1個もなくなります（0.9個）。簡単な刺激をなるべく早くに知覚するというこの疾患のパターンと合致します。反対に、統合失調症群は最初の15秒は平凡反応（P）が2.4個と有意に少なく、逆に最後の30秒には4.3個に増えてこれも他の群と有意差があります。これも統合失調症の知覚の選択のパターンをよく示しています。人と同じで、わかりやすい手がかり刺激よりも別な反応が優先されていて、最後になると容易で一般的な反応も示しうるわけです。

X+%の欄は現実に合致した知覚かどうかの割合です。100個近くも反応していると、図版に追認知するのが難しい反応をでたらめに出しているかどうかを検討しています。全体の60秒を見ると、ほぼ70～80%の高い割合で一般的で現実的な反応が示されていたことがわかります。例外は統合失調症群ですが、現実検討力が有意に低いのはその疾患の特徴を示しています。

知覚走査と情報入力

次に見ていただく資料（図2-4）は、19歳の女性が図版を見せられたとき、どのような順番で図版を見ていったか視覚走査をしたものです。右利きの人はたいてい図版の左から入ってこの矢印のように図をたどって一巡します。だいたいこれにかかる時間は、500mm秒ですから、1秒の半分ですね。「何に見えますか？」という質問をしながら図版を手渡すと、受け取った受検者に知覚刺激として図版の刺激が目から脳に情報として伝わるには1秒も必要ではありませんから、すぐに情報は伝わります。ですが、1秒以内に目から脳に刺激が入ってきたからといって、すぐに反応するわけではありません。反応を生成して、言葉にして外に出すまでに10秒程度の遅れがあることがわかりました。その間に

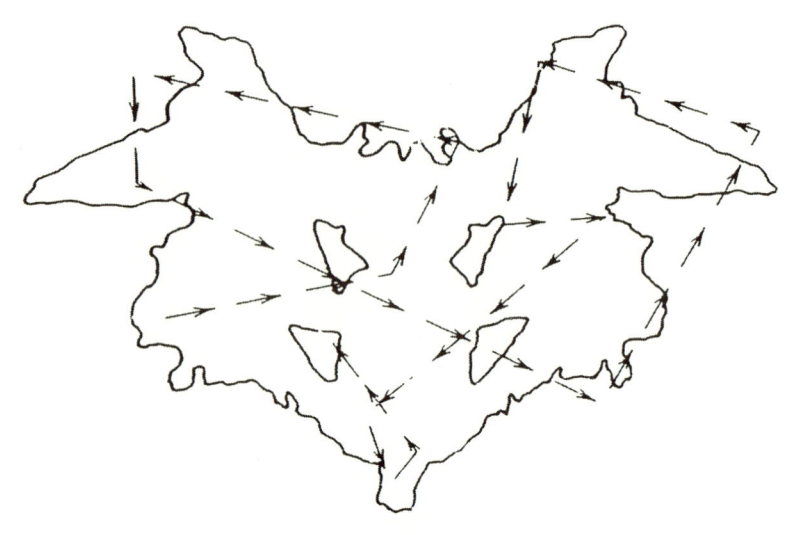

図2-4　ブロット提示後の最初の500ミリ秒間における19歳の女性の視覚的走査
（出典＝『ロールシャッハ・テスト』211ページ「図11.1」）

起こる精神活動には3つの段階があると想定し，これを「反応の過程」（『ロールシャッハ・テスト』209～210ページ参照）と呼びます。

　第1段階として，刺激の情報を取り入れます。これが1秒の半分ほどで処理されます。そして「取り入れたイメージや部分を部分的なイメージや潜在的な答えとして分類する」とありますが，潜在的な答えのなかから「これかもしれない，あれかもしれない」という可能性のあるものを探すことで，このとき短期記憶や長期記憶がランダムに呼び起こされます。次に第2段階として，潜在的な答えを細かく見るために，刺激野をふたたびスキャンします。つまり，500mm秒で受検者の目のなかに刺激が飛び込んできますが，そのあと，最初によく見なかった部分で止まって，もう一度スキャニングして刺激を確認します。その過程で，潜

在的な反応のなかから刺激を選別していきます。たとえば，赤いものが見えると「血かな」と思ったりはするけれど，「血なんて言わないほうがいいかな……」というふうに「これはやめた，あれはやめた」と比較して残していくものを吟味しながら，ふたたび図版を見ていくということです。そして最後の第3段階では，「これかな，あれかな」と一対比較をして残った潜在反応のなかから，どのような言葉にして表出するかを選びます。動物だとすれば，ライオンなのかネズミなのか，そしてどのように修飾して，どのようなストーリーにして表現するのかという最後の言語選択や仕立てあげをします。これら第1，第2，第3段階の反応を生成するプロセスを経て，しかもおそらく一瞬に起こってくる分類作業として反応されるのだろうと，エクスナーは考えました。

検閲

　潜在的な反応のすべてが報告されているわけではなくて，選別したり検閲したりして，自分の反応としてふさわしいものを選ぶことを示した実験があります（『ロールシャッハ・テスト』220 ページ，表11.2 参照）。同じ「裸の女性」や「血のしみ」の反応も，「成功を収めた優秀なビジネスマンが出した反応です」と説明されれば好ましく思えて，自分にも見えるかもしれないと思う一方で，「統合失調症の群の反応です」と説明された場合には，私にも同じように見えますという割合は減じて，好ましさの割合に有意差が出ました。つまり，先入観や否定的な構えがあると，ある種の反応は知覚しにくくなるし，肯定的な構えがあればそのようなことがなくなるということです。

ロールシャッハ変数の安定性

　次の資料を見てください（表 2-2）。これはテストと再テストの変数の相関を見たものです。35 人の成人が 3 週間後に再テストを受けた場合と，50 人の成人が 1 年後に再テストを受けた場合です。3 週間後が短期間の再テストの結果とすると，1 年後が長期の再テストの結果を見たものです。『ロールシャッハ・テスト』222 ページの表 11.3 にはさらに 3 年後の 100 人の成人のテストと再テストの相関係数が載っています。R（反応数）から順に変数が並んでいますが，短期でも長期でもそれらの相関係数（r）は .70 を超えていて相関が高いものが多いことがわかります。どちらも R（反応数）は .84 と .86 で，テストと再テストで反応の数には大きな違いがなかったようです。このようにロールシャッハの変数は健常成人の場合，ほとんどは本質的に変動が少なく，比較的安定したものであることがわかります。ロールシャッハがとらえているパーソナリティというのは，その個人のなかで比較的安定した心理構造の特徴であると言えます。

変化しやすい変数

　ただし，右肩にアスタリスクマーク（*）がついている短期の 5 つと長期の 4 つの変数は相関が低く，最も低いのは 1 年後の m で .26 となっているのが見つかると思います。これは変化しやすく安定していない，一貫していない変数ということになります。初回で m 反応があった人が再テストで m 反応がなくなったり，たくさんあった人が 2 度目には示さ

表 2-2　35 人の成人非患者群に対する 3 週間後の再テストと 50 人の成人非患者群に対する 1 年後の再テストの 26 変数についての相関係数

変数	説明	成人 35 名 再テスト（3 週間後）	成人 50 名 再テスト（1 年後）
R	反応数	.84	.86
コード			
P	平凡反応	.81	.83
Zf	Z の頻度	.89	.85
F	純粋形態反応	.76	.74
M	人間運動反応	.83	.84
FM	動物運動反応	.72	.77
m	無生物運動反応	.34*	.26*
a	積極的運動	.87	.83
p	消極的運動	.85	.72
FC	形態色彩反応	.92	.86
CF	色彩形態反応	.68*	.58*
C	純粋色彩反応	.59*	.56*
CF+C	色彩優位の反応	.83	.81
SumT	材質反応の合計	.96	.91
SumC'	無彩色反応の合計	.67*	.73
SumY	濃淡拡散反応の合計	.41*	.31*
SumV	濃淡立体反応の合計	.89	.87
FD	形態立体反応	.90	.88
Fr+rF	反射反応	.89	.82
(2)	ペア反応	.83	.81
特殊スコア（コード）			
DV+DR	逸脱反応	.86	.82
INC+FAB	不適切な結合	.92	.89
ALOG	不適切な論理	.93	.90
COP	協力的な運動	.88	.81
AG	攻撃的な運動	.86	.82
MOR	損傷反応	.83	.71

* この変数は変化しやすいということを示している。

なくなったりするということです。このmと同じ低い相関傾向を示しているのは，SumY（以降Yと略）の.41と.31です。そこでこのmとYの変数はなぜ他の変数と違って特に安定性が低く一貫していないのかについて，さまざまなリサーチが組まれました。『ロールシャッハ・テスト』第15章（327〜331ページ）にmとYについての研究が紹介されています。ここで紹介するのは，1974年の研究で陸軍のパラシュートの訓練生20名を対象としたもので，訓練開始3日以内にテストを施行したものをベースラインとして，講義や実習を受けた後，初めて本当に自分がパラシュートを背負って飛行機に乗って空から降りるという前日にロールシャッハの再テストをしたものと比較した結果です。テスト時にm反応が1個以上あったのは3人でしたが，再テスト時には12人に増えていました。Y反応は9人から14人になりました。つまりこれらの変数が一貫していなくて変動しやすいのは，状況が変わるからではないかとの仮説が立てられたのです。状況によって刻々と変化する因子という意味で，mやYは環境因子，あるいはストレス因子と呼ばれるようになります。もともと自分の性格特徴として安定して組み込まれているというよりは，外界から「〜ねばならない」「〜しなければならない」という要請を引き受けるときに生じる緊張感や不安感と言えます。1990年代になってmとYが本当にストレスを意味しているのかを確かめるために行なった実験研究の結果では，mはストレスを自分でコントロールできると思えるか否かに関係なく増加する一方で，Yは自分ではストレスをコントロールできないと思っているときに増加したと報告されています。アメリカではmのストレスを「コンバット・ストレス」（ミッションや計画があり，それに対する作戦と戦略があるものの，本当に大丈夫かどうかはやってみなければわからない場合のストレス）といい，Yを「ヘルプレス・ストレス」（なぜ自分がこんな目に遭わなければならないんだ，

と無力になって誰かに助けてもらいたいと思うけれど，助けがない場合ストレス）と呼んだりします。つまり，mは「思考」で引き受けて「何とかしよう」と考えで対処しようとするストレスだとすると，Yは「感情」で受け止めるストレスで「どうしていいかわからなくて助けがほしいが，頼みの綱がなくて心細くなっている」という無力感情に陥るものです。人によってどちらでストレスを引き受けやすいかということに違いがありますし，両方にストレスが拡散する場合もあります。

　ロールシャッハの結果から，処遇や介入について，どのようなタイプの援助が役に立つのかを見立てるときに，安定性が高くて変わりにくい変数にアプローチしても，いわゆる抵抗が強くて困難をきたすことは明らかです。できれば，ここで見るように変わりやすい特徴からマイナーチェンジが起こって，その微妙な変化が次の変化を導くことを考えたほうが賢明だということになります。基本的に人の性格や特徴は変わりにくいものだと考えておいたほうがいいというのが，この相関係数の結果です。ですから，変わりやすい変数であるmやYの数値が高ければ，心理的負荷が高くて状況因子によって困難をきたしているので，状況や環境を調整することで心理的にも変化する可能性が高いと予測できますから，これらは介入のポイントになりうると思います。ノーマルのデータを見ますと，インターナショナル・データの平均（m=1.50, SumY=1.34）（付録I・表1），日本人240の平均（m=1.77, SumY=0.95）（付録I・表2）で，たいていmもYも1個ずつあります。1個ずつくらいのほどよいストレスは，私たちの成長発達を促進してくれるのでしょう。

比較的不安定な感情に関する変数

　CFとCも，短期で.68，.59，長期でも.58，.56と，相関が.70以下

でいくらか低くなっています。CFとCは，図版のなかにある色彩反応についてのコードで，かなり自由に色彩を使う場合です。感情経験をあまり調節しないで率直に使うやり方の相関は低くなっています。これと対比されるのが同じ色彩反応の仲間ですが，安定性が高くて一貫している相関の高いFCです（.92と.86）。これは，感情経験を表出するときにつねに一定のコントロールを効かせて，自由気ままには感情を表出しない場合です。

　ここまでをまとめると，相関の低かったmやY，そしてCFやCは状況に関連している変数であることがわかります。最後に，3週間後の短期でだけ.70より相関が低くなっているSumC'（.67）について見てみます。なぜ短期でだけ相関が低いのかが面白いところです。このSumC'は，外に出したい感情を解放せずに我慢したり，腹にためておいたりすると増加することがわかっています。ですから，1年という長い期間では見えにくい変数ですが，口を閉じて言わないことにしておいたために募った不快感情は，3週間という短期間ではその変動がいくらかつかめているということです。日常生活状況につきものの不快感情と言えます。SumC'はノーマルのデータでは1〜2個です。これが多くなっているということは，不快感情がたまっていて外に表出してしまうと楽になる可能性が示唆されます。これは，カウンセリングやセラピーなどの対人援助をする側にとっては，短期で変化する可能性を示すものですから，重要な指標となると思います。高いSumC'の数値は，「話を聞いてほしい」「腹のなかにたまっているものを出してしまいたい」「不快でイライラする」ということを代弁してくれているデータと言えるでしょう。

子どもの発達と年齢別のデータ

　変化しやすい，変化しにくいということで言えば，包括システムでは5歳からロールシャッハを取り始めますが，5歳から1年ごとに16歳まで，記述統計のノーマルのデータが載っています（『ロールシャッハ・テスト』732〜759ページ「附録・非患者児童および思春期児童のデータ」）。これは参考として見ていただくといいと思います。参考にしかならないのは，まず，各年齢の総数が少ないことと，このデータが取られたのが30年以上前でずいぶん古いこと，最後にこのようなデータ収集にあたっては親の許可が必要でしたが，リサーチに賛同してくれた親は自分の子どもに自信があった可能性が高くて，その意味ですでにスクリーニングされてしまっていた傾向が否めないからです。ですから，30年前のアメリカで生育環境の整った良家の児童を集めたデータである可能性を理解して見ていただければ参考になる部分も多くあります。

　特に，年齢別の頻度で示してある表（『ロールシャッハ・テスト』756〜759ページ「表A.2　児童・青年非患者1,390名での36変数の年齢別頻度」）は発達的なニュアンスをつかむのに大変参考になります。5〜10歳が横に並べてまとめてありますが（『ロールシャッハ・テスト』756ページ），スタイルの欄に「内向型」（人間運動Mが多いタイプ）のカテゴリーがあって5歳も6歳も0％となっています。生まれてから5年間あまりの経験知では，よく考えてから判断し，なるべく間違えないように，考えられる可能性にあたってから行動するという「内向型」の対処様式を取れません。むしろ，5〜6歳では外拡型（図版の色彩に反応するタイプ）が多数派で60％あまりを占めています。おそらく，これが自然な発達の様相なのではないでしょうか。「外拡型」というの

は，試行錯誤するやり方で，考えてもわからないのでとりあえずやってみて，それから必要に合わせて考えます。外からのフィードバックや目につく手がかりが必要な人たちですから，まさに幼少の子どもたちの有りようです。

7歳になると，5%（120人のうち6人）が「内向型」になりますが，この年齢は小学校に上がる年です。そして，10歳でその割合は20%になり，16歳では33%が「内向型」のよく考えるタイプになります。順次「外拡型」がそれに伴って減っていき，16歳では3分の1になっています。

このように子どものロールシャッハの変数は年ごとに変わっていきます。子どものロールシャッハを検討するときには，該当する年齢に合った発達の要素を考慮に入れる必要があります。5歳から16歳までは，身体の成長とともに視知覚や脳の発達が著しい時期ですから，「変化の真っただ中」にいる時期です。したがってロールシャッハの変数も，成人と同じように変わりにくい安定したものとして検討しないことが肝心です。

ですから，子どものロールシャッハの結果を解釈するときには，その年齢に合った発達的な課題をクリアしているかどうかということを加味して考えます。出生時の状況や，個人差や，環境などの因子も成人より大きく影響するはずですし，何よりも大人より子どものほうが「テスト状況」に敏感に反応することが多いのです。

子どものデータがなぜ16歳までかというと，17歳以降は成人のデータとほぼ近似してきて1年ごとの変化が少なくなるからです。おおむね中学を卒業して高校生になる頃までには，毎年成長し変化してきた心理機能も，心の枠組みも，成長や変化が一段落して，あまり大きく変化しなくなるものと考えられます。

IQ との関連

　ロールシャッハを施行する最年少の年齢は 5 歳からですが，知能に関しては，だいたい全 IQ が 80 くらいはあったほうがいいと考えられています。IQ が 80 を下回るとロールシャッハの課題が複雑で困難なものになる可能性が高くなります。この課題は長期記憶や短期記憶，概念や言語の操作などの相当高度な精神活動を必要とします。ですから IQ に限界があると，受検者は複雑さを避けようとして，部分反応（D）で，形態反応（F），動物反応（A）（コードすると"DFA"）となる反応を多く出します。そうすると，ラムダが高くなり，この結果からはその人の個性豊かなパーソナリティというのが見えてこなくなります。このような一般論を踏まえたうえで，個別のケースで施行するかしないかの判断をされるといいのではないかと思います。今後は，IQ そのものの問題ばかりでなく，高齢化が進んでくると，高齢者の方々にロールシャッハを施行するときに，この課題は応用できるのではないかと思われます。

問題解決場面としてのロールシャッハ

　「ロールシャッハをやって何の意味があるのか？　何がわかるのか？」という問いに応えるとすれば，「つねに一定の 10 枚の図版に一定の方法で，受検者の知覚プロセスをサンプリングすることによって，その結果からその人のいつもの行動様式，判断様式，問題解決のパターンを査定することにある」ということになります。ロールシャッハを受けた人が，いつも外界の社会や現実からどのように自分に意味ある情報を見分けて採用するのか，そしてどのように関わるのか，どのような言葉で外界と

コミュニケートするのか，というその人のいつもの行動パターン，視知覚システムを利用して，ロールシャッハの変数にして理解しようとするわけです。確かなデータに則って理解することができれば，ロールシャッハの10枚の図版で示された対処様式は，ロールシャッハの場面以外でのその人の行動パターンとして予測することが可能になります。なぜならば，人は，ある一定の一貫した癖や，習慣や，いつものやり方に沿って行動していると考えられるからです。

ロールシャッハ・テストの3本柱

それではコードの説明に入りますが，ロールシャッハは3本柱で成立していることについてまず説明します。この3本柱を順次学習していきます。最初は「反応領域と発達水準（DQスコア）」という1本目の柱です。検査者が受検者に図版をお見せして，「何に見えますか？」と聞いて返ってくる答えについて，「図版のどこをどう見たのか」という場所や領域を特定するのが1本目の柱です。2本目の柱が決定因子で，「図版のなかのどのような手がかりからそのように見えたのか」という理由です。3本目の柱は，「見えたものは何だったのか」という反応内容です。これを3本柱として重視する理由は，受検者がその場からいなくなってしまう前にこの3本柱のコードが確実にわかっていないと困るからです。スペシャルスコア（特殊スコア）というのは，「コウモリに手はあったかな」とか「カニにひげはあったかな」とか「いや，触角だったかな」とか，査定をより深化させるためのものですが，これは検査のあとで教科書を見ながらでも間に合います。本人がいないところで査定しても手遅れにはなりません。ですから基本的にはこの3本柱のほうが重要です。

「どこを見たのか」「何がそのように見えさせたのか」「見えたものは何だったのか」は，その人にその場で聞かなければ間に合わないので，反応領域（Location）という1本柱，決定因子（Determinant）という2本柱，反応内容（Content）という3本柱に関するコードを，頭のなかに入れてその場ですぐ使えるように，まず自分のロールシャッハ言語として習得しておかないと，ロールシャッハは施行できません。

　包括システムはコードが多くて，しかも高度なレベルで正確に付けなくてはならない反面，精度の高いコードが担保できると解釈がはっきりしてくるという特徴があります。ですから，この3本柱の学習は，あまりに地味で面白くないですけれど，自分で納得ができて使える概念が修得されていることが強烈に大切です。また包括システムは，横に座って実施することとされていますが，「正面に座ってもまあいいか」という姿勢で実施するなら，包括システムではない方法を選ぶべきだと思います。包括システムは構造化されているので，かなり細かくて厄介な約束事があります。それは同時に，施行場面が一定になって誰が実施しても同じようにコードされる割合が高まるわけですから，それだけ結果の共通度が高くなってきます。ですから，施行するときの言葉遣いやフレーズの指定も厳しく，「ほかに何かありますか？」「それで？」というように，雰囲気に合わせて曖昧な言葉で聞いたりしません。「ロールシャッハを実施するなら正しくすること」というエクスナーの言葉に表わされるように，施行法を我流にせずにお願いしたいと思います。

講義 3
反応領域・発達水準・組織化活動
Third Lesson
Location, Developmental Quality and Organizational Activity

反応領域

全体反応（W：Wholes）でなければ**部分反応**（D：Common Details または Dd：Unusual Details）

　それでは3本柱の1本目，反応領域の説明を始めます。
　これは『ロールシャッハ・テスト』第6章「反応領域と発達水準」に該当しますが，反応をコードするとき最初に押さえる「どこを見たのか？」にあたります。最初の反応領域にあたる部分は非常に簡単です。『ロールシャッハ・テスト』103ページの表6.1に4つの記号がありますが，これで全部です。Wというのは全体のことで，Whole の略です。全体というくらいで図版全部を使っていてほしいわけです。たとえばここにチョウを見た人が，「ここはちょっと除いて……」と羽の両端を除いたなら，これは全部とは言えませんからWではなくなります（図3-1）。ですからWとコードするときは，とにかく図版の図の部分を全部見た場合で，全部でなければDかDdとなります。このDはDetail

図 3-1　図版 V

のDで，Dと小文字のdが並んでいるのはDd(ディーディー)と呼びます。これは特別に頻度の低い部分（Unusual Detail）のことで，頻度として1～3%しか見られなかった部分反応です。

　図版IでD1と書いてあるところを見てみましょう（『ロールシャッハ・テスト』677ページ参照）。D1は図版Iの中央に小さく上に出ている手のような形をしているところです。D1という番号は，もともとベックがナンバーを振ったところですが，エクスナーもD1としています（表3-1）。ですから包括システムでは，反応領域の記号と基準はナンバーも含めてヘルマン・ロールシャッハの方法を継承したベックが使っていたものをほぼ同じように使っています。このナンバーは，見られやすい頻度の順に並べてあります。図版IのD1は1番目に付きやすかった部分という意味です。そして表を見るとわかるようにベックがD5とした領域がエクスナーではDd28になっていますが，なぜDd28になっているかというと，実証的研究を行なった結果，その部分は5番目に多く見られるほど頻度が高くなかったということです。ですからDより出現頻度の少ないDd領域として格下げしました。Ddは20番台，

表3-1　ベックとエクスナーの反応領域の番号の比較（図版 I）

ベック	エクスナー
D1	D1
D2	D2
D3	D3
D4	D4
D5	Dd28
D6	Dd33
D7	D7
D8	Dd34
D9	－
Dd22	Dd22
Dd23	Dd23
Dd24	Dd24
Dd25	Dd25
Dd26	Dd26
Dd27	Dd27
Dd29	Dd29
Dd30	Dd30
Dd31	Dd31
Dd32	Dd32

30番台と続きますが，20番台のほうがそれでもまだ見られやすい部分反応で，30番台はよりマイナーであまり選択されない部分反応ということです。基本的にはベックが使っていたものを踏襲しながら番号を振っているので，どうしてD1, 2, 3, 4まではあるのに5, 6がないのかと思われるかもしれませんが，こういった経緯でところどころに欠番が生じたのです。

反応の領域が，WでないとするとDあるいはDdということでした。前の例で図版Vについて「ここを除いたらこれはチョウかな」と言った場合，図版Vの領域を調べてみると（『ロールシャッハ・テスト』699ページ「形態水準表」），受検者が指摘した領域がありません。そういうときにはいつも **Dd99** という番号を振ります。構造一覧表をつくるときに番号を入れない検査者もいらっしゃいますが，領域番号が形態水準表にないときにはDd99というナンバーを入れる習慣をつけたほうがいいと思います。ロールシャッハ・テストは科学的データである必要がありますから，誰か他の人が見たときに，どこを見たのかがはっきりわかる必要があるのです。それからDd99はリストにない，受検者が見た独自のロケーションですから，この受検者はここを見た，と施行するときにロケーションシートに○で囲って，反応領域を記録に残すことも大切です。

空白部分反応（S：White Space Details）

　最後にあるSというのはSpaceの略で図版の白い領域のことです。図版の地の白い領域が反応に使われている場合にコードします。「反応に使われている」というのはどういうことかというと，たとえば図版Ⅰで「これがチョウです。全体が羽で，このへんが触角で，それでチョウに見えました」と言えば，この反応には空白領域を使っていません。ですからこれはWとコードします。ですが「死んでいるチョウで，道路に落ちていて，羽には穴も開いていてボロボロです」と，空白部分を穴と見て羽に穴が開いていると意味づけている場合，これはWSとなります。
　一方，DSにはどのようなものがあるかと言いますと，図版Ⅱの真ん中に空白部分がありますが，それを「ロケット」と反応する場合です。

図版 II の真ん中の領域を『ロールシャッハ・テスト』683 ページで確かめると，この空白部分は DS5 となっています。DS は，D という部分であって同時に S ということです。面白いことに S は，WS になったり DS になったりして，W や D や Dd とともにコードします。そしてこのように S はつねに WS か DS，あるいは DdS のように後づけでコードされます。S は決して単独で S とコードしたり，SW や SD のように S が前には出てこないという特徴があります。
　図版の外輪郭を越えた空白部分のコードについては約束があります。図の外輪郭を越えた空白部分というのはつまり，インクが付いて図となっている領域の外にある地の白い領域を用いた反応です。この空白使用はいつも **DdS99** とします。この DdS99 の典型例があります。図版 X の図版そのものが全体でキャンバスで，キャンバスにさまざまな色が意味なく子どものいたずらのように付けてある，という反応は DdS99 になります（図 3-2）。もうひとつ例を挙げます。「標本箱のなかにチョウが貼り付けてあります」という図版 V の反応では，受検者が見ているのは図のチョウ（W）のところだけではなく，チョウの外側の全部の空白部分が標本箱として使われています。インクが付いている W のところの外の領域にあたる S を使う場合は，DdS99 と考えてください。つまり，図版の外にまたがって S を使うときは，もはや全体反応（W）の領域を越えているので WS とはなりませんから，DdS99 となります。まれにですが，「白い壁に血が垂れているのがはっきり見えます，くっきり見えます」という反応がありますが（図 3-3），「白い壁ってどう見たらいいですか？」と聞くと，「ここがこういうふうに白い壁なんですよ」と，周辺の空白を囲って空白部分の白さを使う人がいます。この S は DS でいいかというと，D のなかに含まれる S が DS ですから，このように D の周囲の不確定な空白を用いると DdS99 となります。ですからインク

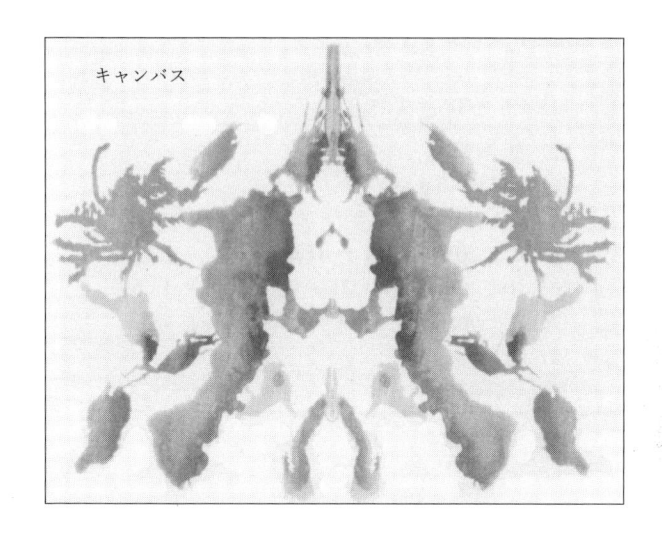

講義3　反応領域・発達水準・組織化活動　　　071

図3-2　図版の地をキャンバスとして用いる

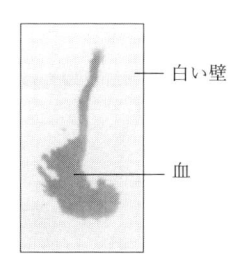

図3-3　周辺の空白を用いる

が付いている外側のSを使った場合はDdS99になるということです。

　ではWSについてもう一度確認しますと，図のインクの付いたところに囲まれた内部にあるSがWSということです。図版IIからWSという反応をつくるとすると，たとえば，目があって口（DS5）を開けて舌を出している顔だとします（図3-4）。そうしますとこの空白部分は目も口も図の内部にあるのでWSとなります。次に図版Iを参考に，図版に囲まれているSについて確認します。たとえば逆位置で，「門（W）の下をくぐって通れるようになっている道（DdS32）です。ここが雪道で白くて」と言ったとします（図3-5）。そうすると，このSはWSになります。かろうじて図版に囲まれたSと考えられるからです。

空白領域についての最終確認

　図版の空白領域という定義は，「地の白」を使った場合です。白く抜けて地が見えていないとSとはしません。たとえば，図版Iの中央にあるDd27の薄く白くなっている部分や，図版XのD8の虫や生き物に見える部分の目にあたるところ，図版VIIのD3が動物や怪物の顔に見える場合の目に見えるところなどは，よく見ると，「白く」地として見えていませんので，そこにはSはコードしません。

複数のD領域を用いた場合の反応領域のコード

　SはつねにWS，DS，DdSとコードしていきます。反応領域は数も少ないですし，概念としても簡単ですが，「複数のD領域を用いた場合の反応領域のコード」（『ロールシャッハ・テスト』105ページ）には少し注意が必要です。

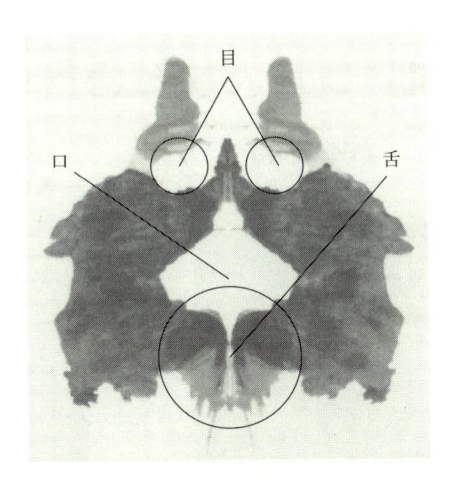

講義3　反応領域・発達水準・組織化活動　　073

図 3-4　顔（W S）

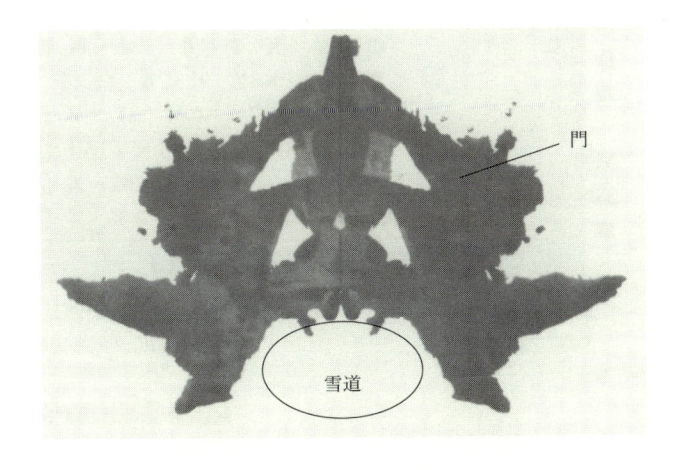

図 3-5　門の下の雪道（W S）

まず「複数のD領域」について説明いたします。たとえば図版Ⅱで「クマがいます。クマが帽子を被っています」と言ったとします。そうするとこの受検者が使った領域は，クマと言ったところはD1の領域です。ここは1番目によく見られる部分の領域です。そして「帽子を被っています」と言ったところはD2の領域です。正確にはD1とD2ですけれど，コードするときにはナンバーは1つしか挙げられません。こういう「複数のD領域」が反応として使われた場合には，受検者がD領域を結合して「クマが帽子を被っている」と反応しているわけですから，新しい領域をつくっているということになります。その場合，いくつかのDを組み合わせても，それぞれのDを独立した対象（クマと帽子）として用いているので反応領域はDのままとなります。そして反応のナンバーはD1とすべきです。あくまでクマがメインで，帽子がクマをぶらさげているわけではありませんから。

よく間違うのは次の場合です。図版Ⅱを横にして「一角獣」が見えると言った場合も（図3-6），やはりDとDdの領域を結合した新しい領域です。ですが新しい領域が1つの対象として見られています。クマが帽子を被っていたり，人がメガネをかけているという反応とは違って，新しい領域で1つの対象にしたときは，Dd99とします。つまり，新しくつくった反応領域としてDdとコードして，形態水準表にない領域を示した場合はナンバーはいつでも99とします。

反応領域についての最終確認

では最後に確認しましょう。図版Ⅱで「ここに2頭のクマがいます。クマが赤いバケツに足を突っ込んでいます」という反応（図3-7）は，Dでしょうか，それともDdでしょうか。「クマ」はD1，そして「赤い

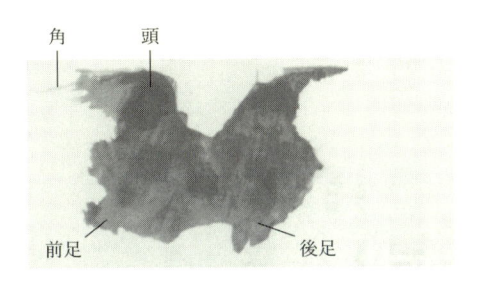

講義3　反応領域・発達水準・組織化活動　　075

角　頭

前足　　後足

図3-6　一角獣（Dd99）

バケツ」は D3 にあたります。そしてバケツとクマは別のものですから，そうするとこれは D ということになります。反応領域のコードは D1 または D6 とします（どちらも正解）。

　では次の例ですが，図版 II（逆位置）（図 3-8）で「マントを着た悪魔がいます。マントを着た悪魔が，手を広げていて，ここに目があって，ここが頭で，マントを着て，手を広げて，こっちが足で，悪魔が立っています」と言ったとすると，これは D でしょうか，Dd でしょうか。D6 を手やマント，足に見ていますし，D3 も頭に見ているのですが，この D3 と D6 を 1 つにして，いわば顔と体を全部一緒にして「悪魔」という 1 つの対象を見るとすると，これは Dd99 になります。「D 領域が組み合わさって 1 つの対象になったのか？　D の領域が別々のものとして一緒に語られているだけなのか？」の区別がつくと，反応領域のコードの間違いはほとんどありません。ここの D 領域についてしっかり理解していないと，「クマが帽子を被っている」という反応や，「クマがバケツに足を突っ込んでいる」という反応を Dd99 としてしまいます。

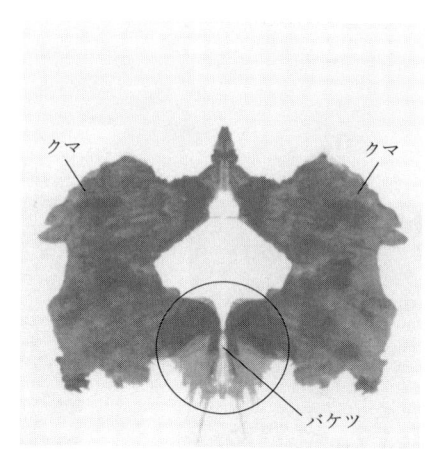

図3-7　クマと赤いバケツ

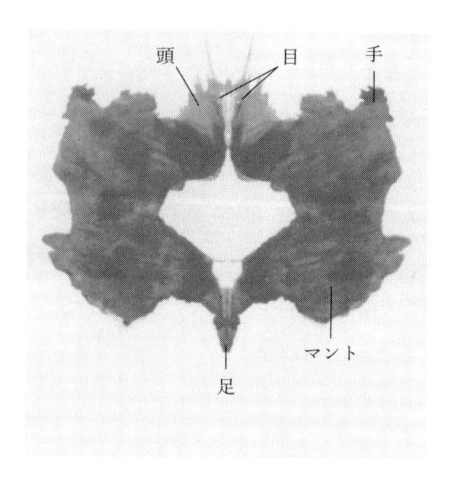

図3-8　マントを着た悪魔

発達水準 (Developmental Quality：DQ スコア)

　DQ スコアは,『ロールシャッハ・テスト』の 105 ページに書いてあるように,「発達水準」と訳されていて, Developmental Quality の D と Quality の Q を取って DQ スコアとしています。ベックは 1935 年から, Developmental Quality について研究し, これをコード化していきました。ほぼ同時期に, 子どものロールシャッハを研究していたヘルツも, 発達水準はとても便利だと考えていました。この 2 人が発達水準をコードに組み入れていたのですが, それ以外の研究者たちは採用していなかったので, 日本では DQ スコアはあまり紹介されていない傾向があります。包括システムでは,「どこを見たのか」の反応領域とともに, この DQ スコアによって「どう見たのか」も一緒にコードします。つまり「どこをどう見たのか」をひとまとめにしてコードします。

発達水準の特徴

　発達水準はとても面白いものですが, どんなふうに面白いかというと, 発達水準という言葉が示す通り, 私たちの認知や知覚の発達的な側面をとらえるものだからです。だいたい「8 カ月不安」というぐらいですから, 生まれたときのつぶらな瞳というのは, ほとんど身近なものしか見分けがつかないようです。1m, 3m 先のものは見えないわけです。母胎のなかから出てくるとき, 脳は旧皮質という生命の維持に本当に必要な装備だけを整えて生まれてきて, そのあとに新皮質が爆発的に成長してニューロンがつながって, 大人と同じような脳ができあがっていきます。

発達途上の子どもは帽子の大きさがしょっちゅう変わりますが、学年ごとに頭の大きさが変わるといっても過言ではないかもしれません。

ですが私たち大人は、歳ごとに頭の大きさは変化しません。成長しつづけるということはありませんから、どこかで成長が止まっているわけです。つまり、新皮質が爆発的につながって脳の容量が増えるために、必要があって頭蓋骨が大きくなっているんですね。早ければ8歳から12歳ぐらいまで、遅くても15歳になるまでの間に、私たちが今ものを聞いたり見たりするのと同じ程度の脳ができあがるようです。つまり発達水準というのは、そういう人間の発達的な要素をとらえています。

発達水準を整理する ── v, +, o, v/+

発達水準の高低を測る

ロールシャッハは5歳から施行しますが、5歳の子どもに10枚の図版がどう見えるかというのと、大人とでは違ってきます。どこに違いが出てくるかというと、1つはこの発達水準に現われます。今から図版Ⅰに対する発達段階の異なった3つの反応を示しますので、3つのうちどれが一番大人に近い発達段階のものか、そして、どの反応が子どもの発達段階を示すものなのかを考えてください。1つは「ステルス戦闘機」、2つ目は「水たまり」、そして最後は「ここに親鳥がいて（D2）ここに雛鳥がいて（D1）、親鳥が雛鳥に餌をもって巣に帰ってきたところ」（図3-9）という3つです。どれが一番発達的に未熟な知覚でしょうか。

子どもの発達段階を示す反応は「水たまり」ですね。水たまりというのがなぜ子どもにありそうかというと、そこには一定の輪郭のあてはめ

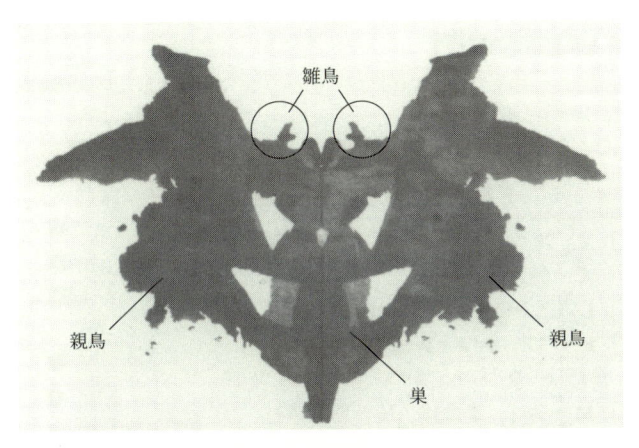

図3-9 親鳥が雛鳥に餌をもって巣に帰ってきたところ

がないからです。

DQv

　『ロールシャッハ・テスト』107ページに「表6.2　発達水準において使用される記号と判断基準」がありますが，一番下のvはvague(ヴェイグ)と読む漠然反応ですが，これは認知発達のレベルが低いときに生じる知覚です。基準を読んでみますと，「特定の形態がない」とされています。「特定の」というのは，こうじゃなきゃならないという「縛り」です。その対象には特定の形態が必要となるような説明がないもの，たとえば，雲，空，海などです。空も海も限りがないですよね。そして特定の形状を必要としない夕焼け，氷といったものも含まれます。それから，驚かれるかもしれませんが，たとえば山もvです。山には形があると思われるかもしれないですが，山は凹んだり尖ったりいろいろありますし，「山ま

た山」で延々と適当に山を続けてくれますので，そういうものは一定の輪郭を必要としないという定義にあてはまります。一定の輪郭を必要とするというのは，たとえば三角形に隆起した山を描けば誰にも富士山と伝わるでしょう。これが一定の輪郭をもっているということです。ある形を見ただけで，「うん，あれね」となぜわかるかというと，そこにはその特定の形態のあてはめがあるからです。ですから，「富士山」の発達水準はo（ordinary：普通反応）となります。ですが「山また山」の普通の山は，裏山もはげ山も故郷の山もいろいろあって特定できないので発達水準はv（vague：漠然反応）です。山だけではなくて，ただの葉っぱもvです。典型的には，秋になると落ちてきて寄り集まった落ち葉みたいなものになると，もともとの形は何だったのかわからなくなります。そういう落ち葉は無名の寄せ集まりで，完全にvです。ただこれも，「椿の葉です」とか「銀杏の葉です」とか「モミジの葉です」となると，一定の形状を必要としますし，「カナダの国旗に付いているあの（メープルの）葉っぱです」となると，一定の輪郭や形を示唆するのでDQはoになります。ですから，同じ葉っぱでも一定の輪郭があるという説明があればoになり，説明をしていなければ一定の輪郭をもたないのでvになります。内臓や解剖図の反応にも同様のことが言えます。図版VIIIで反応した「どこかの内臓とか動物の臓器のいろいろです」というようなただの内臓や解剖図の反応はvです。ただし，ここに「背骨」がありますとか，ここが「肋骨」ですとか，これが「胃」です，というように，臓器を特定するとDQはoになります。これは，一定の輪郭のあてはめを必要とする内臓や解剖図を見ているからです。ほかにも地図反応がこの仲間です。「世界地図です」のDQはvですが，「アメリカ大陸と中国大陸です」と言ったら，それは特定の形状を命名していますからDQはoになります。島も湖も同じです。ただの湖，ただの島，

ただの湾，ただの無名のものは v ですが，そこに固有名詞を付けると o になります。DQv は，このように自然界にそのままの形で存在している多くのものを含みます。何ものにも規定されず，決まったある一定の形態を必要としない存在様式を取れる対象です。このように他の構成要素がなくても成立する知覚があることも多いと思います。

DQ+

では先ほどの 3 つの反応例に戻ります。知覚的に高度なのはどれでしょう。「親鳥が雛鳥に餌をあげるために巣に戻ってきている」というのが一番高度な発達段階を示しています。先ほどの『ロールシャッハ・テスト』107 ページの表の一番上の＋（synthesis：結合反応）を見てください。「2 つ以上の対象が，別個のものであって関連があると述べられているもの」とあります。108 ページの 1 行目に，「別々であって関連がある（separate but related）」という言葉があります。"separate"，つまり，これが親鳥で，これが雛鳥と，違うものだと部分に分けて識別するわけです。しかし区別するだけではなくて "relation"，関連が必要です。「雛鳥に餌を与えるために親鳥が巣に戻ってきたところ」というように関連をつくる。このように関連あるものとして知覚されたときが＋です。部分に分けた違ったもの同士が関係しあっているという関係を述べているときが＋となります。このように図版を意味あるように分割して，さらにそれらを関連づけるという知覚操作は，5 歳の子どもにはできないけれど，15 歳の反応にはあってもいいし，35 歳だったら少なくとも 5，6 個あってもおかしくありません。大人になるという課題のひとつは，認知知覚的に，見えたものに関連をつくっていくということのようです。

DQo

　では最後に残りました「ステルス戦闘機」ですが，これはコックピットがあって翼があって全体でステルス戦闘機だとすると，DQ は o となります。DQo の定義は，ある領域に 1 つの**特定の形**がある対象が見られた場合，となっています。ですから飛行機でなくて，チョウでもお面でもいいですし，S を使っていようと使っていまいと，全体で 1 つの一定の形あるものに見えていれば，全体反応でなくても部分反応でも同じです。たとえば，図版 II の D1 に，「こことそこに 2 頭のクマがいます」というのも，DQ は o です。では同じところが「ここに黒い岩があります。岩が 2 つあります」という反応はどうでしょう。この場合，岩は特定の輪郭のあてはめがないので，DQ は v です。

DQv/+

　実はさらに v / + というものがあります。v/+ は，v と知覚されたもの同士が関係していると説明されるものです。最初に例に出した「水たまり」は DQv でした。これを v/+ にしてみます。「水たまりに空の雲が映っている」というのがそれです。水たまりは v でしたが，そこに映っている空白部分の雲も DQ は v ですから，これで v/+ となります。たとえば「山に雲がかかっています」と言うと，山も v でしたが，この雲も v となります。こういう場合，山に雲がかかっているわけですから，山と雲が関係あるように説明していますね。そういうときに v/+ となります。逆に，「富士山に雲がかかって」いたらどうなるかというと，富士山は o でしたが，雲は相変わらず v です。どちらか一方が一定の輪郭を

もつ対象であれば，DQ は＋になります。つまり，DQ が＋になるのは「DQo と DQo」の関連と「DQo と DQv」の関連を示す場合で，「DQv と DQv」の関連のときだけ DQv/＋ となります。

DQo と o → DQ＋
DQo と v → DQ＋
DQv と v → DQv/＋

DQ の種類と基準を，例示しながら表にまとめました（表 3-1 参照）。

成長過程と発達水準

図版 II で「クマが帽子を被っている」という場合は，D＋1 とコードします。そうすると，受検者の知覚は D1 というクマを見ているだけでなく，＋が加わっていますから，何かをプラスして反応をつくりあげたことを意味します。D＋1 とすることによって，クマ以外の 2 番目の反応の内容の帽子もまとめてコードに含めて処理することができます。D1 の領域だけではなくて，他の領域を関連づけているということを示すのに「＋」を用いますが，番号表示は 1 つだけで D＋1 として，帽子の領域の D2 は表示しません。

このように関連づけてものを知覚し認識するという作業はトレーニングが必要で高度なものです。それをコード化しているのが DQ スコアですが，今まで検討してきた 4 つの例を並べてみることで，同じ図版 I の全体反応がどのように発達的な認知レベルの違いを示しているのかをまとめてみましょう。まず，発達的に未熟なものから高度なものへ順に並べてみましょう。

表 3-1　発達水準 DQ の種類と基準

記号(読み方)	名称	基準
v (ヴェイグ)	漠然反応	一定の輪郭（かくかくしかじかの形態）のあてはめをもたない一般に自然界にそのままで存在するもの，特定の形態の必要性を盛りこまないもの（林，森，お花畑，海，空，闇，山，雲，波，葉，内臓，解剖図，地図，雪の結晶，星，涙，飾り，デザイン） 図版Ｉ（W）"水たまり" Wv
o (オー)	普通反応	1つの対象として，一定の形態や輪郭（かくかくしかじかの形態）のあてはめがあるもの（机，飛行機） 固有名詞で示される対象（滝 (v) →イグアスの滝，山 (v) →マッターホルン，島 (v) →沖縄本島） 聞いただけでその対象の特定の輪郭が描けるもの，グラフィックできるもの（カナダの国旗についているあの葉，雪印のマークの雪の結晶，花火 (v) →シュルシュルーと上がっていってドーンと大輪の菊みたいに大きくぱっと広がる花火） 特定の形態の必要性を盛りこんだもの（雲 (v) →入道雲，湖 (v) →細長くて卵型の湖，内臓 (v) →胃腸，レントゲン写真 (v) →MRIで写した脳の写真，地図 (v) →南米大陸，島 (v) →ドーナツ型の島，星 (v) →5つの突起がある星型，飾り (v) →お正月のしめ飾り） 図版Ｉ（W）"ステルス戦闘機" Wo
+ (プラス)	結合反応	図版を複数の部分に分けて別個の対象として見たうえで，それらが関係あるものとして見られた反応（separate but related） もともとの輪郭線を変える別個の部分の指摘があるもの 例（ハイヒールを履いている足，これがハイヒール） 関連のある個別の対象のどれかが DQo であれば DQ+ とする DQo と DQo の関連は DQ+　例（クマ o が帽子 o を被っている） DQo と DQv の関連は DQ+　例（富士山 o に雲 v がかかっている） 図版Ｉ（W）"親鳥が雛鳥に餌をあげるために巣に戻ってきているところ" W+
v/+ (ヴェイグ・プラス)	準結合反応	複数の別個の DQv の知覚が関連あるものとして示される反応 DQv と DQv の関連のみを DQv/+ とする 例（山に雪が降り積もっている。地面に草が生えている。水と油が混じりあっている。暗闇の向こうに星が見えている） 図版Ｉ（W）"水たまりに空の雲が映っている" WSv/+

水たまり	Wv
ステルス戦闘機	Wo
水たまりに空の雲が映っている	WSv/+
親鳥が雛鳥に餌をあげるために巣に戻ってきている	W+

　大人でもvの反応をします。火を見たり血を見たり，葉っぱや山を見たりします。ですがせいぜい1個ぐらいで，多くても2個です。3個より多いことは一般にはありえません。ですから3個より多ければ，その受検者の目立った特徴として解釈します。ですが就学前の5，6歳の子どもたちであれば，vが極端に言えば5，6個あってもおかしくないかもしれません。そこがDQスコアの面白いところです。逆に言うと5，6歳の子どもにはDQ+が0でもおかしくないけれど，高等教育を受けてきた成人にDQ+が1個しかないとすると，これは目立って少ない，どうして視知覚刺激を年齢相応に関連づけて知覚できないのかということになってきます。DQoは普通のものの見方です。普通に私たちが見るものというのは，だいたい一定の輪郭のあるものが多いです。残念なことに，私たち成人はvでものを見ることができなくなっています。なぜならば，小学1年生で学校に入ってからずっと，いろいろなものにはそれぞれ名前が付いていて，それらしい形があるということを，長い期間教育されてきたからです。何か見たときに，一定の形態をもたない，何にも分類できないものを見るチャンスはとても少ないんですね。ある意味で概念形成といってもいいと思います。
　子どもが家で飼っているネコから「ネコ」という言葉を覚えたとします。そうすると外を歩いているネコを見て，あれもネコなんだとわかるようになります。なぜわかるのか。それは一定の輪郭のあてはめ方を学

習したからですよね。イヌを見て、「あれはどうしてあんなに大きなネコなの」と言ったとすると、お母さんが「あれはイヌっていうものなのよ」と言う。すると子どもは困って、イヌとネコはどこが違うんだろうっていうふうに自分の概念を細分化していくわけです。動物園に行ってトラやヒョウを見て、どうしてネコがこんなにおばけみたいに大きくなったのかと考えるのですが、「そうじゃない、これはトラっていうのよ」とか「ヒョウっていうのよ」と聞くことで、ネコのおばけじゃないと細分化していって、概念をさらに細かく学習していきます。その学習の結果がここでコードしている DQo なのです。ですから、私たちは散々長い間学習してきた成果によって、一定の概念にあてはめずに対象を知覚することができなくなってしまっているということです。

発達水準の理解を深める

　DQ+、o、v/+、v について学習してきました。『ロールシャッハ・テスト』108 ページに強調文字で書いてあるところがあります。ここでは、+ にするときは「もとの輪郭を変える」ときであると説明されています。たとえば「人が洋服を着ている」という反応では、スカートを着るとスカートのラインが外に見えてきて、もとのボディラインがカモフラージュされますし、シルクハットを被ると、頭の形がシルクハットのような形になって見え方が変わります。このようにもとの輪郭を変えるような部分の説明が加わるときに + にします。ですから、「悪魔がいます。ここらへんが顔で、手を挙げて立っていて、マントかなにかを着ています」と言うと、「マントかなにかを着ています」というところで、DQ+ になります。もとの悪魔の姿形がどうなのかわかりませんが、そこで見

えているのは，マントかなにかを着ている姿形ですから，もとの悪魔の姿形がわからなくなるほど輪郭を変えているので，それを＋とします。

　＋の例でよく出てくるのが図版 III で「人が2人います」という反応です。「ハイヒールを履いています」と言ったりすることも多くあります。ハイヒールを履いていることによって，人間の足の形ではなくて，ハイヒールの形に見え方が変わる。こういうものを DQ+ にします。「女の人がいてハイヒールを履いています」という反応は D+9 となります。

　この「見え方が変わる」というのがとても大事です。たとえば『ロールシャッハ・テスト』108 ページの例では，図版 III で「タキシードを着ている」という例が挙げられています。もしタキシードを着ている理由が「色が黒いから」というのであれば，人物とタキシードに同じ領域が使われていて，タキシードによってもとの人物の輪郭が変わっていないので＋にしないで o にしてください，と書いてあります。ただ，タキシードの例だと私にはピンと来ないんですね。ちょっとエクスナーには申し訳ないのですが私流にすると，黒のウェットスーツを着ていると考えるとわかりやすいと思います。黒のウェットスーツを着たからといって姿形は変わりません。その人がドンと立つと，その人の姿形のままです。ウェットスーツだと，ぴったりと身体に貼り付いて見え方が変わらないので，そういうときには o のままにしておいてください。

　見え方が変わらないということで言うと，「顔のここにシミがあります」と言ったとします。顔にシミが付いていても輪郭は同じで，見え方は変わりません。シミのせいで形が変化するわけではありませんから，付いていても＋になりません。その応用で，図版 IV の「大男がブーツを履いています」という反応を見てみましょう。ここの図版 IV には，図版 III のハイヒールみたいにきれいな部分の区切れがありません。ですから，これでは見え方が変わっているとは言えません。つまり，足と

ブーツは，どこからブーツでどこから足なのかわかりませんから，こういうときにはWoとします。

『ロールシャッハ・テスト』108ページにはさらに図版IIIの人物の反応の説明が続いていて，「人物（D9）がジャケットを着ていて，その襟の折り返し（Dd27，D9の一部分）が出ている」場合には，洋服の見え方によって人の輪郭が変わるので，そのときは+にしてください，とあります。着たものや履いたものの部分によって見え方が変わる場合には+にするということです。

構造一覧表の見方——発達水準を中心として

これで反応領域の説明が終わったことになります。どこを見たか，WかDかDdかSがあるかどうかということを決めて，そしてどのように見たかについてDQが+かoかvかv/+のどれなのかを必ず添えて，反応領域と発達水準のコードは完了です。

『ロールシャッハ・テスト』188ページに，サンプルのケースが出ています。そこにはZfから始まるブロックがあります。この表は「構造一覧表」と書いてあるように，こんな形でいくつかのブロックにまとまってきます。ここでは，たとえばWが何個あったか，Dが何個あったか，Sが何回出てきたかを数えて入れていきます。その下にはDQという欄があって，それぞれ+，o，v，v/+の頻度を入れます。そして，解釈をするために，"Ratios, Percentages, and Derivations"以下のところに，上段でまとめた数字を入れていきます。そして合計7つのクラスターに結果を整理してまとめていくのがこの構造一覧表の特徴です。今見ていただきたいのが，右下のDQ+とDQvがあるところですが，DQoは普

通のものですからあまり重要ではなくて、むしろvが何個あったか、＋が何個あったか、というほうが解釈に必要となります。

　このサンプルケースはおそらく成人だと思いますが、DQvが1となっていて、DQ+が10となっていますから、先ほど成人によくある数として説明した通りになっています。こんなふうに見ていくと、このサンプルケースは一般的だと思います。ですが、これがもし逆転していたらどうでしょう。中学生、高校生で学校でうまく適応できないケースで、DQ+が1でDQvが6という結果だとすると、外界の情報が年齢不相応に意味なくぼんやりと入ってくるということです。ですからこのデータは、不安を示しているのか、行動がまとまらないことを示しているのか、そしてなぜそうなるのか、現在の不適応とどう関係があるのか、ということを積極的に考えていく材料になるわけです。これはプロセシング（情報処理過程）という作業で、外の情報がどのように眼に入って脳や心に伝達されるかという伝達の特徴を見ています。またv/+は成人には期待されないもので、子どもが発達していく途上でvがいくつかあったなかから次第に、統合されていきます。v/+は発達途上という意味では評価できますが、成人がv/+の反応をすることは期待されません。

組織化活動（Organizational Activity：Zスコア）

　それでは次に組織化活動（Zスコア）（『ロールシャッハ・テスト』164～167ページ参照）を見ていきましょう。ここでZスコアの学習を差し挟む理由は、今学んだDQのコードとこのZスコアが連動しているからです。DQがコードできたら同時に、未確定で結構ですからZスコアもコードしてしまいます。確実な得点についてはテストが終わった

あとに確かめればいいので，施行しているときにはDQと同時にこのZスコアのコードも一連の流れになると覚えていただきたいのです。

　Zスコアは，新しい刺激が起こる場面をまとめる能力を示すものとして，とても大切なデータを提供してくれます。このZスコアのコードは，かなり早い時期（1933年）にベックによってロールシャッハに導入されました。ただしベック以外の体系家はこのコードを使いませんでしたから，ロールシャッハをすでにご存じの方にもなじみのない概念のコードかもしれません。ベック以外では，子どもの発達的なデータを収集していたヘルツが似たようなコード（gスコア）を使っていたようです。もともとベックがこのZスコアのコードを導入したのは，ヘルマン・ロールシャッハが論文のなかで連想活動について1カ所だけこのことについて触れていて，「"Zusammenhafung"（英訳integration）について考える必要があるかもしれない」と記していたことに端を発します。ベックはできるだけヘルマン・ロールシャッハの方法論に忠実であろうとした人で，この一言しか書かれていなかったZusammenhafungについてヘルマン・ロールシャッハは何が必要なのかと考えて，「カードの有する刺激の複雑さと組織化の種類によって重みづけの異なった表」を考案しました。包括システムでは，その表をほぼそのまま使っています。Zスコアという名称はドイツ語のZusammenhafungの頭文字"Z"を使ったものです。英語のintegrationの意の通りに，まとめる力，組織化の力などを意味します。

Zスコアを理解する

　実は包括システムでは施行のための時間を計りません。1970年代までは計っていたのですが，計らなくなった理由は，解釈の方法について

リサーチしたときに，時間を計った結果にどのような解釈上の意味があるのか確かめられなかったからです。「なぜ反応を生成するのが遅れたのか」「何のショックが生じて反応するのが遅れたのか」を考えるのをやめて，「どのように精神エネルギーを投じて反応をつくりあげたのか」を考えようとしたのが，このZスコアです。「親鳥が雛鳥に餌を与えるために巣に戻ってきたところ」という前出の反応を思い出してください。図版を分けて意味があるようにつなげようとするわけですから，「これは火です」とか「花です」とか「山です」という反応よりは，時間も精神エネルギーもかかるかもしれません。そしてZスコアが測っている統合する力や精神エネルギーは「刺激野の要素に関連性をもたせたとき」に生じるとされていますから，これはつまりDQが+になるような場面のことです。いわば統合する能力，全体の図版や刺激をまとめる能力を評価しようというのがZスコアです。ですから評価基準としては，組織化する能力が低いよりも高いほうが，より成熟した大人らしい知覚と言えると思います。

ZW

ZスコアにはZW，ZA，ZD，ZSがありますが，このうちすべてのW（Wo，W+，Wv/+）にZスコアが与えられます。図版の「全体」を見て反応に仕上げるのはエネルギーが必要ですので，「全体をまとめて反応した」ことに対してZスコアを与えます。

「各図版の組織化活動（Z）値」のリスト（表3-2）（出典＝『ロールシャッハ・テスト』166ページ「表8.4」）があります。図版ⅤにWの反応を見たとすると，ZWのⅤのところには1.0とあります。Zスコアの1.0点は最低点ですが，全体で反応することが容易な図版にはこのよ

表 3-2 各図版の組織化活動（Z）値

図版	組織化活動のタイプ			
	ZW W（DQ：+, v/+, o）	ZA 近接した部分 Adjacent detail	ZD 離れた部分 Distant detail	ZS 空白部分の統合 White Space Integration
I	1.0	4.0	6.0	3.5
II	4.5	3.0	5.5	4.5
III	5.5	3.0	4.0	4.5
IV	2.0	4.0	3.5	5.0
V	1.0	2.5	5.0	4.0
VI	2.5	2.5	6.0	6.5
VII	2.5	1.0	3.0	4.0
VIII	4.5	3.0	3.0	4.0
IX	5.5	2.5	4.5	5.0
X	5.5	4.0	4.5	6.0

（典拠）この表は、S.J. Beck, A. Beck, E. Levitt & H. Molish（*Rorschach's Test vol.1*, New York : Grune & Stratton, 1961）をもとにしている。ベック法では近接部分の結合を含む W 反応に対して特別な Z スコアが定められ、Beck は III 図版、VI 図版、VII 図版にそのような Z スコアを適用していた。しかし、すべての図版に一貫した基準とするために、包括システムではそうした Z スコアは除いた。

うに低い Z スコアが用意されています。統合の能力として当たり前で難しくないものが 1.0 です。では、難しい図版はどの図版でしょうか？

　図版 III や図版 IX を全体で見て、すべての刺激を使って反応したとすると、図版 III と IX の ZW は 5.5 点です。図版 I や V の W の 5.5 倍の統合の重みづけが表のなかで示されています。この表の数値は暗記する必要はありません。『ロールシャッハ形態水準ポケットガイド』には各図版の領域図の右端に、『ロールシャッハ・テスト』の「形態水準表」は領域図を示したページの次にまとめて ZW, ZA, ZD, ZS と Z スコアが入っています。コードの形態水準を確認して整理するときに、Z スコア

の点数も入れていきます。W反応は刺激の全部をくまなく要素として取り入れて反応としたのでZスコアをカウントしますが，例外はWvです。vは一定の輪郭をもたない反応で，全体をまとめきれていない反応ですから，統合していないとみなして，WvにはZスコアを与えません。

ZA

次に，近接した部分を示すZAです。ZAのAはadjacent,「くっついている」の意で，部分と部分が物理的にくっついていて接点がある2つ以上の対象が見られて，そこに意味や関わりがあるということです。たとえば図版IIで「クマが2頭いて鼻を合わせて遊んでいます」という反応を例にしましょう。「鼻を合わせて遊んでいます」と言っていますので，実際図版で，この2つの対象がくっついているのでD+1あるいはD+6とします。このようにDQが+のときはいつもZスコアが発生します。クマとクマが鼻を合わせて遊んでいるとなると，全体反応ではありませんからWではなくて，部分と部分が物理的に近接した部分ということで，図版IIのZAの3.0点がこの反応のZスコアになります。

ZD

ZDは，離れた接触していない部分に別個の対象が見られて，それが関連していて意味があると語られた部分反応です。ZDのDはdistantのDです。物理的に図版同士がくっついていない，離れた部分に関係があるとした場合です。図版VIIのD2領域で，「こちらに女の子がいて，こちらにも女の子がいて，2人で話をしています」といった場合がZDで，図版VIIのZDは3.0点です。これがもし全体を見て「こちらに1

人、こちらにも1人、2人が話をしている」となれば、物理的にくっついているところを見ているわけですから、ここでの反応はZWの可能性とZAの可能性の両方が発生してきます。ここはとても面倒で申し訳ありませんが、どちらかZスコアの高いほうをコードしてください。たとえば図版VIIについて表3-2を見てみると、ZWは2.5点、ZAは1.0点ですから、高いほうのZWを入れます。ここで不用意に低いほうを入れてしまうと、解釈が大事なところで歪んでしまいます。

ZS

最後はZSについての説明です。図版Iで「水たまりに空の雲が映っています」という場合は「WSv/+」になると説明しました。v/+も意味としてはv同士が統合されたということですから、統合したという意味ではZスコアを普通の+と同じように考えてカウントします。Wv、Dv、Ddvなどのv反応には一切Zスコアは付けないのですが、v/+は統合の努力を評価して+と同じと考えるので、「水たまりに空の雲が映っています」という反応をしたときは、全体を水たまりに見ていますからZWか、空の雲と言っているのでZSか、どちらか高いほうが該当します。図版Iを見ると、ZWは1.0ですが、空の雲のSが含まれると3.5点ですから、「水たまりに空の雲が映っている」という反応のZスコアは3.5点となります。

図版IIIと図版Xの顔反応についてのZスコアの特別なルール

まず、このルールが適応されるのは図版IIIと図版Xの顔反応についてだけです。図版IIIと図版Xに図版の部分を指して顔のパーツ（目、

鼻，口など）として「顔」反応とする場合は，空白のZスコア（ZS）を付けない，という決まりです。これは，健常成人を対象にした研究から導かれたルールです。図版を瞬間提示（1秒間）するという実験でした。1秒間しか図版を見る時間がないと，健常者の反応のなかにも図版Ⅲと図版Ⅹに「顔反応」が多かったのです。この2つの図版は，図版がまとまっていなくて空白が多く，よく見なければ刺激をまとめて何かに見るのは難しい図版だということです。ですから，図版の特性として，空白部分を含む領域をいろいろなやり方で囲んで，そこに目，鼻，耳，口，顎，髭といって「顔反応」にすることが多かったわけです。顔反応が成立するためには，目，鼻，口が位置づけられるための「地（空白）」が必要ですが，受検者はわざわざ「白いところを顔の地にしました」とは言いません。ただ，顔のパーツをたいてい列挙します。反応領域という観点から見ると，目や鼻や口がつながって1つの顔として知覚されるためには，地が必要なのでロケーションのコードにはSも入れます。たとえば，図版Ⅲの真ん中の赤い部分が目で，その周りの黒いところが口と輪郭だとすると，ロケーションのコードはDdSo99となります。ですが，Zスコアは入れません。「こうした反応は，たいてい単にゲシュタルトの閉合の原理に従って答えられたに過ぎず，白い地は使われていない」，とエクスナーは解説しています（『ロールシャッハ・テスト』166ページ）。つまり，Sをあてにして目，鼻，口と言っているけれど，図版の空白を積極的に意味あるものとして取り入れたものではないので，ZSはコードしないということです。

ただし，図版Ⅲと図版Ⅹの顔反応でZスコアを入れる場合が3種類あります。

(1) 顔が「白い」と言って，地の白を使ったことが明白な場合

「ピエロだから」「おしろいで白く塗っているから」という場合は空白に意味づけがなされています。ですから、ロケーションにSを入れるだけでなく、Zスコアも得点を入れます。

(2) **図版IIIと図版Xの「全体」を使って顔の反応をした場合**
　この場合は、反応領域がWSoになるため、全体を使用したというZスコアが該当します。図版IIIも図版XもZWは5.5点です。

(3) **全体の顔ではなくても、顔と顔以外の何かを関連させた場合**
　この場合は、たいてい近接したZスコアが該当します。たとえば、図版Xの中央の空白部分に顔を見て（DdS22）、真ん中の青い部分（D6）を使って「サングラスをした人の顔」と言います。あるいは、同じロケーション（DdS22）での上部の灰色の部分（D11）を「冠を被った王様の顔」と言うと、これらの場合は両方とも、ロケーションのコードがDdS+22となってDQが+になったために、近接した領域のZスコアを入れます。この例では図版XのZAは4.0点になります。

Zスコアから見えてくるもの

　DQのところで例示した図版Iの全体を使った4つの反応をもう一度列挙して、それぞれにZスコアを付けてみましょう。

水たまり	Wv	－
ステルス戦闘機	Wo	1.0
水たまりに空の雲が映っている	WSv/+	3.5
親鳥が雛鳥に餌をあげるために巣に戻ってきている	W+	4.0

Zスコアを確認していくと，ステルス戦闘機はZWの1.0点，親鳥と雛鳥の反応は全体を見た反応でZWの可能性もありますが，近接した部分を意味づけした反応でもあるのでZAの可能性もあります。ZWの1.0点とZAの4.0点を比べて，高いほうのZA（4.0点）を付けます。このように反応領域がすべてWでも，DQを付けると発達段階も見ることができました。同時に，どのくらい精神エネルギーを使って図版の刺激をまとめたかというZスコアを点数化すると，4.0点や3.5点というようにかなり高いものから，1.0点のステルス戦闘機や，水たまりの0点まで，その違いが明らかになります。ですから，時間を計る必要がないというのは，精神エネルギーをどれだけ使って，図版と自分を関わらせて，刺激をまとめて反応したかを，統合力として肯定的に解釈していくからです。

　かつてのロールシャッハ法では，反応が遅れたことをショック現象が発生したからだと考えていました。いろいろなショックの解釈がありましたが，図版 II，III で赤い色が出てくるとレッドショック，図版 V はダークショック，図版 VII は真ん中が抜けているからヴォイドショックという空白ショックもありました。あるいは図版 VI で，女性性器，男性性器に見えるものもありますから，性ショックというのもありました。それらを包括システムで使わなくなった理由は，仮にそれらの理屈が正しかったとしても，今この受検者に本当にそのショック現象が起こったのか，どのショック現象がその反応の遅れを説明するものとして使えるのかが確定できなかったからです。つまり図版 VI で最も反応が遅れたとします。ですが，それだけでは性ショックなのかダークショックなのか，男性性器を見たのか女性性器を見たのか，わからないわけです。理論は正しいかもしれないけれど，実際にそのケースに該当するのかどうか確かでない理屈をできるだけ除こうということで，包括システムでは

時間を計算するのをやめて，ショックを解釈仮説から除きました。ただ，この「刺激を統合する努力」を得点化したZスコアは，かつてのショックを補ってあまりあるデータだと思います。

Zスコアの頻度が低い

　Zf（Z frequency：Zスコアの頻度）とは，1つのプロトコルに何回Zスコアが発生したかを数えたものです。このZfが低いということは，外界の情報を収集しようとする視知覚（眼球）のレベルでのエネルギー，動機づけや意欲が低くなっているということです。不登校やひきこもりの方のロールシャッハ結果でZfが低くなっていることがありますが，その条件で中学校や高校の生活をするのは気の毒だと思います。学校というところは結構忙しくて，時間割に従って50分ごとにさまざまな科目がそれぞれの担当の先生によって進められますし，クラスの人間関係は複雑で，目まぐるしく情報をプロセスしなければならないでしょう。Zfが低いということは，視知覚（眼球）のレベルで外界の情報を収集するエネルギーや，動機づけや意欲が低下している状態ですから，そういった状態で教室にいても，情報をプロセスできないまま1日座っていることになるので，何も頭のなかに入ってこないということになりかねません。ぼやっとしている，やる気がなさそう，覇気がない，怠けているなどと性格や根性の問題と位置づけないで，受け応えが不活性なのは外界の情報を自分の内界に取り入れられないからで，外界と自分の精神内界のつながらなさの問題として定義しなおすと，視点が変わって理解が深まり，援助の方法や打つべき手立てが見えてきます。気落ちしているときを思い起こしてください。失恋したとき，大事なものを失くしたとき，試験で失敗したときなど，足元ばかりを見てしまい，手元の本は

同じ行を繰り返し読んでいてちっとも進まない，ということがないでしょうか？　このような状態を「ブルーになる」とも言いますが，ロールシャッハ的に言うと，「目」に元気や活気がなくなって外の情報を収集しなくなる，つまり Zf が低くなる状態です。

変化しやすい Zf スコア

　一人の人の Zf スコアがそんなに変化するのでしょうか？　ご経験があればわかりやすいと思いますが，うつがひどくて入院したときに Zf が低かった人が，具合が良くなって退院されるときに再テストすると，入院時には 6 だった Zf が 12 になるというのは，実際よくあることです。それだけ精神エネルギーが上がって，同一人物が同じ 2 つの目で見たにもかかわらず，図版から情報をより多く収集することができるようになるわけです。構造一覧表にある 7 つのクラスター（表 3-3）のなかで，最も変わりやすい特徴が集まっているクラスターが，このプロセシング（情報処理過程）です。この情報処理過程の特徴は，性格に組みこまれた諸特徴というよりは視知覚（眼球）のレベルの仕組みだからです。

　このことを理解するには，「EMDR」(Eye Movement Desensitization and Reprocessing：眼球運動による脱感作と再処理) がいい例になります。EMDR を開発したフランシーン・シャピロ (Francine Shapiro) は，あるときテニスの試合を見ていたそうです。落ち込んで気持ちが沈んでいた，そんなある日にテニスのゲームを見ていて右に左にボールを追いかけていたら，ゲームを見終わったあとに自分の気分が良くなっていたことに気がついたそうです。懸命にボールを目で追いかけていたことが，何か自分の気分を変えたのではないかと考えたのが EMDR の開発につながったと聞いています。

表 3-3　構造一覧表の 7 つのクラスター

Protocol 192					Ration, Percentages, and Derivations				
R	=25	L	=0.32						
EB	=5 : 6.0	EA	=11.0	EBPer	=N/A	FC : CF+C	=4 : 4	COP=1 AG	=1
eb	=7 : 11	es	=18	D	=-2	Pure C	=0	GHR : PHR	=4 : 1
		Adj es	=12	Adj D	= 0	SumC' : WSumC	=3 : 6.0	a : p	=6 : 6
FM	=4	SumC'	=3	SumT	=1	Afr	=0.56	Food	=0
m	=3	SumV	=2	SumY	=5	S	=5	SumT	=1
						Blends : R	=9 : 25	Human Cont	=4
						CP	=0	Pure H	=3
								PER	=3
								Isol Indx	=0.60
a : p	=6 : 6	Sum6	= 9	XA%	=1.00	Zf	=15	3r+(2)/R	=0.52
Ma : Mp	=2 : 3	Lv2	= 0	WDA%	=1.00	W : D : Dd	=7 : 15 : 3	Fr+rF	=1
2AB+Art+Ay	=1	WSum	=26	X-%	=0.00	W : M	=7 : 5	SumV	=2
Mor	=3	M-	= 0	S-	=0	Zd	=-7.0	FD	=0
		Mnone	= 0	P	=7	PSV	=0	An+Xy	=3
				X+%	=0.76	DQ+	=10	MOR	=3
				Xu%	=0.24	DQv	=1	H : (H)+Hd+(Hd)	=3 : 1
PTI=1		DEPI=5*		CDI=2		S-CON=5		HVI=No	OBS=No

ZSum, ZEst, Zd

　このように Zf は解釈に使える意味がありますが，ZSum（Z スコアの合計）や ZEst（Z estimate：Z スコアの見積もり）には意味がありません。この 2 つは Zd（Z difference：情報処理の効果）を得るための計算途上で必要なだけのものです。『ロールシャッハ・テスト』の構造一覧表のサンプルを使ってこの計算をやってみましょう。表 3-4（『ロールシャッハ・テスト』188 ページ「表 10.3　構造一覧表」を一部改変）を見てください。Location Features（反応領域の特徴）として次のように並んでいます。

講義3　反応領域・発達水準・組織化活動　　101

表 3-4　構造一覧表（上の部分）

Location Features	Determinants Blends	Single	Contents		Approach	
			H =3	I	DS.W.W	
Zf =15	FC.FY	M =2	(H) =1	II	DS.D.D	
ZSum=42.0	M.CF.m	FM =2	Hd =0	III	D.D.D	
ZEst =49.0	M.FV.FT	m =0	(Hd)=0	IV	W	
	Fr.FV.FY	FC =2	Hx =0	V	W.W	
W =7	m.YF	CF =1	A =10	VI	W	
D =15	M.FC'.YF	C =0	(A) =1	VII	D.Dd.D	
W+D=22	FM.Cf	Cn =0	Ad =2	VIII	WS	
Dd =3	m.CF	FC' =2	(Ad) =0	IX	DdS.DdS.D	
S =5	FM.CF	C'F =0	An =2	X	D.D.D.D.D	
		C' =0	Art =1			
		FT =0	Ay =0	**Special Scores**		
DQ		TF =0	Bl =1		Lv1	Lv2
+ =10		T =0	Bt =2	DV	=1x1	0x2
o =14		FV =0	Cg =3	INC	=3x2	0x4
v/+ =0		VF =0	Cl =2	DR	=2x3	0x6
v =1		V =0	Ex =0	FAB	=2x4	0x7
		FY =1	Fd =0	ALOG	=1x5	
		YF =0	Fi =0	CON	=0x7	
	Form Quality	Y =0	Ge =1	Raw Sum6	=9	
FQx	Mqual　W+D	Fr =0	Hh =2	Wgtd Sum6	=26	
+=2	=1　　=2	rF =0	Ls =0			
o=17	=2　　=17	FD =0	Na =4	AB	=0	GHR =-4
u=6	=2　　=3	F =6	Sc =2	AG	=1	PHR =1
-=0	–0　　=0		Sx =0	COP	=1	MOR=3
none=0	=0　　=0		Xy =1	CP	=0	PER =3
		(2) =10	Id =1			PSV =0

Zf=15

ZSum=42.0

ZEst=49.0

これは、「スコアの継列（Zスコアの欄）」（表3-5）（『ロールシャッハ・テスト』187ページ「表10.1　スコアの継列」を一部改変）から得られたものです。つまり、ZfはZの欄に何回Zスコアが入っていたかを数えたものです。Zの欄を上から下まで数字が入っていた回数を数えると15回ですから、「Zf=15」となります。

ZSumはZの欄にある数値を上から下へ次々に加算していきます。そうすると合計が42.0になります。

最後に、表3-6「Zfに対して期待される重みづけされたZSumの最適値（ZEst）」を見てください。これは、ZfがわかったらZEstがわかる表です。ここではZfが15ですから、表3-6で該当するところを見ると、ZEstが49.0となっています。

さて、最終的に必要だったZd（情報処理の効果）を得るための計算をします。これは、受検者が実際に獲得したZスコアの合計（ZSum）から、見積もった最適値（ZEst）を引いて算出します。「ZSum-ZEst=Zd」です。この例では「Zd=42.0-49.0=-7.0」となります。「Zd=-7.0」というのが入手したかった数値です（表3-7）。

Zdの期待値（±3.0）

Zdは±3.0以内に入っていることが期待されます。この範囲にZdが入っていれば、スキャニングの効率や、効果的に情報処理をしようとする動機づけが一般的で、情報を処理する際の努力が実りやすい人である

表 3-5 スコアの継列（Z スコアの欄）

Card	No.	Loc.	No.	Determinant (s)	(2)	Content (S)	Pop	Z	Special Scores
I	1	DSo	4	Fo		A		3.5	
	2	Wo	1	Fo		A		1.0	MOR, IINC
	3	Wo	1	FMpo		A	P	1.0	
II	4	DSo	6	FC'o		Xy			
	5	Do	3	FC.FYo		A			
	6	D+	6	FCo		An,Bl		3.0	
III	7	Do	3	Fo		Cg			
	8	D+	1	Mpo	2	H,Hh	P	3.0	GHR
	9	D+	9	Ma.CF.mao	2	H,Cg,Art	P	4.0	COP,GHR
IV	10	W+	1	Mp.FV.FT+		(H),Bt	P	4.0	GHR
V	11	Wo	1	Fo		A	P	1.0	INC
	12	Wo	1	FYo		A,Sc		1.0	PER,MOR,DR
VI	13	W+	1	Fr.FV.FY+		Sc,Na		2.5	
VII	14	Dv	4	ma.YFo		Na			
	15	Dd+	99	Mp.FC'.YFu	2	H,Cl,Cg,Id		1.0	PER,GHR
	16	Do	3	Fo	2	Ad,Cl			INC
VIII	17	WS+	1	Fma.CFu	2	A,Ge	P	4.5	FAB,DV
IX	18	DdSo	99	FCu		Na			
	19	DdS+	99	ma.CFu		Hh,Na		4.5	
	20	Do	11	Fo		An			
X	21	Do	7	FC'o	2	Ad			MOR
	22	D+	1	FMa.CFo	2	Ad,Bl	P	4.0	FAB
	23	Do	4	CFo	2	A			PER,ALOG,DR
	24	Do	2	FMau	2	A			
	25	D+	8	Mau	2	(A)		4.0	AG,PHR

表 3-6　Zf に対して期待される重みづけされた ZSum の最適値（ZEst）

Zf	ZEst	Zf	ZEst	Zf	ZEst	Zf	ZEst
1	–	14	45.5	27	91.5	39	134.0
2	2.5	15	49.0	28	95.0	40	137.5
3	6.0	16	52.5	29	98.5	41	141.0
4	10.0	17	56.0	30	102.5	42	144.5
5	13.5	18	59.5	31	105.5	43	148.0
6	17.0	19	63.0	32	109.5	44	152.0
7	20.5	20	66.5	33	112.5	45	155.5
8	24.0	21	70.0	34	116.5	46	159.0
9	27.5	22	73.5	35	120.0	47	162.5
10	31.0	23	77.0	36	123.5	48	166.0
11	34.5	24	81.0	37	127.0	49	169.5
12	38.0	25	84.5	38	130.5	50	173.0
13	41.5	26	88.0				

ことがわかります。成人の情報処理は基本的にこの範囲に入ることが期待されていますが、子どもは一般に情報処理の効率は良くなくて、不注意による見落としや見過ごしが多いので、-3.0 を下回っていても驚く必要はありません。この Zd の示す情報処理の効果効率には、その意味でトレーニングや学習が効くといわれています。それは、「注意深くなる」方向に向けたトレーニングで、「落ち着いてあわてない」「優先順位をつける」「一度に欲張らない」やり方で情報収集するような心構えや、「メモを取る」「指さしや号令で確かめる」「所定の位置や場所を見えるようにする」など目に見える形やサインを示すことで、情報処理の効率を上げることが可能です。情報処理の効率が上がるということは、正確な行動ができるようになり、思った通りの成果が増えていくので、心理的に

講義3　反応領域・発達水準・組織化活動　　105

表 3-7　構造一覧表（Zd の値）

Protocol 192					Ration, Percentages, and Derivations			
R	=25	L	=0.32					
EB	=5 : 6.0	EA	=11.0	EBPer	=N/A	FC : CF+C	=4 : 4	COP=1 AG	=1
eb	=7 : 11	es	=18	D	=-2	Pure C	=0	GHR : PHR	=4 : 1
		Adj es	=12	Adj D	= 0	SumC' : WSumC	=3 : 6.0	a : p	=6 : 6
FM	=4	SumC'	=3	SumT	=1	Afr	=0.56	Food	=0
m	=3	SumV	=2	SumY	=5	S	=5	SumT	=1
						Blends : R	=9 : 25	Human Cont	=4
						CP	=0	Pure H	=3
								PER	=3
								Isol Indx	=0.60
a : p	=6 : 6	Sum6	= 9	XA%	=1.00	Zf	=15	3r+(2)/R	=0.52
Ma : Mp	=2 : 3	Lv2	= 0	WDA%	=1.00	W : D : Dd	=7 : 15 : 3	Fr+rF	=1
2AB+Art+Ay	=1	WSum	=26	X-%	=0.00	W : M	=7 : 5	SumV	=2
Mor	=3	M-	= 0	S-	=0	Zd	=-7.0	FD	=0
		Mnone	= 0	P	=7	PSV	=0	An+Xy	=3
				X+%	=0.76	DQ+	=10	MOR	=3
				Xu%	=0.24	DQv	=1	H : (H)+Hd+(Hd)	=3 : 1
PTI=1		DEPI=5*		CDI=2		S-CON=5		HVI=No　　OBS=No	

　落ち着きを取り戻し，自己肯定感や自己効力感を上げてくれるという意味でたいへん重要です。情報処理を担う「目」はカメラのレンズのようなもので，目の数は誰にでも一対と決まっていますが，その機能の仕方や効率などの質はさまざまです。

オーバー・インコーポレート（情報取り込み過剰）／アンダー・インコーポレート（情報取り込み不足）

　スキャニングの効率や効果が，Zd ± 3.0 に収まらなかった場合を説明します。Zd が +3.0 を上回る場合を，オーバー・インコーポレートといいます。これは取り入れ（incorporate）が過剰な（over-）人のことで

す。逆に Zd が -3.0 を下回る場合，これをアンダー・インコーポレート といい，情報取り込み（incorporate）が不足した（under-）人ということです。Zd が ±3.0 の範囲内であれば，過不足がなくて，情報の取り込みが効果的で，効率が良くて適切ということになります。先ほど計算した『ロールシャッハ・テスト』の例（表 3-7）は「Zd=-7.0」でしたから，アンダー・インコーポレートにあたります。

　それでは，オーバー・インコーポレートになるとどうなるのでしょう。これは完璧主義の傾向がある人に見られます。一般に完璧主義の傾向の人は「石橋を叩いて渡る」ような，用心深く，きちんとしていて，正確で，責任感のある，任せておいても安心な行動を取る傾向があって，肯定的に評価されるかもしれません。社会では Zd が +3.0 を上回る大人を歓迎する傾向こそあっても，それを非難するということはあまりありません。長所であっても欠点にはなりにくいようです。ところが，それが行きすぎると，完璧主義から強迫的な傾向が出てきます。人が 1 日に使える精神エネルギーはほぼ一定だと考えると，そういう人たちはおおむね精神的に疲れてしまいます。何もしなくても，精神的疲労して社会生活が滞ってしまう人たちもいます。たとえば，Zd が +3.0 を上回るオーバー・インコーポレートの人たちが，不登校，出社拒否などのひきこもりになることもあります。教室に行ったときのことを前もって想定して，休み時間にはこの本を読んで，お昼のお弁当は誰と食べて，体育館に移動するときには誰と一緒に行って……などと考えているうちに行き詰まって困ってしまって，完璧主義が頓挫してしまいます。また，誰々が自分のことをこう思っているのではないか，あのそぶりは○○なのではないか，こう返事したのは悪かったのではないか，などと，起こりそうな反応を際限なく想定して取りこみすぎて，人の目が気になりすぎて，居心地が悪くなり，つまるところ実際に事態が起こる前に勝手に情報を

処理して疲弊してしまいます。情報処理の効果，効率が良いことが，これではデメリットになってしまいます。デメリットどころか，妄想的になって，理由のないところに理由を見つけてしまうことになります。

　反対に Zd が -3.0 を下回っていると，情報処理の網の目が粗くなって目に入ったはずの情報が通過してしまうために，意味のある情報を収集することができなくなってしまいます。不注意だ，あわて者だ，そそっかしい，落ち着きがない，忘れっぽい，覚えが悪い，あてにならないなど，大人であればこれはすべて欠点となりましょう。ですが，このことについて，9歳（小学3年生）以下の子どもにはありがちな特徴であるとエクスナーは示しています。生まれてから何年かの生活経験では注意深くなるのは難しいことですし，非常に注意深い赤ちゃんの話は聞いたことがありません。小学校に入っても，やはり不注意はつきもので，先生がテストのときに「お名前書きましたか？」と確認したり，親が「○○持った？　忘れものない？」と注意を喚起したり，計算をしたら必ず「確かめ算」をするように，などと言うのも，どうしたら注意深くなれるかを教え，注意を向けているものです。一般に大人になるということの課題のひとつは，いくつかの情報を一度に処理することが不得手だった子ども時代から，複雑な情報を効率よく効果的に処理して間違いなく行動できるように学習することのようです。

ザルで水をすくう

　Zf が高くて，視知覚の情報をできるだけ収集しようとする意欲や動機づけが高くて（W の多さなどからわかることもあります），周囲の期待に応えようとしているのにもかかわらず，Zd がアンダー・インコポレートになる場合は，努力しても効果が出ず，効率が悪いので社会から

の否定的な評価を受けやすくなり，ダメ出しばかり受けることになりがちです。アンダー・インコーポレートは，「ザルで水をすくう」かのような，成果の出ない，実りのない徒労感と非効率を表わしています。このような非効率に陥っている根源は人によっていろいろなので，まずその根源となる条件や状況を見つけだし，その非効率に対して手立てや具体的な工夫をすると少しずつ改善してくる可能性があります。トレーニングや学習が効果的であるということは，変化する可能性があるということです。特に成人でアンダー・インコーポレートの場合は介入のターゲットになりえます。このアンダー・インコーポレートが改善してくると，行動のレベルで変化が見て取れるようになるので，自他共に「人柄」や「気分」や「自尊心」に微妙な変化が起こってきたと感じるかもしれません。ロールシャッハの変数の変わりやすいところから変化が起こって，それが次に望ましい変化をもたらすということが実現しやすいのが，アンダー・インコーポレートの特徴をもつ人の場合です。

　1974年に発表されたエクスナーの実験によると，ミネソタ形態板紙のテストの課題を大学生に行なった場合では，時間制限下ではアンダー・インコーポレートの群のほうが，オーバー・インコーポレートの群よりも2倍の量の問題をこなしたものの，2倍の間違いもあって，結局正解の数に有意差は出ませんでした。ところが時間制限のない条件でやると，オーバー・インコーポレートの群が有意に多くの問題に取り組んで正解を出しました。また，1977年当時に「多動」と診断されて脳波に異常所見のあった児童15人では，14人がアンダー・インコーポレートだったとの報告があります。さまざまな実験がなされていますが（『ロールシャッハ・テスト』420〜424ページ参照），オーバー・インコーポレートの人のほうが確実にわかるまで取り組む傾向があって，時間はかかっても正確な答えを出す一方で，アンダー・インコーポレー

トの人は，さっさと作業をして処理するわりにケアレス・ミスが多くて，課題量は多くても正解が少ない傾向があると，まとめることができそうです。

講義 4
決定因子 I
形態反応と運動反応
Fourth Lesson
Determinants I : Form Response & Movement Responses

決定因子

　反応領域と DQ スコアを一緒にコードすることを学んで，Z スコアの解説も完了しました。次がロールシャッハのコードの 2 本目の柱，決定因子の解説です。
　ヘルマン・ロールシャッハが当時使っていた決定因子は，F（形態反応）と M（人間運動反応），そして FC, CF, C（有彩色反応）の 3 分類，5 種類しかありませんでした。当初はそれほどシンプルでしたし，動物運動反応のカテゴリーもありませんでした。動物の動きについては，ヘルマン・ロールシャッハは F と記録していましたが，次第に「F → M」とコードするようになりました。その記録を見つけたクロッパーが「動物運動反応は FM」とコードすることにしました。ほかにも m 反応「人間の運動でも動物の運動でもない運動」や，有彩色だけではなくて無彩色のコードも FC', C'F, C' のように「'」（プライム）を付けたコード

として考案されました。さらには，線描画で奥行や輪郭の丸みを付けるときに濃淡で表わす技法のことをキアロスクロー（chiaroscuro）と呼びますが，そのcを取って濃淡反応もコード化されました。このようにして，徐々に決定因子が細分化されていきました。そして包括システム独自のものとして，図版の対称性を使ったReflection（Fr, rF：反射反応）や，(2)（ペア反応）のコードや，濃淡を使わないで距離感を知覚する場合のコードとしてForm Dimension（FD：形態立体反応）が加わりました。

他者の眼から世界を追体験する

　決定因子は，ロールシャッハ・テストの3本柱のなかで一番コードするのが難しいかもしれません。概念が難しいというより，人の言うことを聞き分けてコードする技術が難しいという意味です。検査者は，受検者がどのような理由で図版がそのように見えたのか教えてほしいのですが，見ているその人自身もなぜそう見えたのかを説明するのが難しいという場合があります。その場合には慎重にコードしなければいけません。その意味で，決定因子の解説は，当たり前でわかりやすいものの場合はさっぱりと，そうではないものの場合はこってりと，少し強弱をつけて進めたいと思います。

　ロールシャッハを施行する作業は，人をわかることは難しいという大前提のもとで行なわれることになります。1つの図版を検査者と受検者の2人で見ながら「これは何に見えますか」と呈示して，その答えを聞きながらコード化するという作業は，受検者に図版の刺激がどのように見えたのかを知るということですが，それは「受検者に見えたものを検査者が同じように見る」ということです。受検者に刺激のどこがどのよ

うに意味をもって見えたのかに伴走する，そのことによって他者の眼と同じように見える経験をするのがロールシャッハ・テストです。同じように見えると，自然にコーディングができるようになります。ですから，「(検査者に) 同じように見えるように説明してください」というのが，施行するときの基本姿勢です。別な言い方をすると，「他者の眼になる／他者の眼からその人の見ている世界を見る」チャンスです。人は他者の外部にあるものですから，外から評価し，観察してインタビューするかぎり，他者の内部にいることはできません。図版を介して，受検者にとってある図版の刺激がもつ意味をコーディングできるということは，受検者の眼を通して，受検者が外界を見た経験を追体験するということです。いかに巧みに面接や共感をしても，あくまでもそれは外側からの共感です。ロールシャッハ・テストは専門家が行なえる最も高度なアセスメントのアプローチのひとつだと思いますが，その理由は，この「その人の眼になってものを見る」ことができる点にあると思います。

形態反応（Form Response : F）

　図版にはいろいろな刺激や手がかりがありますが，図版が「何に見えますか」という問いに答える最も簡単な方法は，「形（F）から」というものです。FはFormの略で，形態という意味です。たとえば，ある図版がチョウに見えた理由は，羽があって，触角があって，全体がチョウに見えた，というものだとします。これは，「図版に語らせ我語らず」という方法です。そのように見えた理由は，図版にある輪郭がそのようになっているから，というもので，受検者は自身の個人的な心理をまったく使わずに，自分に関係なく「そこにある事実」だけを使って，自

分のことを何も語らずに反応することができます。ですから，ロールシャッハ・テストを施行してF反応ばかりだった場合，その結果からは，個別で個性的な受検者の心理的な特徴がほとんどわからなくなります。これでは，まるでゲームに乗ってこない相手と勝負しているようなものです。重要な課題は，なぜ「何に見えるか教えてください」という課題に乗ってくれないのか，乗れないのかということです。テスト状況に対する一時的な構えなのか，いつもこうなのか，極端な個性の範囲なのか，病理のせいなのか，薬物のせいなのか，さまざまな仮説が浮かんできます。

　さまざまな理由から，Fで反応して自分を見せない／見せられない人がいますが，だからこそ決定因子のFのもつ意味はたいへん重要です。Fとコードするのは，これから学んでいくさまざまな決定因子をどれも使わなかった場合です。F反応は，ほかの決定因子が何も付かなかった場合にコードするとご記憶ください。ほかに何らかの決定因子があれば，Fは付けないこと。たとえば，「黒いアゲハチョウです，羽で，触角があって」という場合，アゲハチョウの形態を使っていますが，同時に「黒」という要素を使いましたから，黒だけをコードして，Fはコードしません。ここではFC'とだけコードします。「FC', F」とは絶対にコードしません。「F反応はFしかないときにコードする」と限定することによって，F反応だけで答える人のパーソナリティの特徴がはっきりしてきます。

運動反応（Movement Responses）

　次のコードの説明に移りましょう。M（Human Movement：人間運動），

FM（Animal Movement：動物運動），m（Inanimate Movement：無生物運動）。これらは3つとも「運動反応」というグループです。まず最も明確な運動反応であるFMから解説します。

FM（Animal Movement：動物運動）

　FMは運動反応のなかで最もストレートでわかりやすいものです。FM反応は動物運動反応と呼ばれますが，これは動物の筋肉運動を含みます。このFMをコードするには「**その動物のその種にふさわしい運動**」をしていなければなりません。これがFMの定義です。

　ですから，たとえば「イヌが笑う」と言ったとき，イヌがその種に固有の運動として笑うのかどうかを吟味しなければなりません。イヌであれば吠えたり唸ったりはするけれど笑いはしない，ということになれば，FMはコードしません。同じように，ミミズは這うけれど立ち上がったり歩いたりはしない，ということになれば，「ミミズが歩いています」とか「ミミズが立っています」と言ったら，その反応はその種に固有の運動ではないのでFMはコードしません。このような，その種に合わない動きはすべてM（人間運動）でコードします。

M（Human Movement：人間運動）

　M反応は本来，人間運動反応と呼ばれているように，人間の筋肉運動，筋緊張をコードするのですが，その種にふさわしくない動物の運動もすべてMが吸収します。ほかにも，怪しげなもの，おばけや，怪なるもの（怪獣，怪物，得体の知れないもの）の運動というのはMとなります。たとえば，「傘おばけが歩いてきて話しかけてくる」というの

も，傘の運動ということではなく，本来傘がしない人間もどきの動きをして人間にコミュニケーションをはかってくるところが「傘おばけ」ですから，コードはMとなります。「目玉のおやじが足を組んでしゃべったりする」のも，「ヌリカベが飛ぶ」のも，動物運動（FM）でも無生物運動（m）でもなく，これもやはりMとコードします。

もちろんMは人間の運動や筋肉運動のことですから，しゃべる，歩く，立つ，座る，書く，そういった人間が筋肉を動かしてする所作や動きをすべて含みます。また，にらむ，微笑む，見つめる，といった表情も，筋肉が動いていないように見えても，眼球運動を支える周辺の筋肉が活動しているわけですからMとコードします。まれですが，心臓の動きなどの臓器だけの動きもM反応でコードします。

ですから，FM反応と判定することは難しくなくて，基準は非常に明確です。いつでも，その種にあった動きをコードするのに比べて，M反応には純粋に人間の運動から雑多なその他諸々の運動まで，すべて含まれてきます。

m（Inanimate Movement：無生物）

m反応は無生物運動反応と呼ばれますが，動物の運動でも人間の運動でもないもの，そのような筋肉の運動ではないものをすべて含みます。「無生物」とは言われていますが，植物の運動もm反応とコードします。ですから，FMともMともコードされないもの，その他の運動と呼ぶべきかもしれません。ロケットが飛ぶ，火山が爆発する，物が落ちる，そういった運動もここに含まれますし，伸びている朝顔の蔓が棒に巻きついている植物の運動や，食虫植物の葉っぱが虫を捕獲する動きはmとコードします。

「不自然な緊張状態」というものも m に含まれますが，これはたとえば，「柱に掛けてあるコート」「ハンガーに掛かっているコート」というように，ハンガーが揺れて動いていなくても，掛かっているというところに対して m とコードします。タオルがテーブルにたたんでのっている状態は m ではないのですが，このタオルが何かに引っかかっていたりすると，ここに「不自然な緊張状態」が生まれているので m とコードします。掛かっている，ぶらさがっている，刺さっている，などは，まったくそれ自体が動かずに静止している状態でも「不自然な緊張状態」と考えます。たとえば，教室の天井に光取りのライトが箱状に組み込まれているのは，m ではありません。ところが，高級ホテルのエントランスに豪華なシャンデリアがあるとします。そのシャンデリアが「下がっている」「掛かっている」という言い方をしたときには，m とコードします。図版 II の中央の空白には，「ここがコードで，電気の笠がつりさがっている」という反応が出ることがあります。この場合，たしかに電気の笠は動いてはいませんが，「つりさがっている」というところで m とコードします。ほかに，「皮が引き伸ばして乾かされている」という例は，「不自然な緊張状態」の例です。図版 V で「チョウの標本。両端をここでピンと針で止めてあって」というのも「不自然な緊張状態」を m とコードします。

　また，不自然ではありませんが，静的な動きも m に含まれます。たとえば図版 VI を横にして，「ここに船が見えます。水辺に船が浮かんでいます」という反応は，この「浮かんでいる」を静的な動きとして m とコードします。動いていないのだから F 反応ではないかとお考えになるかもしれません。そのときは，これを F 反応にしてみて，その違いを吟味するとどうでしょうか？　F 反応にするとこうなります――「ここに船が見えます。水辺で船です」。たとえば人が立っているためには，

立つという姿勢を筋肉によって維持しなければなりませんから,「人がここに立っています」という反応はMとコードします(これをFとするのであれば「人です,ここにいます」)。ですから,この船の例の場合には,船はまったく動いていませんが,立っている(M)人の例と同じように「浮かんでいます」と言語化しているところをmとコードします。

MとFMとmの区分法

1つ例を挙げて考えてみましょう。たとえば,図版IVのWで「高いビルから人が落ちてきている」という反応があるとします。この落ちるという反応は,落ちるのが人であればMとなります。もし人間ではなくて,たとえば図版III(D2)に,「両脇のサルが,上から落ちてきています」という反応であればFMとなります。もしこれが,猟師が鳥を撃って,撃った鳥が落ちてくる,というものであれば,その場合はFMではなくてmとコードします。そのときの鳥の状態は,パタパタしたりヒクヒクしたりもせず,死んだものとして落ちてくるわけですから,生命のないものの動きであることがはっきりしているのでmということになります。これは人間も同じことで,死体として落ちてくることがはっきりしているときはmとコードします。死体はもはや,筋肉運動をともなって動くと想定できないのでmです。逆に死体であることが確定できなければ,人間ならM,動物ならFMとコードしておきます。ですが命あるかぎり,人間でも動物でも,空気抵抗を受けながら何らかの筋肉運動をしますので,たとえ窓から落ちるとしても,崖から落ちるとしても,屋根から落ちるとしても,それはmではないということになります。

a, p (active-passive：積極と消極の右肩文字)

　MとFMとmのすべての運動反応を対象にした，もうひとつ共通の大切な作業があります。それが，「積極と消極の右肩文字」のコーディングです。これはピオトロフスキーの運動反応についての詳細な研究から導きだされた概念を使ったものです。ピオトロフスキーは，屈曲する縮む動き（図版の中心に向かう運動）と，逆に伸びたり飛びあがったりする動き（図版の中心から離れる運動）は質的に異なった運動であって，違った意味合いや解釈が必要なのではないかと考えました。a, p は，その研究成果を反映しています。

　さて a, p のうち，a は active，p は passive のことですが，必ずすべての運動反応に a か p かどちらかをコードします。『ロールシャッハ・テスト』の118ページに，その運動が active か passive かを決めるための「目安」として，最も適しているのは「話す」であろうと提示されています。この「話す」という運動はつねに消極的だとされています。つまり，この話しているという運動の量，筋肉運動の大きさ，これが p ということになります。ですから，この「話す」のに必要な運動量を上回るもの，たとえば，食べる，叫ぶ，激論する，というのは a になります。

　たとえば，皆さんが「座っている」，私は「立っている」，今このテキストを読んでくださっている読者の皆さんが本を「読んでいる」運動は，この目安に照らして考えると，「話す」という筋肉運動量を超える大きな動きではないと判定できますので，p となります。それよりも大きな運動量を示すもの，たとえば，歩いていたり，食べていたり，ジャンプしていたりすれば，その運動量が大きくなればなるほどはっきりと a に

なります。目安の筋肉運動量より大きいかどうかを判断するのは実際にコードしてみると意外と難しいものです。aとpを付け分ける基準はこの目安しかないので，迷いが生じるものや，はっきりしなくて判定しにくいもの，微妙な動きがあるからです。

　このコードの曖昧さは包括システムのアキレス腱であるとばかりに，aとpを区別するためのさまざまな研究が今までもなされてきました。リストをつくった研究者もいますし，エクスナー自身も運動のリストを作成してどの運動がどのように振り分けられるかを検討しました。ところが，エクスナーは「覗きこむ」という運動がaなのかpなのかをリスト化しようとして，次に説明する理由でリストを作成するのをやめました。同じ「覗きこむ」という言葉にしても，なんとなく覗きこんでいるというレベルのものもあれば，身を乗りだして非常にアクティブに覗きこむというレベルのものもあるため，「言葉だけでどちらかを決めることはできない」，そのとき，その受検者がどのようなコンテクストで「覗きこむ」と言ったのかによって異なってくるので，単語だけをリストにしても使えないというのが結論でした。その時々に，その受検者が，その図版にどれほどの筋肉運動量を込めて反応したのかを，ケースバイケースで，単語からだけでなくコンテクストで評価するのがベストだということです。話す，座る，立つは，pとするという目安しかないため，実際にコードするときに検査者によって意見が分かれることがあります。私の場合はどうしてもpとコードしやすいという個人的なバイアスがあります。このようなバイアスや迷いは，研究会や講座などで自分のコードを複数の仲間と検討してチェックしあうと，個別の癖や勘違いがわかってきます。包括システムは，コードの基準がかなり明確で，コードに迷ったら基準に戻って検討すると解決しやすいと思いますが，このa，pは，その性質上コンセンサスが取りにくいコードのひとつと言えるで

しょう。目に見えないより安全な"目安"が身に付くようになるためには、数をこなしてその基準を身に付けるしかありません。

aとpの識別法1 ── エネルギー量と重力（mの場合）

　筋肉運動に換算できる人間運動反応と動物運動反応は、先ほどの目安「話す」が使えるのですが、mは筋肉運動ではないので目安が役に立ちません。また、『ロールシャッハ・テスト』にもこのことについては書かれていないので、いくつか手がかりを提供したいと思います。

　mのa, pを識別する際の第1の目安は、m反応に含まれている「そのもののもつエネルギー量」を鑑みることです。たとえば、「風が吹く」というのも、ただ「風が吹いている」だけならばpでしょうけれど、「台風で風が嵐のように吹いて木が揺れている」というのはaでしょう。木を揺らすほどのエネルギーですからaです。ほかには火山の爆発もわかりやすいものです。「噴火しています」という反応の場合、そのもののもつエネルギーは大きいのでaだと思います。「ロケットが飛ぶ」というのも同様で、「ロケットが飛んでいて、噴射しています」というのは、ロケットが飛ぶくらいのエネルギー量ですからaということになります。まぎらわしい例が「火が燃えています」というもので、どのように何が燃えているのかを聞く必要があります。もし「ロウソクの火が燃えています」というのであればpですが、「山火事で火が燃え広がっています」という答えであれば、エネルギー量は莫大ですからaとなります。

　この"エネルギー量を鑑みる"に加えて、第2の目安が重力です。「噴水が上がる」というのは、火山が爆発するよりずっと優雅でかわいらしいものですけれど、流れ落ちるのではなく重力に逆らって上がっていますから、これもaとコードします。たとえば図版IXで「これは噴水で、

講義 4　決定因子 I ── 形態反応と運動反応　　121

真ん中から水が上がっています」という場合の m は，a とコードするのが標準的だと思います。「川が流れています」「滝が流れています」というのは p ですが，川や滝の規模によっては，イグアスの滝（アルゼンチンとブラジルにまたがる世界最大の滝のひとつ）や日光の華厳の滝が流れているのであれば，豊かな水量と莫大なエネルギー量をもつ大きい滝ですから a とすることもあるでしょう。上から下へと重力に従って流れ，落下しているものは p となります。このようにエネルギー量と重力という 2 つの目安に着目して a か p かを決めるといいのではないでしょうか。

a と p の識別法 2 ──ルールで決まっているもの

現実の運動がない場合──つねに p とコードする場合

　運動が，絵や漫画や写真のなかのものとして反応された場合はいつも，どれほどはっきりとした a の動きであっても p とします。「戦っている 2 人のボクサーの写真」は Mp，「火山が爆発しているカレンダー」は mp，「2 匹の動物が怪物を倒している漫画」は FMp となります。

同一の対象が a と p の両方の運動をつかさどる場合── a だけをコードする

　たとえば，「オオカミが座って，月に向かって吠えている」という反応があるとします。この受検者の反応から，まず「オオカミが座って」という運動は FMp とコードできます。そして「月に向かって吠えている」というのは，話しているという目安よりも運動量が大きいので FMa となります。このように「オオカミ」という 1 つの対象に a と p の両方のコードが付くことになります。この場合，「**1 つの対象に同時に付加される a と p の運動は，p を消して a だけにする**」というルールを使います。a と p が競合した場合には，a だけを残すという作業で済み

ます。したがって、このオオカミの反応は FMa となります。

同一反応における a と p の場合── a-p とする

　もう1つが、1つの運動反応を担う2つ以上の対象が含まれていて、片方が a でもう片方が p となるものです。例を挙げます。図版Ⅰで「真ん中に立っている人がいて、その人の周りを両脇の人たちがぐるぐる回って踊っている」という反応です。単純に「真ん中に立っている人」というのは p ですが、「真ん中に立っている人の周りで踊っている人たち」は、「踊っている」ので a となります。すると、立っているのが Mp で、周りで踊っているのが Ma となります。それぞれ p と a というコードが、競合することになります。先ほどのオオカミの例と違うのは、a とコードされる対象と、p とコードされる別の対象がいるということです。このような場合は Ma-p というふうにハイフンを置いて、両方の対象が1つの反応のなかにあったということをコードします。このように1つの運動に a と p の両方がコードされることは珍しいので、間違いではないか再チェックされるといいでしょう。

運動反応は思考活動を反映する

　実は M, FM, m は、すべて受検者の思考活動を反映しています。ロールシャッハ・テストの結果から、受検者の思考活動について、つまり「考える」という心理学的特徴について理解できるとすると、そのリソースはこの運動反応にあります。ところが同じ思考といっても、M, FM, m のコードによって少しずつ違っています。今度は思考活動という側面から、この3つのコードがそれぞれどのような思考活動を賄って

いるのか見てみましょう。

M ── 最も高度な思考活動を反映するもの

　Mは，3つの運動反応のなかで最も高度な思考活動を表わすコードです。子どものロールシャッハ・テストには，Mが出てくるよりも先にまずはより多くのFMが出てきます。たとえば，子ども向けのテレビ番組は，人間より動物たちがキャラクターになることが多いですね。これはMのほうがFMよりも高度な思考活動を要求されるからです。TAT（Thematic Apperception Test：絵画統覚検査）の幼児・児童版にCAT（Children's Apperception Test：児童絵画統覚検査）がありますが，日本版CATでは，リスのチロちゃんが主人公で，リスの家族が食卓を囲んでいたり，遊んでいたりする図版になっています。子ども向けのCATの図版がわざわざ動物になっているのは実に示唆的です。子どもたちは不思議と動物にアイデンティファイしやすいようですね。ロールシャッハ・テストでも，若年のうちはFM反応のほうがM反応よりも先にいくつか多めに出てきて，長じるに従ってだんだんとFM反応のいくつかがM反応になっていくようです。つまり発達的に見ても，FMのほうがMよりも出現頻度が高いことに理由はあります。

　M反応をするために，第1に必要なのは，受検者が自分は人間なんだというアイデンティティです。子どもの頃はウサギのキャラクターが大好きで，自分の仲間だと思っていたかもしれません。いつも一緒で，抱いたり，寝たり，語りかけたり，お世話をしていたかもしれません。でも，だんだんと自分はウサギとは違うことに気づきはじめます。そして自分が属する人間に改めて興味をもつようになります。興味関心がなければ図版を見ても人間の運動を反応にすることは難しいのです。そし

て第2に必要なことは，人間がどのような動きや振る舞いをするのかを知っているということです。経験に裏づけられていなければ図版を見てその動きを再現することはできないでしょう。この裏づけがあればこそ，図版IIで，「"せっせっせーのよいよいよい"をして遊んでいる2人」とか「手を合わせて踊っています」や，「仁王立ちをしている魔王です」などのバラエティ豊かな人間運動反応を再現できるのです。そして第3に，1つの図版を熟視する集中力が必要です。よーく見るとこれはサルではなくて人間かもしれない，という人間像にまとめあげる注意深い観察力は，年齢を重ねないことには仕上がってこないものです。ですから，**アイデンティティ**，**経験**，**注意集中力**が必要条件になるという意味で，ほかの運動反応より高度だということになります。

　解釈的な意味からすると，M反応は，自分の考えや思い，計画や策略を外の社会に打ち出すような反応と考えられ，いわゆる意思表示と言えます。たとえば，包括システムのロールシャッハ法を「勉強しよう」と考えたからこそ，あらかじめスケジュール表を入手して，お金を振り込み，テキストを買って，予習をして，実際に講座に参加されるわけですよね。つまり，講座に参加しているということは偶然ではなくて，外界にご自分の意思表示（M反応）をしたからで，そのときから今日までの間（おそらく数カ月間），その意図や意思が続いたから実現したものです。

　M反応ばかりでなくFM反応にもm反応にも共通することですが，運動反応には「間」をもたせる，「時間的に引き延ばす」効果があります。"思いたった"ことを自分の内面で（精神内界で）温め，取っておいて先延ばしにできる能力です。その運動反応のなかでM反応は「社会的に」自分の行動を起こすまでに間をもたせる「待ったをかける」，「待ったをかけてこれで良いのか良くないのか吟味する，そして実行す

る」という社会的な行動を遂行する力となるものです。「社会」というコンテクストで働くという意味で，M反応はやはり一番高度な思考と位置づけられます。カウンセリングやセラピーでいう「共感」という言葉をロールシャッハの変数で語るならばM反応ですし，M反応を担っているその現実的な人間反応でしょう。相手のことを，ほぼ間違いなく予測できる力というのは良好なM反応のおかげですし，聞いて確かめなくてもだいたい相手の意向が解るという働きをしてくれます。M反応がなく，現実的な人間反応の知覚がない人からプレゼントをもらったことがありますか？　あるいはM反応があってもマイナス反応と言われるような，図版の現実から離れた知覚になってしまう人からもらうプレゼントは，たいてい驚くほど的外れだったり，ぎょっとするような頂きものだったりするということがあります。反対に，何かをしようと考えていたり，計画していたり，そのつもりにはなっているけれど，なかなか実行に移せない人がいたとすると，こんな言い訳が出てくるのではないでしょうか。「いつかやろうと思っていて……」「もう少し経ったら……」「もしかしてもっと簡単な（安い，素敵な）○○が出てくるかもしれないし……」と。

　思考が行動をともなわないのはMpの特徴です。ここでもactiveとpassiveを区別しますが，これは思考の流れの方向をコードしています。MaとMpはつまり，思考活動の違った方向性を示しているのです。MaとMpを比べて，Mpのほうが多いとするとそれは，「考えてはいるけれど，頭のなかだけで考えていて，考えだけで終わって実行されなかった考えのほうが多い」ということになります。そうなると，Mが8個もあるとたくましい思考力を示すのですが，もしそれがすべてMpだとすると，その人の考えていること，計画していること，目論見はひとつも実現せずに，シャボン玉のように頭のなかで消えていくということに

なります。注意したいのは，その人は「考えているつもり」だということです。ですから誰かが何らかの計画や企画を出したら，「私もそう考えていました」と言うでしょう。本当に考えていたのですから。ただし，誰かが言えば「私も」と言うかもしれませんが，"自分から自分の意思表示をすることをためらってしまう"癖が付いてしまっていることになります。また，これは極端になると現実逃避，現実回避のために使われる負の思考力にならないとも限りません。なぜ負かというと，頭のなかだけに留め置く時間が長くなりすぎると，実際の現実よりも，自分の頭のなかの現実だと思っている感覚のほうが現実味を帯びてしまうからです。現実対処するのが億劫になりますし，「もしかしたら……」と，自分を引きとめるさまざまな「青い鳥」を追いかける感覚に慣れっこになって，厳しい現実に立ち向かえなくなります。もちろん，この現実回避のやり方が，自分の命や心が壊れてしまうのを防いでくれる大事な自己防衛として機能する場合もあります。

白雪姫，青い鳥，虐待サバイバー

現実に対処するための思考力である Ma より，現実を回避するために逃げ場となる Mp が多い人の状態（Mp>Ma）を，エクスナーは「白雪姫シンドローム」と定義しています。『白雪姫』の物語を読んでみると，たしかに白雪姫はまったく自己決断をしていません。自分で出て行きたいわけでもないのに家を出て，仕方なく森を歩いていくと，小人さんたちが「ここにいれば？」と言ってくれて，言われるがままに留守番をします。すると魔法使いのお婆さんが，「このリンゴをお食べ」と言ってくれます。そして，また言われるがままに食べたら毒リンゴだったということになる。仮死状態になっていると，王子さまがやってきて……と

要するに，つねに誰かが決めたことを引き受けるだけです。これがなぜ問題なのかというと，M反応は，現実に対処したり社会生活を営んでいくための思考や意志や計画ですが，このMpのほうが多いと，現実に実行しないで，いわば，白昼夢，現実回避，空想の乱用をするということになりかねないからです。Mpの多い人は，「幸せの青い鳥」を追いかける人ということになります。そしてその反面，大事な決断であればあるほど人に決断を委ねてしまいやすくなる傾向があって，人に操作されやすくなります。

　aとpは，当初から包括システムに組みこまれていたのですが，その背景には，30年以上前の当時のアメリカで虐待が問題になっていたということがあるようです。当事のアメリカでは，CPS（Child Protective Services：児童保護機関）がすでにあって，心理士が自分の担当している人に虐待の被害があったとわかったら，それをCPSに通報する義務を課せられるというものです。法律上の規定で通報しなければならないので実際に通報すると，CPSのスタッフが調査に入って身体的虐待や性虐待があるとわかると，親は刑務所に送られたり，更正できるか判定するためにカウンセリングを受けたりして，とにかく一家離散になりかねません。そのような当事の状況のなかで，被虐待児にロールシャッハ・テストを施行すると，Mpのほうが多いという結果が多く出てきました。「自分が言わなくても誰かが助けてくれるかもしれない」という思い，「いつか誰かが助けてくれる」という青い鳥を探し求めるような思いです。虐待者にしてみると，虐待される子どもは痛いとも言わないし，泣きもしないし，むしろ薄ら笑いを浮かべていた，と報告する場合などもありますが，被虐待児にしてみれば，「これは本当の親ではないんだ，本当の優しい親は別にいて……」と空想したりします。また，身体的な痛みをともなう場面では，自分が経験している情景を上から客観的に見

ている解離の感覚を抱いたりしますが、それはMpが現実を現実と思わないスイッチのように働く傾向として表われます。目の前で起こる現実が、あまりにつらすぎたり、引き受けきれない現実であるときは、Mpの世界のなかで、これは現実ではないと置き換える。そのことによって、感覚を遮断して生き延び、サバイバーになることができるのです。

FM──欲求を反映するもの

次にFM反応について説明します。これは欲求やニードを映しだしています。この「欲求」というのはとても重要なものです。なぜならばそれは学校で習ったり社会から教えられたりするものでなく、「自分のなかから出てくる」、あるいは、わいてくる身体感覚をともなう、移ろいやすくて曖昧で安定しないけれど、自分と最もなじみの深いものだからです。自然発生的に私たちが代々引き継いできた人としての本能に近いもので、生命維持活動に直結するような自分の本音と言ってもいいと思います。最初から自分で知っている感覚と言ってもいいものです。アイスクリームのフレーバーを選ぶとき、「今日、私はミントチョコにしよう！」などと決める瞬間にも活躍するものです。食欲とか、尿意とか、眠気などは、まさに私たちが日常付き合っていて関わっているFM反応と言えるでしょう。ある程度我慢したり、調節したりできますが、かなり自然で、自発的にサインを送ってきたり警告やアラームを発出してくる思考で、M反応のように計画的であったりしません。社会が直接関わってくるというよりも、もっとパーソナルで原始的な思考です。好きなこと／嫌いなこと、したいこと／したくないこと、感じること／感じないこと、さまざまな感覚を交えて、生きていく作業をスムーズに進める役割を担っています。アラームの役割も果たしてくれますから、何か

をしすぎないようにストップをかけてくれるという「センサーとしていい塩梅を予測してくれる」機能も果たします。アラームが効かないと，何でもしすぎてしまいますし，ダメージが別な形で出てくるまで気がつかないという弊害も生みます。いちいち難しく考えないで，何となく自分らしく生きていけているとしたら，それは FM 反応があるおかげです。何かの理由で，それらの自然な感覚的な思いが自分自身でもわからなくなっている人は，FM が 0 個に近くなっていきます。自分の本音の部分とつながっていかない人は，何事も自己動機づけをもたないまま，事に当たることになります。別にどちらでもいいし，わからない，いわば自己決断ができない状態になります。不登校や，摂食障害，非行やさまざまな不適応感の根本にこの FM 反応の減少が関わっていることは否めません。だからこそ FM は 3，4 個あるのが自然のようです。インターナショナル・データを見ると，FM の平均は 3.37 個で（付録 I・表 1），日本人データの平均は 3.63 個となっています（付録 I・表 2）。すべての欲求は叶っていないし，すべて思った通りになってもいない，だから 3，4 つの FM 反応を心理的に蓄えて，「次はこれ」「その次はこれ」と自分に自分でモティベーションを吹きこんで生きているのです。人の心が動くとか，人の心が機能しているとか，その人の心が生き生きしているという抽象的な形容をお許しいただければ，そのエンジン部分を担っているのはまずはこの FM 反応なのではないかと思うくらいです。

　どうしたら FM が育つのかもよく考えます。おそらく，発達するなかで周りの反応を真似ながら，自分の内なる個別の FM に気づいていくのではないでしょうか？　不自由をしているからこそ望みが出てきて，期待が高まり，自分の好みがはっきりしてくるということを考えると，「苦労は買ってでもしたほうがいい」と思いますが「望みは叶うんだ」という報酬の経験も重要です。年に一度クリスマスプレゼントをもって

きてくれるサンタクロースに子どもたちが胸を躍らせるのは，子どもにとって大事なFM強化イベントだと思います。"お利口にしている子どものお家には，サンタクロースがほしいものをもってきてくれる"と言われているから，「じゃあ何を頼もうかなぁ」と12月25日を待ち焦がれる。この「期待して待つ」というのがFMの基本です。すぐに叶ってしまうのではなく，楽しみにしてしばらく待っていると叶う，この「待ち」の体制がFMの土壌をつくるのだと思います。楽しいことがあり，報酬が期待できるから，我慢もできるし，大事なひとつを選べるという自分の意志のコントロールの起源だと思います。

親とお風呂に入ってたら，親が幸せそうに「気持ちいいねぇ〜」と言う。その経験を共有しながら子どもは，「なるほど，これが気持ちいいということなんだ」と学習し，言葉と感情と言外に体験した「幸せ」のモデルを学習するのでしょう。そして，自分の体を通して経験し，学習した「気持ちいい」という状態を，また繰り返し味わおうとする。そのような意欲や，曖昧でうつろいやすく当たり前で立派ではないけれどシンプルに大事な思考力が，FM反応には映しだされていると思います。

m ──ストレスを反映するもの

講義2の「変化しやすい変数」で先に解説したように，もともとのその人のパーソナリティにはなかったけれど，外界からの要請を感知して対応しようとすると発動する思考が，ストレス因子といわれるm反応です。支払の請求書が来る，面接の日程が決まる，中間期末試験がある，プロジェクトのプレゼンテーションがあると，緊張感が高まって，注意や集中が喚起されます。そのとき生じてくる一時的にその場に対処するのに使われる，「ねじりはちまき」のような思考力がmです。

講義 5

決定因子 II
有彩色反応と無彩色反応

Fifth Lesson
Determinants II : Chromatic Color Responses and Achromatic Color Responses

有彩色反応（Chromatic Color Responses）を学ぶ

Cn（Color Naming Response：色彩命名）

　有彩色は，FC，CF，C，Cn の4つで区別します。まず Cn から説明しますが，そのわけは，この Cn 反応の発生メカニズムはほかの3つの色彩反応と本質的に違っているので仲間には入れないからです。Cn は「図版のなかの有彩色の名前を言うだけで，それが感想ではなく反応とする」ものと定義されます。例を挙げてみます。図版 X で「赤や黄色や青のいろいろな色です」とか，図版 II で「赤と黒しか見えません」と言ったりする場合です。このように端的に色の名前だけを答える反応ですが，これが FC，CF，C と異なるのは，Cn が「反応以前の反応」だからです。

　「これは何に見えますか」と私たちは受検者にお伺いしています。そ

れに対して,「赤, 青, 黄色です」と色の名前で答えたとすると, それは目に入った「色」を挙げただけで, その「色」が自分の経験や記憶に照らしあわせてどのような意味があるのか, という「心理活動のフィルターを通して反応に仕上げる」一連の作業を端折って反応しているのです。赤が赤, 黄色が黄色, 緑が緑——そう言っているだけで, まったく反応には仕上げていません。

　図版に対する感想は, たとえば「これは**きれい**ですね, いろいろなパステルカラーで, 赤, 青, 緑で」というものですが, この感想は図版に見えたものではなく, 見ている**自分**に起こった気分や評価や思いを語っているものです。自分がどう感じたかの感想と違って, **図版**に「赤と青と黄色と緑があります」というのが Cn ですが, これはたいてい大人の反応には見られない反応です。なぜならば, 大人は「何に見えますか」と言われて,「あ, これは赤ですね」と答えてもそれは反応になっていないことを暗黙のうちにわかっているからです。「これは赤だけど, それが何に見えるだろう？」と, 見たものを見た通りに言うのではなく, その人にとってどのような意味があるものに見えたかを尋ねられているということを暗黙のうちに了解しているのです。幼い子どもは, Cn 反応を出すかもしれません。「何に見えますか？」という質問が「自分にとって図版がどのような見え方や意味をもつか」と聞かれているとは了解しがたいために,「見えた」通りにそこにある色を言って反応にしてしまうことになります。非常に具体的なやり方ですが, それがその年齢の発達段階には合っている部分もあります。ですから就学前の 5, 6 歳の子どもであれば自然なことかもしれませんが, 大人の記録に Cn が出現したとするとそれはかなり珍しく, 何らかの特別な解釈が導きだされます。

　子ども以外の対象に Cn が出現したら, 考えられる可能性は器質的な

問題の存在です。ヘルマン・ロールシャッハは，悪化したてんかんの疾患がある人に Cn が見られたと報告しています（『ロールシャッハ・テスト』130 ページ参照）。てんかんを含めて器質疾患がある対象にロールシャッハを施行すると，「真ん中に線があります」「ここにも黒い線があって，左右対称になっています」と図版の対称性や，真ん中にある対称線についての言及がどの図版でも繰り返される場合があります。見える「線」や「対称」になっている特徴に気づくことはできても，それが自分にとって「どのような意味のあるものに見えるのか」という，記憶や経験とマッチさせて見えたものとのつながりを見つけることができないために，「反応できない」現象を示しています。このような器質疾患がある場合には Cn も出現することがありえます。てんかんは三大精神病と言われていましたが，精神薬理学の進歩で症状を改善させることができるようになりました。これからは，高齢化にともなう脳の変化のために，Cn が見られることのほうが多くなるかもしれません。

体験型──思考と感情（M の数：重みづけした色彩反応）

色彩命名反応（Cn）は，これから説明する残りの 3 種類のものとは一線を画しています。ヘルマン・ロールシャッハはすでに FC，CF，C のコードについて，それぞれ 1.5，1.0，0.5 というように，色彩の使われ方の違いを数値の重さに換算して，色の要素を重視していました。これらの重みづけをする色彩反応の仲間にこの **Cn は入れません**。その人のパーソナリティを反映する「反応」以前の反応で，単に知覚した色を列挙しているにすぎないからです。

ヘルマン・ロールシャッハは，このように重みづけした色彩反応の総和と M 反応の総数を対比させて（M の総数：重みづけした色彩反応

の総和), 体験型 (EB) という概念にまとめました。これはヘルマン・ロールシャッハの天才的な発想による大発見でした。図版は動いていないのに人間の動きを知覚するM反応を仕立てるには, その人の思考活動や, 思い入れを吹きこむ作業が必要で, このM反応のほうが色彩に対する反応よりも多い人は, stop & think (止まって考える) をする傾向があり, 時間をかけてありうる可能性にあたって, なるべく間違いをしないように, 自分の価値観をよりどころによく考えてから判断し行動する人, という意味で「内向型」と呼びました。これとは反対に, 色彩に反応する割合のほうが多い人を「外拡型」といいます。外界にある情緒的な手がかりや, 外からのフィードバックを採用してそれらに反応しながら, 必要であれば考える try & error (試行錯誤) を好む人です。考えてもわからないからまずはやってみて, 必要があればそのときに考えようとするので, 最初からエラーがあることを見込んでそのエラーから学ぼうとするやり方です。内向型と外拡型のどちらの対処様式がいいという優劣はありませんが, 両者はまったく違った方向性をもつ対処様式であることはたしかです。

FC (Form-Color Response：形態色彩反応), CF (Color-Form Response：色彩形態反応), C (Pure Color Response：純粋色彩反応)

　では次に, FC (形態色彩反応) と CF (色彩形態反応) と C (純粋色彩反応) について説明します。『ロールシャッハ・テスト』では118～130ページに説明されています。これらの3つの反応の違いを考えるには, 水道の蛇口をイメージするといいと思います。
　FC反応の特徴は形態が優位にあるということです。塗り絵のように, まずは実線で輪郭をしっかりと取って, その形に沿って色を塗るとい

う，形ありきで色を使うやり方です。FC 反応を水道の蛇口でたとえれば，意識して蛇口を調節するやり方で，"節水"などのようにあらかじめ何かの意思や意図が含まれている感情表出と言えます。CF は出したいように感情を出す，気楽に水道の蛇口をひねるようなイメージです。そういう意味では CF は率直な感情表現で，外に出したい感情を生き生きと出している自然な感情表出であって，特別にコントロールが悪いという否定的な意味合いはないと思います。C については，一般に大人では出現頻度が低い反応です。これは，調節を度外視した，インパクトの強い，いわば剥き出しの強い感情表現です。ですから対人関係においてそのようなやり方で感情を表現すると，他人との対立が生じたり，対人関係を壊したりするなどダメージが大きくなります。成長発達段階で，わたしたちは社会に適応するためにはそういった激しすぎる剥き出しの感情表現は好ましくないのだということを教えられ学んでいきます。おそらく就学前の小さい子どもは，FC 反応よりも CF+C のほうが多くて，C 反応を出すこともあるかもしれません。スーパーやデパートで買ってほしいものを買ってもらえないとわかるや，ひっくり返って「いやだ〜，買って〜！」と泣きわめいて騒ぐ子どもの姿はまさに C 反応です。しかし，だんだんと両親や，幼稚園，保育園の先生たちから，気に入らないからといってすぐに泣きわめいたり，相手を突き飛ばしたり，殴ったりしてはだめで，きちんと言葉で言ってごらんなさいと指導されます。こうして感情を調節することや，自分の感情を誰かに伝え，表現することを学ぶようになります。ですから，5, 6 歳の未就学児のロールシャッハを取ったら C 反応があっても自然ですが，学年齢が上がっていくにしたがって減っていきます。12 歳から 16 歳までの間に FC のほうが CF+C より多くなると予測されます。これは，ひとりの個人が社会化されるのに要する時間ということかもしれません。

ですがC反応にはポジティブな側面もあります。一瞬の間にインパクトのある感情がほとばしる，ということですから，エクスナーの言葉によれば，「死ぬ間際の人にはCFはおろかCなど出てこない。そういう意味でCは社会を生きていくためのエネルギーであって必ずしも否定的なものではない」ということです。ほとばしるエネルギーをどのように使いこなすかが問題であって，C反応そのものがそれだけで病理や不適応を示すものではない，ということです。私の臨床でよく遭遇するのは，成功したワンマン社長である父親や夫が，家では「瞬間湯わかし器」とあだ名がついていて，怒るとすぐ大声で怒鳴ったり，物を投げたりして，テレビのリモコンは何本壊したか知れないなどという家族です。家族は困り者の父親や夫を怒らせないように気を使い，特別（子ども）扱いをしている場合があります。エクスナーが言うように，感情を強くはっきり出すのもうまく使えばエネルギーになるのですから，この事例のように，社会で一旗あげようという力になるのでしょう。ですが，家庭内の対人関係で爆発的で瞬間的な感情を表出すれば，本人は何でもなくても，身近な第三者は直接その影響を受けます。多くの場合，ご本人ではなくむしろ妻のほうが抑うつ的になったり娘がボーダーラインになったりしているということが見受けられます。

　FC反応はC反応とはまったく違って，長い時間，一定期間にわたって持続する感情です。たとえば「かわいい子だねぇ」と言った3分後に，「おまえはうちの子じゃないから出て行け！」というような対応をする親がいたとすれば，それは短時間に強い感情が表出するC反応の出方です。ある一定期間持続する，変わらない安定した感情表現が，わたしたちの社会生活や対人関係を安全なものにするのに役立っているということです。

　C反応の安定性について確認しておきます。あるプロトコルにC反

応が1個出現しただけでは比較的安定性は低くて、一時的に出現した可能性も否めません。再テストしたときにはC反応はなくなるかもしれないということです。反対に、C反応がプロトコルに複数個出現する場合には、その人のパーソナリティのなかにC反応のメカニズムが組みこまれて安定している可能性が高く、再テストをするとC反応の数に変化はあっても、またC反応があることが予測されます。

有彩色反応のコーディングを学ぶ

　包括システムの有彩色のコードを付け分けるのが難しい、と言われることが多くあります。たしかに迷うことが多いので難しいのですが、最も難しいのは、FC反応なのかCF反応なのか、という区別のようです。なるべく迷わなくても済むように、この2つの基準をはっきりさせたいと思います。

CF反応のコード

　『ロールシャッハ・テスト』124～128ページにいくつかの例が解説されていますが、その反応のひとつに「きれいな花」というものがあります（125ページ）。質問段階で、きれいな花について教えてもらうと、「きれいなオレンジで、緑の葉と、これが茎のところ」と、最初に"きれいなオレンジ"が示されています。「きれいな花」に見えたのは、この"きれいなオレンジ"があるからです、と色彩主導で反応が形成されたことがわかります。そのうえで「緑の葉と、これが茎のところ」と不確定ながら形についても場所が示されているので、色彩だけの反応では

なく，色彩主導で形状や形も含めた CF 反応とコードします。

　たとえば「エキゾチックなチョウ」（126 ページ）の例はどうでしょうか。これは反応を聞く限り，チョウを見ているので，まずは一定の形態や輪郭があてはめられる形態優位な反応であることが想定されます。ですが，質問段階では，"とてもきれいな赤で，こういう色は珍しいです" と説明されています。「エキゾチック」である理由が「赤で珍しい色だから」ということになると，ここでは FC とコードするのを一時留保して，色彩のほうが優位な反応だったのではないかと考えなおします。たしかに形態についても述べていますが「ここが羽で」というだけで，全体の輪郭について明確な言及がなくて，羽の場所を示すだけですから，結局 FC とコードするのをやめて CF とします。この「エキゾチックなチョウ」がエキゾチックなのは色が重要だったからと，色彩がこの反応を主導していたということになります。ちょっと高度な難しいコード例ですね。

　ちなみにこの「エキゾチックなチョウ」が FC 反応となるような質問段階での返答を考えてみましょう。「南米のジャングルにはこんなに珍しい大きなチョウがいるかなと思ったんです。これが触角で羽です。すごくきれいな赤い色をしています」。もし，このような説明であれば，まず形が主導で，そのうえできれいな赤い色が使われているので FC 反応となります。

　次に「バターで焼いた卵」という例があります。これは図版 X の D2 の部分の反応です。「黄色で，バターで焼いたみたい」と色に対する説明から始まり，「真ん中に黄身があります」と言いますが，場所を指定しているだけで "決まった形" を言っていませんから CF とコードします。

　CF 反応とコードするときは，その反応が有彩色主導でできあがった

反応のときです。形状や形についても感知していますが場所を指示(「ここに，真ん中に，これが」)しているだけで，決まった形態を示していない場合です。

FC 反応のコード

　たとえば同じ『ロールシャッハ・テスト』126 ページに，質問段階で「きれいな花」を説明してもらうと，「ここが茎，これが葉っぱで花，花瓶に生けてあります」と返答している例がありますが，この説明には色についての言及がまったくありません。何が「きれいなのか」はわからずじまいなので，もう一度質問して「きれいな，と言いましたが，どう見たらいいか教えてください」と確認します。すると「ええ，きれいなオレンジ色の花です」と説明が返ってきます。ここで，色にも注目したのだということがわかります。ここでは，形状が主導で説明されて，花があり，花瓶に生けてあって，輪郭を確保したうえで「オレンジ色の花」となるので，塗り絵のように輪郭がはっきりしていて，そのなかに色彩が施されていますから FC 反応とコードします。

　127 ページのバターで焼いた卵の例では，「不規則な形をしていて，よく卵を割って焼くとこうなりますけれど，これが黄身です」という説明には，形態についての解説しかありません。果たしてどのように色彩が関与しているのかは不確定なので，「バターで焼いた」というキーワードを使って確認します。すると，「ええ，黄色なのでバターで焼いたのかと思いました」と黄色が色彩として関与していたことがわかります。形態が先に確保されたうえで色彩も使われているので，FC 反応となります。

　FC 反応と CF 反応をコード分けするコツは，受検者が最初にその反

応を構築するにあたって，有彩色がどれほど主導権をもっていたかを鑑みることです。そのためには，まず第 1 に"反応段階で最初から色彩が述べられているか？"そして，"質問段階の最初の説明の出だしに色彩が使われているか？"を確認して，もしこれらが yes であればその反応は色彩主導だったことになるでしょう。第 2 に，仮に反応段階では色彩が語られなかったとしても，質問段階の出だしに"そのように見えるためには色彩が重要だった"と説明された場合は，色彩の重要性は主導的な役割を担っていた可能性が高くなります。このようなときには，CF 反応となる場合が多いと思います。

C と CF のコードの区別

C 反応

『ロールシャッハ・テスト』の 124 ページに C 反応の解説と例が示されています。色彩反応の 3 種類のなかでは C 反応は最も出現頻度が低いもので，形態をまったく度外視して，図版の色だけが根拠になってつくられる反応です。たとえば，図版 III の両脇の赤い部分（D2）に「赤は血に見えます」，図版 X の中央の青い部分（D6）に「青は水です」，図版 IX の上部のオレンジ部分（D3）に「このオレンジは火です」，図版 IX の真ん中の緑の部分（D11）に「緑は葉です」となるものです。赤いから血，青ければ水，オレンジ色なので火，緑だから葉というのは，どれも「色だけで」その対象であると言い切ってしまっていて，その対象の形状や輪郭についてはまったく触れていません。自然界にそのままで存在する対象がこの C 反応になることが多く（青い海，赤い夕焼け空，

茶色い地面，緑の草原，黄色い太陽の光），先に学んだ DQ スコアもたいてい DQv になります。

C 反応は，大変自由度の高い有彩色反応だと思います。自由度が高いというのは，形や輪郭がなくて，ここになければならないという位置づけもない，その色だけでどこにあっても成立するという意味での自由度の高さです。

C 反応が CF 反応となる場合

C 反応のもつ自由度に何らかのリミットがかけられて限定されると，CF 反応にコードします。このリミットや限定の条件となる場合には 2 種類あります。

1 つ目は，「流れる」「したたる」「飛び散る」「跳ねる」などの運動や動き（m）が加わる場合です。「赤は血に見えます」は C 反応でしたが，「赤い血が流れています」となると mp も加わって，「流れる」という動きが生じて流れる範囲や広がりが生じるために，その不確定な面積が加わって CF 反応となります。「青は水です」の C 反応も同じで，図版 X の D1 に「青い水が周りに飛び散っています」と反応した場合は，「周りに飛び散る」運動をするために（m），水がある地点から別な地点まで飛び散る動きとともに面積や広がりを必要とすることになるので，C 反応ではなく CF 反応とします。

2 つ目は，ほかの知覚要因によってもともと C 反応だったものが図版に「位置づけられ」たり，全体の反応のなかに「構成され」たり「組みこまれ」たりすると，元来有していた C 反応の自由度が減って CF 反応となります。たとえば，「オレンジ色が火です」というのは C 反応でした。これが図版 IX の反応で，「鍋が火にかかっています。これが鍋で，

下の赤が火で，鍋の上にもオレンジ色で火があります」という場合はどうでしょうか。「赤が火で」や「オレンジ色で火」というのは元来C反応ですが，"鍋という形あるものの上と下にある"と位置づけられ，場所を指定されるので，C反応の自由度が減じてCF反応となります。

ステップダウンの原則

『ロールシャッハ・テスト』の128〜129ページに「ステップダウンの原則」についての説明があります。まずなぜステップ"ダウン"なのか，その理由を説明します。有彩色反応にはCは1.5，CFは1.0，FCは0.5と，違った重みづけをしますが，この重みづけが大きいものから小さいものに移行するという意味で"ダウン"なのです。図式化したほうが，ステップダウンの方向がわかりやすいかもしれません。

　　C（1.5）
　　↓
　　CF（1.0）
　　↓
　　FC（0.5）

有彩色の反応が「形態あるものに付属して知覚された場合」，その形態に"くっついた"分だけ色彩のもつ勢いが減じるので，それをコードに反映させるために，C反応からCF反応へ，CF反応からFC反応へ，1段階ステップダウンします。

『ロールシャッハ・テスト』129ページに例があります。図版IIで

「赤は血です。けんかしている2匹のクマに血がついています」という反応です。「赤は血です」という反応は基本的にはCですが、この反応の場合、このC反応の血が「クマに血がついている」となって、形のあるクマに直接触れています。ですから、**形態あるものに付随する**血という意味で、C反応（1.5）から1つステップダウンしてCF反応（1.0）にします。C反応のもつ勢いが形態あるものに「ついている」ために、その勢い（自由度）を減じてCF反応へと1つ落とすということです。

　もう1つ例を出します。図版Xで、「これは歌舞伎のきれいな色模様」という反応は、きれいな色模様なので初期のコードはCF反応になります。質問段階で、「ここが目で、目の周りを黄色く塗って、顔の輪郭を赤で塗って、おでこにも緑の模様を付けていて、ちょうど歌舞伎の隈取りってこんなだったと思います」と答えたとします。初期仮説のCFの色模様が、顔の形に沿って描かれた、顔に付随した色模様となるので、その色の勢いが減じてステップダウンしてFCとコードします。コーディングをしているときに、ときどきこのステップダウンの原則に従って、コードをCからCFへ、CFからFCへ変更する必要が出てきます。

直接的で明白な色彩使用

　同じく『ロールシャッハ・テスト』129ページには「直接的で明白な色彩使用」という説明があります。そこには4つ例が挙がっています。

　　赤は血のように見えます
　　このオレンジは森の火事のようです
　　青は水です

緑は葉です

　この4種類はこのように述べられる限り，色彩が使われているのはあまりにも明白なので，これ以上質問しないで色彩反応としてコードしてください，ということです。これらを説明しようとすると，「赤は血のようです」に対して"血を説明してください"と質問しても，「赤いからです」となったり，「青は水です」「水は青いからです」となったりして，「赤＝血」「青＝水」以外の特性や属性をもってきて説明することができないために，問答は堂々巡りになります。いわば，血と赤，水と青というのは収斂していて，凝集性が高いということです。それほどまでに色以外の要素で説明するのが難しいので，この4つはこのままで色彩をコードします。色を使っているのが明白だから，質問をしなくても，「青は水です」と言われたらCにします。
　ただし，以下のようであれば質問をはさんで確認したほうがいい，と注意を喚起しています。それほど確信をもって色彩を使用していない可能性があるからです。

　　その赤は血かもしれません
　　オレンジは火か何か
　　この青の部分は水かもしれません
　　緑のところがおそらく森でしょう

　このような場合は，「それはこの図版でどう見たらいいのか説明してくれますか」と，もう一度質問して確かめます。つまり，「赤は血なのかなぁ……」のように，曖昧であったり疑問の余地があったりする場合は，「赤は血なのかなぁ……」というのを説明してもらい，その返答に

よってコードを決めます。

ロケーター（locator）

　有彩色でも無彩色でも同じことですが、「この赤い**ところ**が血です」「この青の**部分**は水」という「ところ」や「部分」は「ロケーター」と呼んで、反応として**見た場所**を示すために色を利用したもので、単に反応領域を示しているものと考えます。その場所を示すために色の領域を使っただけで、その色を反応の特徴として使ってはないのです。ですから、「この赤い**ところ**が血です」と言ったからといって、これだけからは色彩（赤）はコードしません。「赤いところ」というのは、あくまで「ここ」「これ」という意味で、「赤い血」というのとは違うということです。このようなときは、「"この赤い**ところ**が血です"というのを教えてもらえますか？」と質問を差し挟んで確認します。

無彩色反応（Achromatic Color Responses）を学ぶ

　無彩色反応は、基本的に有彩色反応と同じ概念でできあがっています。ここには、FC'（Form-Achromatic Color Response）、C'F（Achromatic Color-Form Response）、C'（Pure Achromatic Color Response）の3種類のコードがあります。
　「無彩色」の定義は、『ロールシャッハ・テスト』の131ページにあるように「黒」「白」「灰色」ですが、よく使われる無彩色として、これに加えてもう1つ「暗い色」があります。「暗い」だけではこの基準を満たしませんが、「暗い色」と言って無彩色として使われた場合は無彩色

反応に入れます。

　コードの基準は基本的に有彩色反応と同じです。「クマがいます，黒クマです」であれば，クマという一定の輪郭があるものが黒い色をしているということで FC' 反応となります。「岩があります。黒い岩で溶岩が固まってできたものです」と言うと，岩には決まった形状はないですが，「固まってできた」という不確定な形状を示していますから，この「黒い岩」は C'F 反応となります。「真っ黒で暗闇です，宇宙空間です」という反応では，真っ黒といって黒を使っていますが，暗闇には限りがありませんから，この真っ黒は宇宙空間に解き放たれた，たいへん自由度の高いもので，黒ければどこでも，どこまでも暗闇でありえます。このような場合は C' 反応です。

　図版 II の中央の空白部分（DS5）についての反応「この白いところが電気の笠です。ここが紐で上から下がっています」では，先に学んだ有彩色のロケーターと同じで，「白い電気の笠」と言っているわけではなく，「白いところ」という場所を示していると考えられるので，ここでは無彩色をコードしません。

　先ほどの例で「真っ黒で暗闇です，宇宙空間です」というのは，C' 反応でした。今度は，図版 II で中央の空白部分（DS5）とその周囲（D6）を見て，「ロケットが真っ暗な宇宙空間を飛んでいます，これがロケットで，ロケットの周りが真っ黒なので宇宙の暗闇を飛んでいるのだと思いました」と説明されたならばどうでしょう。「ロケットの周りが真っ黒」ということは，黒は**ロケットの周りに位置づけ**られますので，C' ではなく C'F 反応となります。先ほどの有彩色反応の C 反応と同じで，自由度があって「黒くて暗闇！」「赤は血！」であればまったく場所を問いませんし，なにものにも規定されないのですが，ロケットによって位置づけられたり配置されたりすると「その周り」という限定的な広が

りをもつことになるので C'F となります。

無彩色反応とコードしない場合

(1) 無彩色のロケーター

『ロールシャッハ・テスト』の 132 ページに「『この白い部分は……』，『この暗いところは……かもしれない』などのように，単に反応領域を示しているに過ぎない場合もある。無彩色をコードするときのルールは，有彩色の反応の場合と同じく，**無彩色の使用があいまいでなくはっきりしていることである**」（強調引用者）とあります。ですから，見た場所を示すロケーターとして「白い部分がロケット，黒いところが山」という反応には，どの C' 反応もコードしません。

(2) あやしい場合は Y 反応とコードする

エクスナーが指摘するように，「**無彩色の使用があいまいでなくはっきりしている**」ことが無彩色反応をコードする場合に大変重要です。もしも無彩色の使用がはっきりしなかった場合には濃淡拡散反応（FY, YF, Y）をコードします。たとえば，「暗っぽい」などは厄介で，質問しても「何となく暗っぽくて」という返答しかもらえなかったりします。そのような場合は C' 反応のどれかではなく，Y 反応のどれかでコードします。その理由は，無彩色反応は「白」「黒」「灰色」「暗い色」に限定されていて，はっきりしています。これほどはっきりしている手がかりを言語化しそびれているとか曖昧にしているならば，無彩色を採用しないほうがいいと考えるわけです。図版の白，黒，灰色，暗い色の無彩色の特徴は，濃淡よりも明確で知覚されやすく，発達的にも子どもたちにまず知覚されるのは無彩色のほうです。濃淡反応は難しいものですか

ら，出現するとしてもさらに発達が進んでからのことです。それほど知覚として明確でわかりやすい無彩色の使用が曖昧ではっきりしない場合は，Y反応でコードします。

(3) 無彩色図版の「色」は何色？

　　(1) 図版I（W）「コウモリ」「色から，コウモリだと思いました」
　　(2) 図版I（W）「墨汁を垂らしたあと」「色から」
　　(3) 図版VI（D1）「茶色の地面です」「色から」

これらの反応の「色から」というのは何色でしょうか？「黒」でしょうか？　図版Iや図版VIの反応ですから有彩色のはずはありませんが，だからといって，無彩色のどれか（FC', C'F, C'）をコードするのも早とちりです。これらの「色」については，質問して教えてもらわなければわからない「色」です。場合によっては，色が黒一色ではなくて，色がむらになっていたり，濃くなったり薄くなっているとか，薄く筋がところどころに入っている，などの説明をされる場合があります。そうするとこの「色」は黒ではなくて，「黒の色味に違いがある」ことを感知したものですから，濃淡拡散反応（FY, YF, Y）のどれかということになります。(3)は無彩色の図版VIに「茶色」という有彩色を見た場合で，このような知覚は本書講義10のスペシャルスコア（特殊スコア）で学びますが，色彩投映（Color Projection）が起こった反応です。質問段階で"茶色の地面に見えた"のを確認して「ただ地面に似ていた」のであれば決定因子はF反応ですが，「この色のむらが茶色に見えた」という場合はYF反応をコードします。

このように，「色」と一口に言っても，人によってその「色」に込め

られた意味合いはさまざまです。図版のどの刺激を使って「色」と言っているのかは，無彩色ばかりでなく有彩色反応にも応用していただけると思います。図版X（W）で「絵の具で描いた絵」と聞いて"色が使われたんだな"と判断して有彩色をコードしたのでは早とちりです。質問段階で「絵の具で描いた」を確認すると，「子どもが筆でめちゃくちゃに描きなぐったみたいで，意味なくバラバラに飛び散っているから」と説明された場合は，有彩色を言語化していませんから有彩色をコードしません。

　私たちが自分以外の他人のものの見方を把握しよう，理解しようとするときには，自分のものの見方をオフにして，ロールシャッハの図版にある手がかり刺激を「この人」はどのように見て意味づけたのかという，相手と同じ目線で見る見方をオンにする――そういう方法を採らないと，検査者の目に見えた，検査者の思い込みが反映されたコーディングになってしまいます。それを避けるためには，質問をして相手の見え方を言語化して説明してもらうことが大切です。ロールシャッハでは「図版」が両者の目の前にありますから，いつでもこの図版という現実に立ち戻って，「現実に受検者が見たもの」を教えてもらえるメリットがあります。このように図版という現実や事実（fact）を介して，正確に相手の見たものを言語化してもらって聞き届ける練習は，面接やカウンセリングのスキルそのものに通ずるものがあります。

講義 6
決定因子 III
濃淡反応と形態立体反応

Sixth Lesson
Determinants III : Shading Responses & Form Dimension Response

濃淡反応（Shading Responses）を学ぶ

　次はいよいよ難所の，濃淡反応です。濃淡反応は，図版にある特徴のなかで最も繊細な特徴のひとつです。図版のなかにはいろいろな手がかりがあります。図版にある形態や輪郭だけを使う見方は最も単純なF（形態）反応でしたが，人によっては動いていない図版に動きを見たり，有彩色や無彩色を見出したりします。もうひとつの特徴が図版の「色に強弱」があって，「色が違っていて」や「色が変化していて」，「明るいとか暗い」感じがするとか，「色のむら」や，「濃い薄い」という特徴があるというもので，これを濃淡反応といいます。この「濃淡」は言葉に表わすことが難しいので，子どもは濃淡を感知してもなかなか言葉や概念として表現しにくいかもしれません。有彩色の場合は，「ピンクとオレンジが混ざっている」「赤と青の色が重なっている」「緑とオレンジで色が濁っている」などといって濃淡反応を表現します。注意深く，よく

見なければ，このような濃淡の違いには気がつかないかもしれません。
　この濃淡反応には3つの大分類があります。この3つの大分類は，受検者が何らかの濃淡を感知したことが言語化されているということを大前提にしています。まず「**濃淡ありき**」で，「**濃淡ゆえに**」，以下の3つの濃淡反応の大分類（T：材質反応，V：濃淡立体反応，Y：濃淡拡散反応）のどれかが該当します。濃淡が知覚されていないところに濃淡反応は基本的にコードしません。

材質反応（Texture Response）

　最初が，T（材質）反応です。Tが意味するTextureは触感です。触ってわかるもの，手触りがほとんどですけれど，ときどき舌触りというものがあります。濃淡の特徴が『ロールシャッハ・テスト』135ページにあるように，柔らかい，ザラザラした，滑らか，毛のようにフワフワした，濡れた，などのように触ったときにわかる質感として述べられる反応です。図版VIIIのD5で「すごく冷たい氷。触ると手にくっついてきそうな。ここがちょっと色が変わっていて冷たそう」という反応をした場合，これがなぜ「冷たい」とわかるかというと，青いからではなくて「色が変わっていて（濃淡が）触ったら手にくっついてきそうな」という手触り感覚があるからです。このように，触感によって判断する場合が材質反応です。
　ただし，受検者が何らかの方法で濃淡の特徴を使ったことを伝えてこなければ，材質反応とコードしません。これは，包括システムのスタンスとして，**受検者が何を見たかをコードするのか**，**受検者が何を言ったかをコードするのか**，どちらかという問いに対する答えを思い起こして

ください。つまり，受検者が見たものを説明するときに，自分の言葉で言語化しなかった，言わなかったことはコードしません。ですから，たとえば図版VIの「毛皮」の反応での質問段階で「毛皮に見えたのは，こっちが頭で前足，後足があって，真ん中が広がっていて，よくお金持ちの家なんかにあるような毛皮だと思ったんです」と答えたら，ここには濃淡の言及はまったくないので，「毛皮」だからといって材質反応FT（Form-Texture Response：形態材質反応）をコードしません。ここでは，毛皮の形態を述べているにとどまっていますから，F反応をコードします。

ですから，図版VIIIのD1の動物の目にあたる濃い点を指して「これが動物の目です」と言っても，これはTとコードしません。「ちょっと濃くなっているので，ここが目です」と説明したとすると，「濃い／薄い」の区別によって目の形と判断していることになります。これは**濃淡によってできる形態**と考えてください。これをTと取りはじめると，1つのプロトコルにいくつもTもどきの反応が出てきますので気をつけてください。ただ，もし例に挙げた目について「濃くなっていてベタベタしている目，触ったらくっついてきそうな目玉」と言ったら，触感を言っているので，その濃淡はT反応です。

T反応は，1個と0個で，解釈仮説がまったく異なります。分布がわかりやすいのでアメリカのノーマル・データを用いますが，10人中8人はTが1個，1人はTが0個，1人はTが2個以上という分布になります。ただし，臨床群の60〜70％はTが0個ですから，T反応が1個も出現しないプロトコルのほうが臨床の経験としては多いと思われるかもしれません。T反応が1つのプロトコルに1個あるということは，触感，接触感覚を感知しているということです。1人よりも2人のほうが好ましいと想定することのできる人です。ですから，赤ちゃんと一緒に添い寝するのが何より幸せという母親です。逆に，赤ちゃんはベビー

ベッドに寝ていてもらって自分はひとりで寝るのが一番寝心地が良いという親もいます。あるいは「おりこうだね」と撫でてあげようとすると「触るなよ」と避ける子どもは，触感やタッチングを必ずしも心地良いものとは思っていないのかもしれません。接触感覚がポジティブとは思えない人たちは，接触するかもしれない場面をなるべく避けたいと思うでしょうし，誰かと一緒にいるよりひとりでいるほうが気楽で気分がいいと思う人です。ただし，Tが0個の人でももちろん結婚しますし，ボーイフレンドやガールフレンドがいたらいいなって思うでしょう。でも，夫婦になっても，それぞれの部屋を分けたり，自分の空間を重要視するかもしれません。

　T反応が複数の場合は，それだけ親密さへの強い欲求をもっている場合が多いということになります。一般の人でもT反応が複数になることがあります。それは対象喪失をしたときです。具体的には，配偶者に先立たれたり，子どもを亡くしたり，失恋したり，最近ではペットロスも多いかもしれません。T反応が増えるというのは，孤独や寂しさを表わしています。それは失った対象を求める気持ち，今ここにいてくれたらいいのにと思う気持ちや，実際のネコやイヌを撫でたときや抱きあげたときの触感を思い起こして惜しむ気持ちが募っていることを示しています。

　ですから，対象喪失によって状況因でT反応が複数になっている人はT反応が1個になることを目指して援助や介入プランが立てられるといいでしょう。ただ，T反応が0個のまま一生を過ごす人もいらっしゃいますから，必ずしもT反応が1個になるとは限りません。

　エクスナーは，おそらく3歳ぐらいまでの間にこのT反応の芽ができると考えていたようです。発達的に3歳までは，なんでもかんでも手で触ったり口に入れて，「お確かめ」をする年齢だからだと思いますが，

少なくとも 9 歳までの間に T 反応を心理的に自分のなかに獲得するのかしないのか，その臨界値があるだろうと考えていました。T 反応のある子と T 反応のない子に，なかに何が入っているか見えない袋のなかに手を入れて，袋のなかの「丸いツルツルしたもの」を取ってくるよう頼みます。袋にはザラザラしたもの，ツルツルしたもの，グニョグニョしたゴム状のものなど，いろいろ入っていますが，触感だけを頼りに指示されたものを区別して選べるのは，T 反応がある子どものほうが成功率が高かったということでした。T 反応についての実証研究については，『ロールシャッハ・テスト』の 300～302 ページに詳しく書かれています。また，FT, TF (Texture-Form Response：材質形態反応)，T の区別はこれまで学んできた有彩色や無彩色と同じですが，コードの区別の例で『ロールシャッハ・テスト』の 136～137 ページに例示されています。

T 反応の例外

　最後に「濃淡ゆえに」という大前提がなく，濃淡について言語化しないのに，T 反応をコードする場合について確認します。これは T 反応についての唯一の例外です。それは，「濃淡」という代わりに，図版の濃淡部分を「こすったり」「触ったり」して，濃淡を言語化することの代用とする場合です。図版 VI の「毛皮」で多いかもしれませんが，「毛皮」や「ムートン」と反応した際の説明として，「ここがすごくムートンみたいにフワフワしていて」と図版の中央部分をこすったりする場合です。このようなときは，必ず記録用紙に（図版中央をこすった）とか（真ん中を撫でた）などと記録しておいてください。子どもには多いかもしれませんが，大人にもこのように手触り感を「濃淡」という言葉にしないで，直接図版を触って代弁する人がときどきいます。このような

ときには，例外としてT反応をコードします。ただし，図版の**輪郭や周りのライン**をたどって，「毛がフワフワ出ていて」などと言った場合も「触った」と称してT反応をコードしないように気をつけてください。単に図版を触るという行為をTとコードするのではありません。あくまでも"濃淡"から手触り感覚を見ていることでわかる行為をTとコードします。

濃淡立体反応（Shading-Dimensionality Responses : Vista）

次はVistaです。VというのはVistaの略で，濃淡によってそれが三次元的な立体感をもって見えるというもので，これもまた高度な知覚だと思います。見ている図版は平面なのに，それが立体に見えるわけですから。なぜ立体に見えるのかというと，図版VIを例に取ると，「濃くなっているのが谷底に見えて，だんだんと薄くなっていて，谷の上から谷底を見ている」というように，濃淡からある種の深さが知覚されるわけです。質問段階では，さらに「上から見て，ここが谷底で，川が流れていて，船が川に浮かんでいます」というように，濃淡の効果で立体が見えるのがV反応です。

この例で言うと，川があって船が2艘あるという反応の仕立てから，これはFV（Form-Vista Response：形態濃淡立体反応）とコードします。川も俯瞰すると線路や道路のような一定のラインができあがりますし，そこに船が浮かんでいるということでFVとコードします。同じ図版VIでもうひとつ別の見方をして，「ここに2つの岩（D1）があって，岩と岩の隙間から向こうが見えています」という反応だとどうでしょうか。「ここ，濃くなってるところが，2つの岩がくっついてるところで，

色が薄くなってるのが手前に出ていて，ちょうど真ん中の隙間から向こうが見えてます」となると，濃くなっているところが接点，色が薄くなっているところが張りだしているところ，となります。そういうときは，この岩は VF（Vista-Form Reponce：濃淡立体形態反応）になります。決まった形状が想定できないから VF というわけです。

『ロールシャッハ・テスト』138 ページに図版 IV の例が載っていますので，見てみましょう。ここでは「脳のようです，線が入っていて色が違っているのが脳回（訳注：脳の表面にあるしわ）のようで，でこぼこに見えます」と言われています。この「線が入っていて色が違っている」というのが濃淡です。それが「でこぼこに見えます」というのが，脳のしわというか溝のように見えるということですから，これは FV 反応と解釈します。

図版 IX の V 反応

さらに V 反応の一例として説明しておきたいのが図版 IX です。「グラスのなかに植物があります。茎だけが見えていて，グラスやボールのなかにある植物を見ているみたいに霞んで見えます」という反応があるとします。「グラスのなかに」というのが，平面で見ていて「なかに，あるいは真ん中にあります」というのではなくて，ここでは「グラスのなかに」というのは，ちょうど筒状のようになっていて，時には霞んで見えるということです。とくにこの「霞んで」を濃淡としてコードする場合には，筒状になっていて平面ではなくて立体に見えるわけですから，ここで FV 反応とコードします。図版 IX は，グラスではなくてランプという反応もとても多いかもしれません。「ランプで，なかに芯が見えます」という反応です。これを聞いただけで FV 反応とするのは早合点

で，場合によっては平面で見ていることもあります。ただ，「透き通って見えます」というような言い方は，要するに平面ではありませんので，透き通って向こうが見える見え方はV反応になります。

そして，濃淡について言及しなくても，例外としてV反応を取る例は，図版IXの中央の空白部分に見られる水晶玉の反応です。「ここに水晶玉があって」と言って**両手で球をつくって**みせて，「その周りが台座で，いろいろな色の布で飾って置いてあります」という場合，水晶玉が透き通っているとも向こうが見えているとも言わないのですが，両手で水晶玉をつくったとすれば，ボール状の立体的なものだということでFV反応を取ります。濃淡について言わないけれど，見ているものが手でつくってしまえるくらい具体的なものの場合は，例外的にFV反応とコードします。ここでいう例外とは，T反応の「こすったり」「触ったり」して濃淡を代弁した場合と，このV反応の例外しかありません。あとは，「濃淡ゆえに」という大前提が言語化されなければ，FVもFTもコードしないというルールでいいと思います。

濃淡立体反応の解釈法

T反応は通常1個出現してもおかしくないと説明しましたが，V反応は通常0個です。群間で比べてみると，V反応が最も多く出てくるのは，入院中のうつ病の群でした。V反応には，自分を否定的に内省するという意味があります。否定的内省とは，自分が悪かったから，自分がダメだったからこうなった，という自責の念，羞恥心，後悔，責任感，そういった自己点検をしたために生ずる自分に対する否定的な感情経験を指します。たいていの人は，自分の失敗などを自分ではない誰かのせいや何かのせいにして自分を守ります。そうではなくて，V反応がある人

は，自分が至らないせいだと自分を責めます。人は健康な自己愛，自分を守る機能を働かせていますから，自分を否定的に責めることをしません。ですからV反応が1個出てきたら，まずはネガティブというよりは非常に深い内省や洞察をする人だと理解するのがいいでしょう。よくエクスナーが言っていたように，自分でも自分がうまくいっていないことを知っている人，と考えられます。その意味では，受検者のモティベーションを測る目印として使えると思います。自分で自分のことを，カウンセリングを受けたり入院したりしたほうがいいのではないかと気づいている可能性があります。たとえばアルコール依存や薬物依存から離脱するようなプログラムを受けたほうがいいのではないかと提案して，自らその話に乗ってくる可能性が高いのは，V反応がある受検者のほうです。V反応の研究については，『ロールシャッハ・テスト』303〜304ページを参考にしてください。

構造一覧表のなかのV反応を解釈する

『ロールシャッハ・テスト』198ページの表10.5，または本書付録IIIに「布置記録表」がありますが，そのなかにS-Constellationとあります（付録III「C-1」）。S-ConstellationはSuicide Constellation（自殺の可能性）の略で，実際にロールシャッハを施行した後60日以内に自殺既遂した人たちに共通していた変数を，共通度の高い順番に並べています。そのS-Constellationの12項目のリストの最重要の変数は，FV，VF，VとFD（Form-Dimention Response：形態立体反応）を足したものが2個より多いという項目です。講義6の後半で説明しますが，FD反応は通常大人であれば1個はある可能性の高い，「客観的に自分を見る」要素です。FV反応は自分を否定的に内省するために生じる自分に対するネガティ

ブな感情でした。次に DEPI（Depression Index：抑うつ指標）を見てください（付録 III「C-3」）。これは，抑うつを経験している人たちの特徴を表わしています。ここにはチェックを入れる 7 つのボックスがありますが，その一番最初の項目は，FV, VF, V が 1 個でもあれば該当となっています。この V 反応は，出現頻度が低い珍しい反応ですが，1 個でも出現すると，いろいろな意味を含む重大なコードだと言えます。その意味でも，解釈を正しくするために，V 反応を正確にコードできていることは必須の条件です。

V 反応と罪悪感や自責感情の関係

参考資料 6-1 に，「Vista と罪障感や自責感の関係について」という資料があります。V 反応は 1993 年以前は，安定した変数であって状況に左右されないと考えられていました。

エクスナーは，司法領域でロールシャッハ・テストを使うことも好んでいました。受検者の責任能力や処遇の加減についてアドバイスを求められることが多かったようです。そしてアセスメントをして，陪審員に被告のパーソナリティを説明する機会も少なからずあったようです。

資料に説明があるように，エクスナーが担当した事件に，別れた妻と子どもをライフルで射殺した男性のアセスメントをしたケースがありました。結果は，現 PTI（Perceptual Thinking Index）の前身の SCZI（Schizophrenia Index）が 2 で低く，DEPI が 4 と，あまり高くない。そして自己中心性指標（3r+(2)/R：Egocentricity Index）が高くて，MOR（Morbid Response：損傷内容反応）がなくて，しかし V 反応が 2 個あったという結果でした。こういった人物について，裁判官がエクスナーに質問をして「この人は，別れた妻と子どもを殺して，今は反省している

参考資料 6-1　Vista と罪障感や自責感の関係について
(Exner がワークショップで紹介した研究例：ACROSS THE HORIZON No.2 11/15/1993 より)

1. 研究の端緒

　Exner はある被告人（先妻とその子供を殺害）がその裁判の訟務当事者となる能力を有しているか裁判所から意見を求められた。被告人に施行されたロールシャッハの結果の主な特徴は、Fr+rF=2, SCZI*=2, DEPI=4, 高い自己中心性指標, FD=0, MOR=0, V=2。精神障害を示唆する所見はなかったが、V の存在は自己中心性指標の高さや反射反応の存在等とかみあわないものであった。V=2 は解釈上、罪障感や自責感の存在を示唆すると考えられるが、テスト・再テスト研究では、V 反応総計の再テスト相関はかなり高い。よって持続的な人格特性と考えるのが妥当とされている。

　Exner はこの事件において、V に表わされるような否定的な心の痛みと、自己愛的な特徴との慢性的な葛藤が被告人に生じていたと考えられるが、その葛藤が殺人場面の状況に特異的に作用したとは言えないと解釈した。これを機に、傷害事件や重過失事件のプロトコルの再吟味がなされ、V の意味が再検討されることとなった。

2. 刑事司法事例のロールシャッハ分析

　交通事故による過失も含めた、近親者や友人を傷害（致死含む）した対象群と、面識のない者を傷害した統制群のロールシャッハを、V を中心に分析したところ下記の数値に有意差が見られた。このことから、①否定的な自己に対する苛立ちが暴力行為を惹起した、②近親者傷害について直接責任がある当事者だからこそ自責感が生じ V が出現した、という2つの仮説が浮上した。

	N（人）	V 出現	V>1	3r+(2) >.44 & V 出現
対照群	34	53%	38%	29%
統制群	34	6%	0%	0%

3. 流産事例のロールシャッハ分析

　流産により入院中の対象群、他の主訴により入院中の女性統制群のロールシャッハの比較が行われ、下記の数値に有意差が見られた。流産は自己を非難し、反応性の抑うつを呈することがあるといわれている。

	N（人）	V 出現	V>1	3r+(2) >.44 & V 出現
対照群	18	44%	33%	33%
統制群	18	6%	0%	0%

4. まとめ

　罪障感や自責感を測定するのは困難な課題であり、本研究の事例数も少ないため確定的なことは言えないが、V には状況的な罪障感を意味するものもあると考えられる。この仮説がより妥当と思われる事例は、自己中心性指標が平均以上に高い記録の場合である。情緒的な喪失により T の上昇が状況的に生じるのと同様、V を状況的文脈で解釈することも必要と考えられる。このことで従来の V の解釈仮説が撤回されるわけではない。しかし状況因が V に反映するとなると、DEPI=5 で V のある事例とない事例とでは、DEPI の高まりが違う意味をもつ可能性があるため、注意が必要である。

(* 現在は PTI に改訂)

と，この結果からは言えますか？」と聞いたんですね。それがエクスナーにとっては新しい課題となりました。ロールシャッハ・テストの結果のどこを見れば，この人物が反省していると言えるのだろうか，と考えたときにV反応に着目しました。なぜ着目したかと言いますと，先にも説明しましたが，一般にはV反応は抑うつを経験している人たち（入院中のうつ病群）に最も多く出現するものでしたし，抑うつを経験している人たちはおしなべて，自己中心性指標も低かったからです。しかし，この男性の自己中心性指標は高かったですし，DEPIも4で抑うつの条件はそろってはいませんでした。つまり，自分を低く見積もらないし，抑うつにさいなまれてもいない。それにもかかわらずV反応が2個あることに注目したわけです。

　非常に出現頻度の低い，珍しいV反応がここで2個も出てきているのはなぜかと，エクスナーは考えました。そこでエクスナーは，2つの手際のいいリサーチを試みています。第1のリサーチは，自分が運転していた交通事故で近親者や友人が死んだり怪我をしたりした場合と，同じように致死事故が起こったけれど被害者は赤の他人だった場合とでは，前者では自己中心性指標が低くならないのにV反応が出現しました。つまり，自分のせいで身近な者を亡くしたときの痛み，苦しみ，後悔，反省，そういったものがV反応に現われているかもしれないと推測したのです。第2のリサーチは，妊娠していた子どもを流産してしまったために入院していた18人をターゲット群，ほかの理由で入院していた18人の女性をコントロール群として，同じようなリサーチを試みたところ，V反応があったのは，ターゲット群では44%，コントロール群では6%でした。さらにV反応が複数あるかどうかを見ると，コントロール群は0%。自己中心性指標が高くてVもあるかどうかを見ると，ターゲット群が33%で，コントロール群は0%という結果でした。

このリサーチが行なわれた 1993 年以降，V は安定していると考えられていましたが，実際は自己中心性指標が保たれていて（高くて）V 反応がある場合は，最近起こった出来事や自分の取った行動に対して罪悪感をもったり，後悔したり，恥じたり，反省したりする心持ちが高まって，いわば状況によって出現すると考えられるようになりました。このように最近起こった状況に反応して出現する V 反応は自殺の可能性を示す指標（S-Con）の第 1 チェック項目に該当することになります。

濃淡拡散反応（Diffuse Shading Response）

濃淡反応の最後は濃淡拡散反応です。これは濃淡を知覚したものの，それが材質反応（T）でも濃淡立体反応（V）でもない場合で，濃淡の特徴に特別な意味がなく，ただ濃淡（濃い／薄い，明るい／暗い，色が混ざった，など）の色として用いられるときにコードします。T（texture）と V（vista）はその語源をご紹介できたのですが，Y については紹介できません。なぜなら，まだ使われていない記号を消去法であてはめたのが Y だからです。

たとえば，受検者が図版 VII の W で「揚げ物」を見たとしましょう。「なんかこのへん，色が違ってますよね」と濃淡について言うと，検査者の頭には 3 つの選択肢が出てくるわけです。まずは T か V か，さもなければ Y，という感じです。もしその色が違っているのが「濃いところがふくらんで，淡いところがへこんでいて，揚げ物のようです」と言うと，立体感が知覚されているので VF とコードします。次に「色がむらになっていて，衣を付けて揚げたみたいで，口に入れるとサクッとしそう」と説明されると，これは歯ざわりというか触感で TF になります。

そして,「揚げ物はこんなふうにところどころ濃く見えたり,薄くなったりしますよね」と言うのであれば,立体感でも触感でもないので,見ているだけの濃淡の色味として YF とコードします。図版 IV の W について「嵐の雲」という反応が出てきた場合,「嵐の雲のように,こんなふうに色がむらになっていますから」と答えたとします。「色がむらになっている」と言っているだけで,それが黒とも白とも言っていないときは,Y 反応になります。Y については,本書講義 2 の「変化しやすい変数」のところでストレス因子としてすでに説明しました。

ブレンド反応（Blend Response : (.)）

このように 1 つの反応に 1 つの決定因子だけではなくて,1 つの反応に複数の決定因子が組みこまれて出てくるものをブレンド反応といいます。

1 つの決定因子だけで反応する場合の決定因子はシングル（Single）と呼びます。シングルとブレンドの違いは,ブレンドのほうがいくつかの決定因子を同時に知覚するので心理的な複雑さを表わしているということが言えます。人間の心情,社会における人との関わりなど,私たちの経験は非常に複雑です。「ああでもない,こうでもない」という,いわゆる単純ではない複雑な思いや経験の様式を表わします。たとえば,「ロールシャッハを勉強する」のも,ワクワクする気持ちもあって楽しみかもしれませんが,面倒で嫌だなとか,細かすぎてかなわないという否定的な思いもあるでしょう。このように肯定的な気持ちと否定的な気持ちや考えがミックスする現象を表わしています。小さい子どもにはブレンドが少ないかもしれません。見たら見た通り,聞いたら聞いた通り,

単純に物事に対処するのが特徴だからです。やはり，中学生くらいになるとだんだんと大人になって，心理的な複雑さを許容できるようになり，つまりブレンド反応が出現するようになります。ですからブレンドがないまま大人になると，社会生活や対人関係での複雑さを吸収できずに衝撃を受けることが多くなります。

　ブレンド反応は，出現した決定因子の順にコードしてかまいません。2個の決定因子がブレンドになるだけではなく，3個，4個，5個と，いくつかの決定因子がブレンドになることもありますが，たいていは2個の決定因子のブレンドです。3個の決定因子のブレンドは複雑すぎる傾向を示します。成人の場合は1つのプロトコルに平均22反応だとしますと，5〜6個のブレンド反応があってもいいかもしれない，というのが目安です。

　ブレンド反応はいくつかあったほうが好ましいと言えますが，なかには強い葛藤を示したり，苦痛や混乱を示すブレンド反応もあります。そのようなブレンド反応には2種類あります。そのうちの1つは，Col-Shd Blends と呼んでいます。Col は color（有彩色），Shd が shading（無彩色），ですから Col-Shd Blends（カラー・シェーディング・ブレンド）といいます。shading には，C' と，すべての濃淡反応（T，V，Y）が含まれます。C'，T，V，Y のこの仲間は，少しずつニュアンスが違う「不愉快な感情」と理解していただくといいと思います。なぜか寂しい気持ちになるのが T，外に出したい感情を出さずに溜めておくと増えていく不快感やイライラが C' です。よるべなくて，無力感に圧倒されて，助けてほしいのに助けがない心細さが Y で，自分を否定的に内省して自分にダメ出しをするのが V でした。それに対して，有彩色反応の FC，CF，C は，どちらかというと「愉快な感情」です。このように不愉快な感情と愉快な感情が一緒に1つの反応のなかに混在すると，自分の感

情が引きさかれるような葛藤を表わします。

　反応で例を示しましょう。図版 IX の下の D6 に「ここが桃，4 つあります。ピンク色をしているし，桃はこんなふうに，ところどころ濃くなったり薄くなったりしています」という反応があるとすると，色彩からして桃と言えば FC ですし，そしてところどころ濃くなったり薄くなったりしているのは FY となり，その両方が決定因子となります。したがって決定因子のコードは「FC.FY」です。この桃の例で出てきた FC と FY は，color と shading が一緒にブレンドになっているわけですから，Col-Shd Blends です。自分は楽しいのか，それとも心細いのか，それが自分でもわからなくて，自分に起こっている感情に驚いてしまう，というような葛藤を表わします。

　もう 1 つの苦痛を示すブレンドが shading blend で，これは，C'，T，V，Y の shading の仲間同士がブレンドになるもので，たいへん出現頻度の低い珍しいブレンドです。これは「不愉快な感情」同士が組みあわさるという意味で，不快感の上塗りのようで，たいへんな苦悩を表わすと思われます。実際，入院中のうつ病群や自殺既遂群で出現することはあっても一般にはあまり出現しません。「嵐の雲です」という反応で，「黒くてしかも嵐の雲のようにうねっているところが，ところどころ濃くなったり薄くなったりしています」と説明されると，「C'F, m^a. YF」となって shading blend になります。

ブレンド反応・補論

　ブレンドの反応について補足説明をしておきます。まず最も注意すべきことは，同じ言葉を 2 回コードしないようにするということです。図

版 IV で、「嵐の雲」の反応に対して、「嵐の雲のように黒くて、その色が**一色ではなくて**むらになっているので、いかにも嵐の前の雲のよう」という場合、「黒」で C' 反応をコードして、「色が一色ではなくてむらになっている」を Y 反応と、別にコードするのは間違いです。「黒くてその色が一色ではない」というのは、一気に 1 つの説明をしているとして Y をコードします。これを分けて C' と Y をコードすると、1 つの説明について二重のコードをしたことになるので誤りです。

　別々のところに決定因子が用いられた場合は各々をコードします。たとえば図版 VI について「灰色のやかん、全体がやかんの形をしていて、これは使いこまれているようです」という反応があったとします。そこで「使いこまれている、と言ったのを教えてください」と聞き返したところ、返ってきた説明が「ちょうどこういうところが色がちょっと変わっていて、使いこんで色が濃くなって、光沢があるように見えました」と答えたとします。この反応では最初に「灰色」という色を使って全体のやかんの色としましたが、さらに「使いこまれている」と答え、色が変わっていて濃くなって光沢があるように見えたと答えました。この「光沢」のコードは Y 反応です。やかんの形がありますから全体が灰色のやかんで FC' であり、さらにそこに光沢が別の特徴として指摘されていることから FY とコードします。「Wo FC'.FY u Hh ZW (2.0)」、これが濃淡ブレンド（Shd-Blends）です。この受検者は濃淡のなかから 2 つの変数を使ったと考えます。

　最後に、決定因子の同じカテゴリーからは、1 つの反応に 2 つ以上はコードしません。つまり、同じカテゴリーとは、無彩色反応や有彩色反応などの各カテゴリーです。例を示しますと、図版 II で「黒いクマが赤い帽子を被って、2 頭で戦っています。戦ったせいで血が出ていて、赤いので血です」という場合、赤い帽子は FC ですし、赤い血が出てい

るのは CF になります。同じカテゴリーから 2 つ以上のコードが発生した反応には，**最も形態性の少ない決定因子 1 つを残します**。このクマのコードは，FC と CF を比べてより形態性の少ないほうというのは CF になりますので，こちらだけを残して FC は最終コードとして残らないように削除します。

包括システムのユニークなコード（FD，Fr，rF，(2)）を学ぶ

濃淡反応を理解するのは難しかったと思いますが，残りは包括システムのコードにあるユニークな楽しい決定因子をご説明します。濃淡を含まない立体知覚の FD（Form Dimension Response：形態立体反応）と，図版の対称性についての Fr（Form-Reflection Response：形態反射反応）と rF（Reflection-Form Response：反射形態反応），そして（2）（Pair Response：ペア反応）です。

形態立体反応（Form Dimension Response：FD）

FD は，包括システムに独自なコードです。これは Form Dimension で，形態（Form）と大きさや長さ，奥行きや距離のように計れるもの（Dimension）でできる 3D の知覚のことです。FD には 4 種類あります（図 6-1）。たとえば図版 IV の W で「これは頭が小さくて足が大きいので，巨人が見下ろしているようだ」とか「大きな人，頭が向こうで小さくて，足が手前で大きくあって，巨人を見上げているようだ」というように大小によって距離感が出てきます。それから「こちらに前の机が

168　ロールシャッハ・テスト講義 I

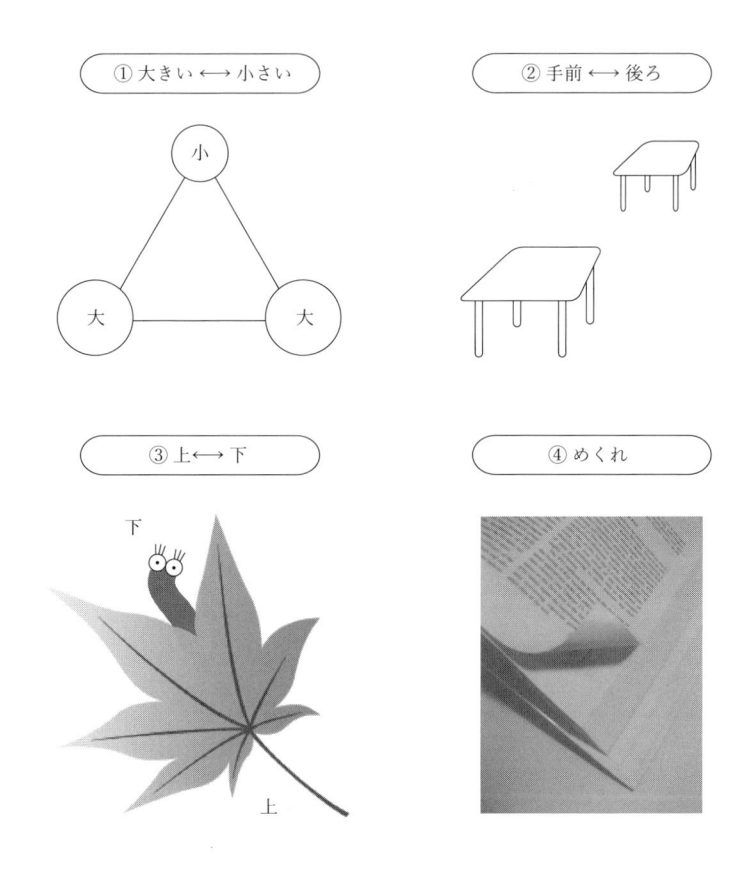

図 6-1　4 種類の FD

あって，向こうに後ろの机がある」というように，前後によって距離感が出てくるものです。たとえば図版 III で「両脇に女の人たちが踊っていて，奥にはかがり火が燃えています」というときの**手前の人**と**向こう**のかがり火が FD とコードできるものです。また，図版 IV で「目があって，虫がいて，虫の上に葉っぱがあります」とか「人の顔だけ見えていて，上に布団がかかっていて体は見えません」というような，上と下の関係ですね。最後は「めくれ」です。図版 IV の W で「枯れ葉が一部めくれて手前に丸まっています，ここが」と言って，D2 の部分の色の薄くなっているところをめくれていると示すと，濃淡によってできる形態で，そこが丸くめくれている，と反応していることになります。このように知覚するものは FD とコードします。

　FD はだいたい大人のプロトコルに 1 個ぐらいはあるものです。『ロールシャッハ・テスト』236 ページを見てください。これは 600 人の成人の非患者のデータで，その FD 平均値が 1.18 となっていますが，中央値は 1 となっています。子どものデータはあまり揃っていないのですが，だいたい 12 歳以降から FD が出はじめます（『ロールシャッハ・テスト』746 ページ参照）。

　インターナショナル版のデータを参考に見てみましょう（付録 I・表1）。これは，世界 19 カ国のノーマル・データを集めたものですが，FD は平均 1.02 となっています。日本のデータ 240（付録 I・表 2）を見てみると，FD の平均は 1.13 です。これは，「自分のことを客観的に見る力」であり，大人らしい客観性として肯定的に解釈されます。

　最後に，平面のはずなのにそこに奥行が見える，でもそこには濃淡が関与していない，という FD 反応のいくつかの例を挙げておきます。いつも 2 点間の距離で語られていることを確かめて FD とコードしてください。図版 VI の W で，船を船首あるいは船尾のほうから見ていて「船

が向こうに行く」とか「こちらに向かってくる」というのも FD 反応です。見ている人の目から離れる、目に近づくという 2 点間の距離を FD とコードします。図版 II の W で、全体が「顔」で「目（S）で口（DS5）で舌（D3）をこちらに突き出している」という反応は、「突き出している」ぶんだけ顔より手前に出るので FD をコードします。図版 V の W で「岩の向こうにウサギがいて、耳だけが見えている」という反応では、「向こうに」という言葉が岩との距離を説明しています。ですから FD を上手にコードできるようになるためには、「向こう」「手前」「上」「下」「こちら」「あちら」などのキーワード（含みがあって、聞いただけではわからない言葉）に敏感になって、それを質問して確かめることが肝要です。受検者の説明で 2 点間の距離が明確になれば FD 反応ということになります。

反射反応（Reflection Responses : Fr, rF）

形態反射反応（Fr : Form-Reflection Response）と反射形態反応（rF : Reflection-Form Response）

　Fr 反応の例から始めたいと思います。図版 III で人が鏡に映っていると見えたり、図版 II でガラスに映っている自分を見ていたり、図版 VIII で岩に足を掛けている動物が湖に映って見えたりするのは、どれも形態ある対象が実像となって、何かに映る反応となっているので Fr 反応です。rF 反応については、たとえば図版 V で図版を横にして、途中から折れた枯木が突き刺さってるのが湖に映っているという反応です。そもそもその枯木に決まった形状がありませんから、一定の輪郭のない

材木が映っているのでrFとなります。氷河が海に映っているとか，岩が水に映っているという反応もrFですし，火が燃えていて水面に映っているというものもrFになります。

　rFとFrの違いについては，そもそもrFが出てくる頻度が少なすぎてあまり研究されていません。ですが，人が鏡に映っている，動物が水辺に映っている，という形態のある対象の反射反応であるFrより，rFはDQスコアがvをともなう一定の輪郭をもたないものですから，知覚が未熟であるのは間違いありません。反射反応に関しては包括システムが体系化されてくる早い時期からいくつも研究がなされてきました。『ロールシャッハ・テスト』555ページを見てください。もともと反射反応はエクスナーが1969年に男性同性愛者のデータと，入獄中の反社会的パーソナリティのグループのデータを，入院中のうつの患者群や大学生の成人群のデータと比較研究しているときに，同性愛者と反社会的パーソナリティのグループにある目立った特徴があることに気づいたのが始まりでした。何かに映っているという反応が，これらの群にはたいへん多かったのです。そこから，反射反応がある人と反射反応がない人の違いについての調査が始まりました。まずエクスナーは，「私の心配は」「私の願いは」「私の失敗は」「私がひそかに思ってるのは」のように，つねに「私は」から始まる，自分に焦点づけしたSCT（Sentence Completion Test：文章完成法テスト）を実施しました。その結果，反射反応がある人たちのSCTは，「私は」から始まった文章の内容が，たとえば，「私の心配は，私の体重増加」「私の願いは，私がお金持ちになること」「私の失敗は，私が昨日足を滑らせたこと」というように，自分と関連する内容が多く，他者や外部に関心が向いていないことがわかりました。反射反応を示さない人たちが「私の心配は，オゾン層の破壊です」「私の願いは，世界平和です」というふうに，自分ではない他者に

向けられていたのとは対照的でした。

　また，入社面接を受けに来た人を面接室に呼びこむ実験でも，このことが確かめられました。この実験では，「どうぞお入りください」といって面接室に入ってもらうのですが，入った部屋には鏡があって，一定時間にどのくらい，その鏡に向かっているのかを計りました。鏡の前で自分を映している時間が長い人のほうに反射反応が多く，鏡に自分を映さなかった人たちのほうに反射反応は出現しませんでした。

　このような結果から，研究の開始時期は反射反応を「自己愛」と関連して解釈していましたが，次第に自分に目がいく人，自分にこだわる人，自分に価値を置く人というような理解に変わっていきました。有能な芸術家やダンサーとして成功している人たちの 50% あまりに反射反応が出現していたのも納得できます。

反射反応とセルフ・エスティーム（自尊心・自己価値観）

　もともと反射反応が多く見つかった研究の発端は，反社会的グループと同性愛者でしたが，ここで安易に反射反応を反社会性と同性愛のサインとしなかったことが，包括システムの優れたところです。

　通常，反射反応があるのは 10 人に 3 人以下で，10 人のうち 7 人にはありません。反射反応があるのは自分のセルフ・エスティーム（自尊心・自己価値観）が高く，悪くすると自分を過大評価するとも言える傾向のある人たちです。ですが，反射反応のある人は，自分自身が他者よりも優れていて，自分の価値が高いと信じて疑いません。これは他者がそのように言ってくれたり評価してくれるのではなく，自分のなかでの確信となっているもので，たいへん安定性の高い特徴です。ですから，反射反応のある人は，つねに自分を認めて高く評価してもらう必要があ

ります。クライアントにそういう人がいると、対処は実に厄介です。セラピストはつねにクライアントに向かって、「あなたは素晴らしいはずなのに……」という認識をもちながら対応しなければなりません。つまり、クライアントの高い自己価値観や自尊心にダメージを与えないようにするということです。なぜならば、優れた高い自尊心をもった自分にふさわしくない出来事が起こると、自分に非があったことを認めるのが難しく、自分以外の何かが悪いと思わなければ、素晴らしい自分を保ち保護することができないからです。

　もちろん、反射反応は長所にもなります。自分で自分のことを信じられる人なので、平凡なポジションやステータスを望まない傾向や、難しくても自分にふさわしいと思えばそれにチャレンジしていく強さをもっていると言えます。つまり、特別な自己感覚や高い自己評価を自分で確信している人たちですから、自分の特別な才能や素晴らしさをいかに社会に受け入れてもらい、認めてもらえるかが課題になります。

　エクスナーの調査によれば、学校に行って社会化されるようになると、家族という狭い社会ではたいへんな特別扱いをされていた優秀な子どもも、脱中心化が起こって、自分はそれほど特別ではないかもしれないという自己修正をしはじめるようです。こういった自己感覚が最も揺らぐのが13, 4歳ぐらいの時期のようです。元来、子どもが正常に発育してくるためにミラーリングされるということは必須の要件です。何でも「見て見て！」というあのときに、「すごいね！」と対応してあげる、これが大事な発達課題なわけです。日本でもアメリカでも、司法・犯罪心理学系の学会で、反射反応のことが取り沙汰される理由はそこにあります。優秀な人物が幼児期にミラーリングされず、大切にされずに不遇な生育発達をたどると、社会化されないまま肥大した万能感ゆえに、自分のすごさや特別な力を知らしめるために反社会的な傾向を強めてい

くことがわかってきました。これは残忍で人目を引くような精神病質（psychopath）の心理的特徴となります。つねに外からミラーリングされる必要があるために，他人に操作されてしまう可能性が高いとも言えます。

ペア反応 (Pair Response : 2)

　図版の対称性について注目したコードがもう1つあります。それがペア反応です。図版が対称であるため，片方に見られた対象と同じくもう片方にもある，と知覚された場合にペア反応として2という数字を使って記録します。「2人」「両方に」「こっちとこっちに」などと言ったり，説明しようと指さしたりするので，ペア反応かどうかがわかります。これは，左右で同じ対象であることが条件ですので，何らかの特徴を付加して，左右が同じではないことを説明しているときにはペア反応を付けません。
　たとえば，図版VIIのD3領域に「オニの顔」を見て，「右は目つきが悪いから悪いオニ。左は目つきがそんなに悪くないので良いオニ」などという場合です。図版の特徴として左と右を区別する知覚があったときにはペア反応としない，ということです。ときどき，同じ図版VIIのWで「男の子と女の子でキスしようとしている」と言いながら，「こっちとこっちにいる子どもが口を寄せあっている」と，結局左右の対象に何ら異なった特徴を付与しないことがあります。このようなときは「キスしようとしている」というストーリーのおぜんだてとして「男の子と女の子」と言っているにすぎず，知覚は結局同じ「子ども」なので，ペア反応をコードします。

また，ペア反応をコードしない場合がもう1つあります。それは，FrやrFの反射反応をコードしたときです。なぜならば，反射反応とペア反応は一緒に計算して自己中心性指標（Egocentricity Index）を導きだすからです。この計算式は次のようになります。

$$自己中心性指標 = \frac{(Fr+rF) \times 3 + ペア反応の数}{R}$$

ですから，反射反応をコードしたときには，図版の両側に同じ対象を見ているのでペア反応となるのは当然ですので，あえてペア反応をコードしないでください。1つの反射反応でも3倍の重みづけをしますから，過剰に加点しないようにするためです。この自己中心性指標は，自分に目を向ける割合と他者に目を向ける割合がどれほど釣りあっているかを示す指標です。期待値は0.33～0.44の間で，この間に収まる自己中心性指標は，自己評価が過大でも過小でもない，好ましいバランスを示します。

反射反応と治療計画

参考資料6-2を見てください。これは1975年から1983年にかけて，597名を対象とした大がかりな調査研究です。「結果」のところに「力動的」と書いてありますが，これは週に複数回クライアントと会う方法を取っていた力動的精神療法家を指します。それから「短期」というのは，だいたい週に1回の面接で，1年ないし1年以内に終結する治療形態を取っている臨床家のことです。ほかには認知療法家，行動療法家，そしてブリーフ・セラピストが挙がっていますが，ブリーフ・セラピー

参考資料 6-2　治療計画とロールシャッハのサインの関連性について
(ACROSS THE HORIZON No.6 12/10/1995 より；ALMUNI Newsletter Aug.1995, pp.5-8.)

1. **目的**
　治療介入の方法と，早期治療ドロップアウト者や治療成功者のロールシャッハ変数上の特徴との関連を浮き彫りにすることが目的である（ここではドロップアウト者のデータのみ掲載）。本研究における研究協力者は，異なる時間的／介入方法で，どのようなロールシャッハ変数が変化するかという治療効果測定を行なった他の継時的再テスト研究の対象者と同じである。

2. **方法**
　(1) 研究協力者：1975 ～ 1983 年に心理療法を受けはじめた者（N=597，最終的には 100）
　(2) 手続き：①治療介入開始前テスト，②治療効果測定：(a)再テスト（9 ～ 12 カ月間隔で施行），(b) 治療者や重要な他者による主訴・行動等変化評定（治療効果のあった者は 9 点法で 7 ～ 9 評定），③介入方法：力動的精神療法，短期精神療法，認知療法，論理療法，行動療法，ブリーフセラピー，グループセラピーの 7 区分，④分析視点：(a) 2 カ月以内にドロップアウトした者と，(b) 治療開始 4 カ月以内で顕著な変化を遂げた者のロールシャッハ変数を特定。

3. **結果**
　早期（2 カ月以内）に治療をドロップアウトした者のロールシャッハ特徴と該当者の人数は下表の通りであった。年齢，性別等関連変数の統制や，変数間の分析を行なっていないため，確定的結論を導くことはできないが，①反射反応があって自己中心性指標が高い者や，② T=0 の特徴を有する者はドロップアウトしやすい傾向がある。よって介入開始時期の慎重な対処が必要であることが示唆された。
　また，COP>1 & AG=0 & PureH>2 のドロップアウトについては，日常生活のなかで治療者のところに通わなくても，同等なニードが充足されることを示していると考えられる。

介入方法	力動的	短期	認知	行動	ブリーフ
N（該当者／総数）	14/111	31/197	10/82	11/58	7/49
Fr+rF>0 & Ego>.32	9	17	6	—	—
T=0	8	16	6	—	—
Lambda>.99	—	—	—	7	—
COP>1 & AG=0 & PureH>2	—	13	5	—	—
内向型	—	—	—	5	—
WSum6>20	—	—	—	4	—
SCZI*>3	—	—	—	—	2
FM+m>SumShading	—	—	—	—	5
p>a+1	—	—	—	—	2

（単位：人）

(* 現在は PTI に改訂）

は総数（N）が49ですから，当時は実践家も少なかったことがわかります。

　調査は，まずこれら5つの治療技法を実践するセラピストを選びます。治療を受けにきたクライアントの最初のベースラインを定めるために，治療がスタートする前にロールシャッハを施行して，その後何回か，9～12カ月間隔で再テストを施行します。同時にセラピストにも，クライアントの行動変容などについて評定する質問紙を配布します。結果の表は，ベースラインとしての第1回のロールシャッハを施行してから2カ月以内でドロップアウトして治療が中断してしまったクライアントの特徴を示してあります。最初にFr+rFがあって自己中心性指標（Ego）が高いというデータがあります。それが，力動的精神療法，短期の精神療法，認知療法に共通している特徴です。ですから反射反応をもつクライアントを治療する際には，ドロップアウトの可能性が高いということを念頭に置いておく必要があります。

F再論

　ブレンド反応，反射反応，そしてペア反応について説明しましたので，決定因子についてはこれで説明を終えたことになります。

　決定因子の説明をFから始めましたけれど，同じようにFの説明をもって終わりにしたいと思います。

　図版IIIで「2人の人がテーブルに手をついています。これがテーブルです」という反応で，テーブルに手をつくのはD+1 Mpとコードしますが，このときに「これがテーブルです」をFとコードしないでください。

包括システムのコードに慣れて概念が整理されてくると，自由に決定因子が使えるようになるはずです。これまで学んだコードについて十分に消化できたら，基本的にF反応はブレンド反応にならないけれど，まれにブレンド反応になる場合について気をつけてみてください。『ロールシャッハ・テスト』148ページの下に，場合によってはFがブレンド反応になる場合が紹介されています。そこでは，Fのコードがブレンドになることは「滅多にない」と説明されています。Fがブレンド反応になる場合は「切り離されている」知覚ということを意味します。「切り離されている」別々の知覚がブレンドになるのは，神経学的な問題や知的な限界を示す特例のようです。

講義 7

形態水準

Seventh Lesson
Form Quality

形態水準（Form Quality）

　決定因子が決まったら，同時にその決定因子のコードの右下に付けるのが形態水準です。決定因子と形態水準はその意味ではワンパッケージです。ロールシャッハ・テストを施行してデータを入手すると，いろいろなことがわかりますが，そのなかでも最もロールシャッハを施行した甲斐がある結果のひとつが，この形態水準を付けることによって理解できる「現実検討能力」ではないでしょうか。どの職域の心理職の人も，面接をしていて必ず大事にするのが，クライアントの現実検討能力だからです。これから説明する形態水準は，図版という現実に対してどのように現実的な知覚をしたのかを評価してコードするものです。この評価の仕方は基本的にベックのやり方を踏襲しています。クロッパーは検査者と受検者の2人のやりとりのなかでこの形態水準を決めました。つまり検査者は，反応の明細化やブロットの一致度，統合性をよく聞きとって自分で判断しなければなりませんでした。ベックのやり方はこれとは

異なっています。多くの人が図版のどこにどのような反応をどれくらいするかという**頻度**によって，その知覚の形態水準を決めようと考えていました。頻度ですから，一般によく見られる知覚や反応は良好で，多くの人と一致するものの見方であるということになります。クロッパーの方式のように検査者と受検者のやりとりのなかで決めなくていいので，検査者の責任は随分軽減されると思います。包括システムでは形態水準を決めるのに 9,500 のプロトコルをもとにした頻度の分析を行なっています。このプロトコルは，健常成人と統合失調症以外の入院患者と外来患者群，ほぼ 3 分の 1 ずつで構成されています。

形態水準は何を測っているのか

　これから形態水準の定義を『ロールシャッハ・テスト』155 ページにある「表 8.1　形態水準をコードするための記号と基準」の分類に従って確認していきますが，ここで理解しようとしているのは，正しい知覚や正しいものの見方ではありません。図版 I を見てください。これは何に見えるでしょうか。全体で「ネコの顔」であれば『ロールシャッハ・テスト』678 ページの形態水準表には o（普通）と示されています。ですが，よく見てください。これはネコの顔にしては少々無理がありませんか。「あえて言えばネコかな……」という程度でしょう。ですから，これから評価する形態水準というのは，正しい知覚かどうかを見るのではなく，初めて見る刺激をどれくらい**デフォルメ**して見ることができるかを測っていくものです。この図版 I 全体に，自分の記憶のなかにある，自分が知っているネコやキツネの顔を少々デフォルメして見た人が多かったので，このネコの顔やキツネの顔は o（普通）となるわけです。この逆がデフォルメしすぎる場合で，デフォルメしすぎると多くの人が

見ない知覚になります。図版にない手がかりを自分で勝手に入れこんだり，図版にない線や領域を使うと，変形しすぎたことになります。多くの人が見ない見方や，図版という現実を上回る自分のなかの内的現実が語られると，ほかの人には了解できないものを見ることになります。このような場合は，－（マイナス）と判定します。それでは，図版をデフォルメする程度を段階的に見ていきます。

o（Ordinary：普通）

　o（普通）は，9,500のプロトコルのなかで最低2％以上の人が同じ領域に同じ反応をした場合と定義されています。Ddの反応領域の場合は，少なくとも50人以上がその領域を用いて，そのうちの3分の2以上がその対象を反応として見ている場合，それがoと反応したということです。

＋（Ordinary-elaborated：普通－詳細）

　さらに『ロールシャッハ・テスト』155ページの表を見ていただくと，このリストは＋（Ordinary-elaborated：普通－詳細）から始まっていますが，＋という形態水準をコードするためには，もともとの反応の形態水準がoである必要があります。「反応の形態に関して普通以上に詳細な説明がなされている場合」と限定されています。つまり，しゃべればしゃべるほど話がふくらんでいって，話の焦点がずれていって，もはや何をしゃべっているのかわからないのではなくて，受検者の反応がその**形態について**，非常に**細かく詳細に**説明している場合を＋とします。そして，「形態の使用の適切さを損なうことなく，反応の質を高めるよう

なやり方でなされている」場合に＋とコードします。「＋反応は必ずしも独創的あるいは創造的である必要はなく」とあります。これは，形態の細かな部分が使用されて明確に述べられていれば，＋とコードするということです。

　私たちが臨床家になるための訓練を受ける過程では，受検者の病理や逸脱といった悪い知覚，リアリティを欠いたところに注意することに集中してしまいますが，それは一方で良いところを評価しそこねてしまうので，＋のコードを忘れないようにしなければいけません。ですから形態水準には＋もあるということを覚えておいてください。比較的長い年限の高等教育を受けたり，特別な訓練を受けてきた受検者のプロトコルには，1個くらい＋があってもおかしくありません。

　それでは具体的にどのようなものが＋なのかを見ていきましょう。通常の図版Ⅰの反応として「これはチョウです。ここに羽があって，これが触角で，全体がチョウに見えました」というものがあるとします。それに対して「これはチョウの一種のように見えます。**周りがギザギザ**していて，**模様**と，小さな**触角**があります」という反応で，質問段階では「チョウの羽はたぶんもっとまっすぐなんですけど，珍しいのになると，こんなふうに**ギザギザ**しているんです」と形態について説明されています。また「三角形の**白い模様**があって，これはすごく小さな**触角**。その先に小さな**丸い**ものがついていて，こっちはチョウの**腹**です」というように，形態について「これが羽です。これが触角です」という以上に細かな解説がなされていますが，こういった形態について詳細な説明がなされたものを＋にするということです。

　もう1つだけ例を見てみましょう。図版Ⅲで「原住民の**女性**が2人。ここが**胸**で，真ん中に**大釜**があります。**エプロン**をしていて，**首飾り**をつけています」という反応です。すでに人物の説明からして「ただの2

人の人」というよりも細かいのですが，質問段階のところにあるように「これが**大釜**で，**頭**で，**顎**で，**鼻**で，**額**」と言うと，実にその説明は細かくて，まるで細かく切り分けられたコマ送りで説明しているようです。たとえばここは単に「顔です」という説明で終わらせてもいいのに，あえて形態について細かく細分化して「**顎**で，**鼻**で，**額**」と説明しています。

　反対に＋がたくさんあればいいのかというと，FQ+ が1個あるのはいいのですが，これが2個以上になると要チェック項目となります。つまり，これは OBS（Obsessional Style Index：強迫的スタイル指標）の傾向となります。『ロールシャッハ・テスト』198 ページの表右下の該当する部分，または本書付録 III「C-6」をご覧ください。5つある基本条件のうち，5番目に「FQ+>1」の条件項目があります。強迫的な人というのは，細かく確認するのが常です。ですけれど，いつも細かいのでは疲れますよね。FQ+ が1つあるのは不思議ではなくても，複数個の＋がコードされたプロトコルは，まずは検査者が＋とコードしすぎていないかどうかをチェックしたほうがいいかもしれません。

u（Unusual：稀少）

　次が Unusual です。u というのは，図版にある現実を用いているという意味では o と同じで，現実を歪めた知覚ではありません。u とは，9,500 のプロトコルで 2% 未満，つまり 190 回未満しか出現しなかった反応のことです。図版 I の W で「クマの顔」という反応を形態水準表で確かめると u になっています。これは，「クマの顔」という反応が2% に満たなかったことを示しています。ですが，3人の判定者によって "quickly and easily" にその反応が見えた場合に u とするという手続き

を経ています。つまり，図版の手がかりを使っているから現実を大きく歪めてはいないものの，それほど多くの人たちがその反応を報告しなかった場合に u になります。

－（Minus：マイナス）

『ロールシャッハ・テスト』677 ～ 730 ページで－の反応がリストに載っていますが，すべての－をこのリストに載せているわけではありません。9,500 のプロトコルにあった－をリストに載せると，聖書のような大部のリストになるでしょう。それではどのようなものを－として載せたかというと，9,500 のプロトコルのなかで少なくとも 4 回は出現したものです。逆に言うと，9,500 のプロトコルで数えるほどしか出現しなかったということです。

　包括システムによるロールシャッハ・テストは本来とても学びやすい構造になっていて，判断基準（criteria）がはっきりしていて，コードも細分化されているので，正しくコードができれば解釈が展開しやすくなっています。ただ例外はあって，たとえばここで学んでいる形態水準－のように，すべての形態水準がリストに載っていないため，検査者が判断しなければならない部分があります。検査者によってある反応を u にしたり－にしたりする違いが出てきます。ただ，あらためて申しあげますと，クロッパーの形態水準の決め方は，"between you and I" という原則にもとづいています。つまり，検査者と受検者という 2 人の間で形態水準を決めるというものです。これに対してベックは 2 人の間で決めるのは適切ではないと考えました。ある受検者が見た図版に対する知覚がどれほど現実に沿ったもので，現実検討能力が良いのか悪いのかという判断は，多くの人がこの図版に何を見るのかという基準によって決め

るべきだとしたのがベックの主張です。当時ベックとクロッパーは立場や考え方が違ったため、この判断基準という点でも大きな決裂のポイントになりました。当時ベックはリストを作成しましたが、今私たちが手にしている 9,500 のプロトコルから割りだしたものとはほど遠いものでした。ですからエクスナーはベックの意を継いで、この形態水準表を作成したといえます。

　私が包括システムに魅力を感じたのは、"between you and I"で形態水準を決定するのではなくて、形態水準表を活用するというところだったと記憶しています。最終的に手がかりとなるのは、ある反応について「多くの人がこの図版のここに何を見るのか」という頻度をリファレンスとしてコードするというプロセスです。そのために必要となってくるのが、補外法というスキルです。

補外法

　補外法は『ロールシャッハ・テスト』157 ページに説明があるように、基本的には形態水準表に載っていない反応でも、推定によって形態水準を決める試みのことを指します。「補外法では、述べられた反応にかなり近いものがあるかどうか、形態水準表を入念に検索することが必要となる」と説明されています。

　たとえば図版 VI について受検者が「逆にしてみると、全体で相撲の行司がもっている軍配」と反応したとしましょう。形態水準表の図版 VI（『ロールシャッハ・テスト』704 ページ参照）に軍配が載っているはずはありませんので、補外法を適用します。図版 VI の W 反応としてリストされているなかから「軍配」に近い形をしている反応を探します。

リストの左側にuと∨のマークが並んで書かれていますが，この∨は，図版を上下さかさまにして見ているという意味です。逆位置の見方で軍配に似たものとして目に入ってくるものに「扇」がありますが，これはoとなっています。それから「鏡（手鏡）」も似ているかもしれませんが，これはuとなっています。結局，補外法を参考にしてもピッタリしませんでした。おそらくuと判断する代わりにoとコードしたとしても，−でない限りは，現実的な手がかりを用いた適切な反応であったという結論には違いありません。

このように補外法も使いますが，基本的には図版との一致度がよくて，しかもリストに載っていない場合はuか−ですが，反応が"quickly and easily"に見えていて輪郭が著しく歪められていなければuとするのが妥当でしょう。

ここで注意してほしいのですが，臨床家は共感することを訓練されているものですから，"quickly and easily"に見える努力をしていると共感的に見てしまいがちですが，無理に"quickly and easily"に見ようとしないほうが良い判断ができます。

マイナス反応の正しい見極め方

マイナス反応は補外法をもってしてもまぎらわしいものですが，これについては表7-1を見てください。これは1989年のエクスナーによるリサーチ結果です。パラノイド・スキゾフレニア76人と，身体にハンディキャップのある68人，ノーマル・コントロール群70人をそれぞれ対象として，マイナス反応が何個あったかを調べたものです。結果は，パラノイド・スキゾフレニア76人による1,611個の反応のうち419個がマイナス反応で，26％がマイナス反応だったということになりま

表 7-1 マイナス反応について
(John E. Exner, *The Rorschach : A Comprehensive System vol.2, 2nd Ed.*, Wiley & Sons, Inc., 1991, p.111.)

	マイナス %	Hd・Ad	(H) (A)	An+Xy
パラノイド・スキゾフレニア (N=76)	419/1611　26%	94/419　22%*	62/419　15%*	39/419　9%
ハンディキャップ (N=68)	138/1537　9%	16/138　12%	10/138　7%	48/138　35%*
ノーマル・コントロール (N=70)	106/1523　7%	11/106　10%	6/106　6%	13/106　12%

す。さらにその 419 個を分母にして、その－反応のなかで Hd（Human detail：人間の部分）および Ad（Animal detail：動物の部分）の数を調べると、それは 419 個中 94 個で 22%。そして（H）（Whole human, fictional, or mythological：架空あるいは想像上の人間の全体）および（A）（Whole animal, fictional, or mythological：架空あるいは想像上の動物の全体）、つまり非現実的なものを見たのが 419 個中 62 個で 15%。さらに、身体を開かなければ見えない内臓や骨格を意味する An（Anatomy：解剖）および Xy（X-ray：エックス線写真）は 419 個中 39 個で 9% となっています。ここでそれぞれのパーセンテージに「＊」マークがあるのは、パラノイド・スキゾフレニアの人たちは Hd と Ad で他の群とは有意差があって、マイナス反応が多かったことを示しています。つまり、パラノイド・スキゾフレニアの群は、人の目や人の顔をとくに気にしたり対象を非現実的なものにしてしまう反応にマイナス反応が多いということです。ハンディキャップのある人たちのデータを見てみると、An および Xy では有意差があって 5% になっています。An および Xy は身体感覚ですから、ハンディキャップのある人のこだわりが身体感覚に表われることがわかります。ノーマル・コントロール群は比較的マイナス反応

が均等に散らばっています。

　つまり私たちは皆マイナス反応をするものですから，マイナスの知覚がないわけではありません。ですからマイナスがあるときにはマイナスをコードしないと，その人がどこにこだわりがあって独特なものの見方をしているのかがわからなくなります。自分がこだわって人と違った意味づけをした結果としてマイナス反応は現われるのですから，それをコードしそこなうと，その人を理解できなくなります。『ロールシャッハ・テスト』157 ページにエクスナーは「疑わしい反応は−とコードするのが最善である。検査者のなかには，マイナス反応が解釈に重大な意味を持つという誤った印象に影響されて，−をコードしたがらない者もいる。これは正しくない。どの群でも，大多数の者が 1 つ以上のマイナス反応を出す」と書いています。マイナス反応が解釈において重要になるのは，**繰り返し同じテーマや同じ見方でマイナス反応が出てくるから**です。

　包括システムでは頻度によってマイナス反応と判断するほかに，図版にない輪郭や線を勝手に用いて領域をつくった場合もマイナス反応と判断します。よくある例は図版 III と X ですが，これらの図版にはさまざまな「顔」が示されます。ブロットの領域にまとまりのない図版のいろいろな部分や空白を含めた領域を勝手に囲んで，顔としての輪郭線のないところに線を引いて顔反応とするものです。エクスナーはこうした反応はたいていゲシュタルトの閉合の原理によって答えているにすぎないと説明しています（『ロールシャッハ・テスト』166 ページ参照）が，このように恣意的な線で囲んだブロットにない輪郭を用いた反応は，マイナスとコードします。

　ですが，マイナス反応は 1 種類ではありません。マイナス反応の逸脱度合には 2 種類あります。図版 III や X で説明した，さまざまな顔反応

などは，患者群，非患者群を問わず，思春期群にもよく出現するマイナス反応です。このような誰にでもありうるマイナス反応を仮に「レベル1のマイナス」とします。また「レベル2のマイナス」は，より深刻で病理と関連するひどく歪んだ知覚を示します。「レベル2のマイナス」は，図版にない手がかりを使うものです。図版にある手かがりや現実がないがしろにされて，個人の記憶や思いのなかにある現実のほうが優先されると，図版にないものを見ることになります。これはマイナス反応のなかでも10%ほどのマイナス反応と言われる，最も深刻な知覚と判断の歪みです。たとえば，図版ⅣのWで「花びらのなかに人の横顔が4つあって，空の上の星を眺めている」という反応です。受検者は，花びらのなかの4人の顔のプロフィールを説明してくれますが，とうてい追認知するのは困難です。このようなマイナス反応は一般的に個性やこだわりの範囲でマイナスとなるものとは違って，重大な思考と知覚の歪みとして解釈に取り入れていきます。

複数の対象を含んだ反応の形態水準について

複数の対象を含んだマイナス反応については『ロールシャッハ・テスト』158ページで説明されていて「反応に複数の対象が含まれていて，それらの形態水準がすべて同じではないこともある。この場合には，反応全体の形態水準としては，最も低いものをコードする」とあります。しかし，形態水準の低い対象が**反応全体**にとって**明らかに重要な場合にのみ**この原則を適用します。砕いて言いますと，最初に反応段階で反応したときから，その反応を構成していた重要な一部分がマイナスであれば，全体の反応の形態水準をマイナスにするということです。

たとえば図版Ⅳに，「巨人に見える」とか「大男に見える」という反

応があるとします。人間あるいは巨人は o ですが，さらに「ここにペニスがあります，あるべきところにあります」と反応段階で反応したとします。形態水準表で D1 の領域のペニスはマイナスとなっています。ですから，最初からペニスを含めた全体像を見ているので，これはペニスの形態水準にそろえて低いほうのマイナスをコードします。

　ただし，反応段階で「巨人に見えます」としか言わなかった場合，「巨人というのを教えてください」と聞くと，「頭で，手が小さくて，ちょっとしなびていて，大きな足があって，これは何なのかよくわからない」と答えたとします。そのときには「あなたの見た巨人を同じように見たいので教えてくれますか」と，ロケーションを確かめるために聞きます。そこで受検者が「なんというか，ペニスでもないし，よくわからなくて……」と言ったとき，そこですぐにマイナスとコードするかというと，そうではありません。最初に見たときからペニスだと特定していたわけではありませんから。「これは何なのかよくわからない」と明言してはいません。ですから，最初から反応に盛りこんでいた重要な一部とは確定できません。この場合はペニスの低い形態水準に全体の形態水準を合わせる必要はありません。

　もう 1 つ『ロールシャッハ・テスト』158 ページに載っている例を使って説明します。図版 III で「2 人の人がかがみこんで，この下の肺 (D7) を引っ張りあっている」という反応があります。もちろんこの 2 人の人はよく見られる平凡反応で形態水準も o ですが，この「肺を引っ張りあっている」という場合の「肺」が問題になります。図版 III の D7 を見ると，肺は－です。これが「2 人の人がかがみこんで，この下の肺 (D7) を引っ張りあっている」と反応段階から特定していますから，肺は反応の重要な一部と考えられるので，この肺の形態水準に合わせて低いほうの－とします。

反応全体のなかに違った形態水準が出てくる例をもう1つ確認しておきましょう。図版Xについて「これは海のなかのいろいろな生き物」という反応があるとします。説明では，「ここに貝があって，これがサンゴで，これがうなぎみたいな生き物で，これはカニかな，これもカニかな。あとはみんな魚です」と答えたとします。これらの反応の形態水準を調べると，D9領域のサンゴはoですが，D1の領域を貝と言うとマイナスです。D4の領域でのうなぎという反応はoになります。D2の黄色い領域を魚と言うとuです。まとめますと，oあり－ありuありと，さまざまな形態水準が含まれています。このように形態水準が混在して迷ったら，まず**最初の反応そのものに戻ってみる**ことをおすすめします。最初の反応は「これは海のなかのいろいろな生き物」でした。形態水準表を見てみると，図版XのWで「海の中の風景」がありますから，この反応の形態水準はoでいいということになります。つまり，一部に貝のマイナスがあったからといって，その一部が全体の知覚を歪めるほどのインパクトはないということです。反応全体にとって重要な一部と考えなくてもいい場合は，最も低い形態水準にそろえなくていいのです。

形態水準が付かない決定因子

　形態水準を付けない場合もあります。理由は，知覚された対象に形態が含まれていないからです。たいていはDQスコアもDQvとなるものです。図版ⅣのWで「真っ黒で暗闇です」などは，全体のコードは「Wv C' Na」となります。図版Ⅲの両側のD2部分に「赤くて火です」と反応すると，「Dv2 C 2 Fi」となります。つまり，C'，C，T，Y，V，mなど知覚のなかに少しも形態性が関与していないときには形態水

準は付けません。次に学ぶ反応内容に Hx（Human experience）がありますが，この反応内容はつねに形態水準のない M を決定因子としますので，M の決定因子にも形態水準を付けない場合があります。

講義 8

反応内容・平凡反応

Eighth Lesson
Content and Popular Responses

反応内容（Content）

　ここまでロールシャッハ・テストの3本柱のうち，第1の反応領域とDQスコア，第2の決定因子と形態水準を見てきました。最後に残っているのが，第3の反応内容です。反応内容はカテゴリーやコードの種類は多いのですが，原理は簡単でコードもわかりやすいものです。講義8で反応内容，平凡反応，そして講義9と10で特殊スコアを順に確認していくことにしましょう。反応内容については，『ロールシャッハ・テスト』の161〜162ページの表8.2に従って説明していきます。

H（Human：人間）

　まず H（Whole human：人間の全体），(H)（Whole human, fictional, or mythological：架空，あるいは想像上の人間の全体），Hd（Human detail：人間の部分），(Hd)（Human detail, fictional, or mythological：架空，ある

いは想像上の人間の部分），Hx（Human experience：人間的体験）というHシリーズから見ていきます。

HはHumanの略です。Hというのはとても大事で，頭の先から足の先まですべて現実的な人間が見えているということです。

丸カッコが付く（H）は，それが空想上のものや架空のものであることを意味します。ですから，あらゆるものがカッコのなかに入ることがあります。怪物や怪獣もそうですが，カサのおばけという反応があったら，それは本物のカサではなくて話したり歩いたりして人間のような所作をするわけですから，人間もどきの意味で（H）とコードします。

ピエロは人間がメイクアップをして衣装をまとった存在で，ウィリアム・シェイクスピアの戯曲にも多く登場するように，中世ヨーロッパで王侯貴族が平凡な日常生活を楽しめるようにした道化師のことです。このピエロは，絶対に口を開かないですし，ピエロの役を演じている間は人間の言葉を話しません。脱人間とも言える存在だそうです。ですから，もちろん中身は人間ですが，あえて人間ではない存在という意味で，ピエロは（H）とコードします。このような扱いをするのはピエロに限られていますが，この概念に準じるのは，人間の姿をしたぬいぐるみや人形などです。胎児も（H）とします。母胎から出て産まれればHですが，胎内にいる間は（H）とします。

ですから，もしピエロの顔という反応があった場合は，あくまでも顔という部分だけですからHuman detailなので（Hd）となります。Hdは，人間の顔だけ，手だけ，指先などもあてはまります。頭がない人という反応は，頭という部分がないのでHdとなります。(Hd) は，ハロウィンのかぼちゃが該当します。あれは「かぼちゃ」じゃないかと思われるかもしれませんが，目鼻をくりぬいて人間の顔を模した仮面に仕立てているところに意味があるので，かぼちゃそのものではありませんから，

表 8-1 （H）と（A）を区別する基準

	人間をアイデンティファイしている	動物をアイデンティファイしている
はい	(H)	(A)
	(Hd)	(Ad)
いいえ	(H)	(H)
	(Hd)	(Hd)

(Hd) に入れます。同じように仮面の類はすべて（Hd）です。ただし動物や動物に特有の特徴を含んだ仮面は（Ad）(Animal detail, fictional, or mythological：架空，あるいは想像上の動物の部分) とします。

　ここまでで最もまぎらわしいのは，怪物や怪獣を図版 IV に見た場合，それが（H）なのか（A）なのかということです。仮面も同じですが，迷ったときには表 8-1 が手助けになります。「最終的にその受検者は何をアイデンティファイしていたか」を鑑みてください。「仁王立ちしていて，手で足で，しっぽがあって，怪獣です」という反応はどうしますか。2 本足で立っているのであれば（H）でしょう。怪獣といってもはっきり動物仕立てになっていれば，もちろん（A）です。得体の知れない生き物や，見たこともない説明もできない怪獣なども，動物の要素を含まないのであれば（H）です。こうして表を見ると，(A) や (Ad) となるのは，はっきり動物の特徴をつかんで同定されているときに限られることがわかります。

Hx（Human experience：人間的体験）

　Hx は Human experience の略ですが，人間の感情や感覚をともなう経験が**対象の属性**として述べられたときにコードします。人間の感情，つ

まり「これは至福の喜びです」という反応として表わされるようなものです。至福の喜びは人間が経験するものですけれど，物理的な姿形はありません。Hx の基本は，経験はするけれど姿形がないもの，「目に見えないもの」，それが Hx です。この Hx の内容はいつでも形態水準を付けない M を決定因子とします。これを「形態質のない M」と言ったり，Mnone と表記したりします。ですから図版 X について「これ全体が至福の喜びです」という反応があった場合，まずこの反応には形態が含まれないので Wv とコードします。さらに，「きれいな色で，幸福感ってこんな感じじゃないかと思いました」と答えられたとすると，有彩色があるので C とコードできます。Hx はつねに形態質のない M をコードして，すべての運動反応に a か p を付けなくてはならないので，Mp とします。結局この反応のコードは「Wv C.M^p Hx AB」となります。最後に付けた「AB（Abstract Content：抽象的内容）」は，講義 10 の特殊スコアのところで学びますが，抽象反応であるというコードです。

　このような形態質のない M を決定因子とする Hx には，感覚体験の味覚もあります。図版 VIII W の反応で「大きな飴玉を口に入れたときに広がる甘い味」というものがあります。「口に入れたときに甘い味がしそうな色をしていた」と答えられると，この反応は「Wv C.M^p Hx」とコードできます。

　図版 IX W で「ズキズキした痛み」は痛覚に関するもので「Wv M^a Hx」となります。図版 VI W で「これはバーンという音」という反応は聴覚に関するものですが，「Wv M^a Hx」となります。図版 IV W で「これは腐った臭いです」というように，これ自体が「臭い」という場合は「Wv M^p Hx」となります。

　Hx は比較的珍しい反応と言えるでしょう。Hx 反応はロールシャッハの体系に最初からあったものではありません。1990 年代になってから

体系に加えられたものです。

　形態質のないMは，ある意味ではCの逆と考えるとわかりやすいかもしれません。Cは，外から入ってきたインパクトに感情刺激として加工せずに反応するものですが，これに対して形態質のないMのHxは，外から入ってきたインパクトを思考によって無理に加工しようとした対処法です。目に見える刺激を思考によって目に見えない特殊な反応に仕立て変えてしまうということですから，一般の人たちとは異なった思考法を示していると言えます。

　Hxが形態のある対象にコードされる場合もあります。たとえば，「この2人は，深く愛しあって熱い眼差しで見つめあっています」という反応があるとすると，2人がお互いに見ていることはたしかですが，運動反応として人を見ているだけではなくて，「見ている」という行動に，目に見えない「愛しあっている」という要素が加わっていることになります。その場合，形態質があるもの（D+9）に，2人が深く愛しあっていて熱い眼差しで見つめあっているという，この2人の感情経験を示すHxをコードすることになります。『ロールシャッハ・テスト』を見てみると，161ページの表8.2には，「感情や感覚的経験の帰属は明確に述べられていて曖昧であってはならない」と書かれています。ここで言われている「対象にはっきりと帰属している反応」という条件がとても大切です。

　これとは反対の例を挙げますが，たとえば「悪魔のようです。これはとても怖い」とか「私はこれを見ると気持ち悪い」と言った場合，「怖い」「気持ち悪い」のは悪魔の属性ではありません。見ている受検者本人が「怖い」「気持ち悪い」と感じているのであって，この感情は悪魔のものではなくて反応している受検者自身のものですから，これはHxではありません。つまり，見ている「対象の属性」として語られている

表 8-2　2 種類の Hx

Hx（Hx は形態質のない M をつねに決定因子とする）
1) 基本的に目に見えない抽象的で形態のないもの，人間が五感で感じる経験や感情，感覚。
＊Ⅸ　自分の心のなかみたい。いろいろな色があってそれぞれ重なっているから，今の自分に辛いことが 3 つくらいあって入り交じっている感じがしたから。色とか入り交じって重なっていてのが，心のなかが辛いのは 1 つでなくて全部くっついている感じがする。
2) 時には形態のある知覚に，ある域値を越えた五感の経験や感情，感覚が反応に含められる。
＊Ⅶ　2 人の子供がシーソーに乗って遊んでいる。夢中で遊んでて髪の毛を振り乱し，すごく楽しくて満足そうな顔をしている。

かどうかをよく見極めて Hx をコードします（表 8-2）。

A（Animal：動物）

　次の A も H と同じように変化していきます。動物の全体が A（Whole animal：動物の全体）で，架空の動物の全体像が（A）（Whole animal, fictional, or mythological：架空の，あるいは想像上の動物の全体），動物の部分が Ad（Animal detail：動物の部分），架空の動物の部分が（Ad）（Animal detail, fictional, or mythological：架空の，あるいは想像上の動物の部分）です。ちなみに「ドラえもん」という反応があったとすると，これは（H）となります。四本足で動物のように歩いているのではなくて，二足歩行をして，宿題を手伝ってあげたり，一緒に生活をして，いわば家族の一員として人間的に関わっていますので，（H）とコードします。
　Ad は，全身像ではない動物の反応すべてを含みます。動物の皮や毛皮なども Ad です。じゅうたん状の敷物になっている動物の皮と述べられた場合は「Ad, Hh」とします。（Ad）は前述したように，さまざまな動物の仮面をコードします。

（　）を付けて（H）や（Ad）とする際の注意

　ここで確認しておきたいのは，どのような場合に丸カッコを付けて，たとえばHと（H）やAと（A）を区別するのかということです。たとえば図版Ⅰで，「真ん中に女の人がいます。羽が付いています」という反応があるとして，その反応内容は何になるでしょう。Hにするか（H）にするかの決め手は，受検者本人が自らの反応がフィクションであると断ったときで，その場合には（H）ということになります。本人が申告してくれて「これは漫画のなかでありそうな話です」というふうに言ったら，そのときはじめて（H）とコードします。

　ですから，「女の人がいます。羽があります」と聞いただけで，普通女の人には羽がないから（H）だと考えてコードしたら間違いです。受検者は，そうは言っていなくて，あくまでも「女の人」と反応しているのであれば，反応内容はHです。そして，女の人と羽との組みあわせのおかしさを，講義9で学ぶ特殊スコアのINCOM（Incongruous Combination：不調和な結合）でコードします。あくまでも受検者の見たものを説明してもらって言われた通りにコードするのが正解です。ですから図版ⅡのD1に「ブタに羽がある」という反応であれば，受検者がフィクションであると申告しない限り反応内容はAとなります。

An（Anatomy：解剖）

　Anは，骨格や筋肉や内臓の反応内容のことです。人間は皮膚でくるまれていますが，この皮膚を切り開いて見なければ見えないものがAnです。わざわざ開いてみなければ見えないものと考えてください。です

から，たとえば耳は外から見えるものですし，耳の穴もまだ見えるかもしれませんが，中耳や内耳となるともう見えなくなってしまいます。ですから内耳や中耳は An となります。歯も喉も舌も皮膚を切らなくても見えるものですから，そういうものは An ではありません。ほかにも髪や眉毛や肛門もすべて Hd となります。

Art（Art：芸術）

これは基本的に人目を引くように美しく飾り立てられていたり，わざわざ美しく仕立てあげられている芸術的な含みのある対象にコードします。すべての芸術作品はもとより，紋章やバッチ，旗などのシンボライズされた対象や，ネックレス，イヤリングなどの装飾品も Art です。「花瓶」だけであれば Hh としますので，「きれいなガラス細工でできた花瓶」であれば，「Hh, Art」とします。「モナリザの笑みの絵」などは絵ですから Art，描かれているのは人間の半身像ですから「Hd, Art」とします。「忠犬ハチ公の銅像」であれば，「A, Art」になります。図版 VII の「インディアンの羽」はよく見られますが，インディアンの通常の身づくろいの一環であれば，特別な羽飾りでないものは Cg（Clothing：衣服）とします。

Ay（Anthropology：人類学）

Ay は，"far away, long ago" と考えるのがわかりやすいのですが，far away というのは，どこか遠くの地域にはあるという意味で，long ago というのは，歴史的にはるか過去にはあったかもしれないけれど今はないという意味です。ですから，図版 VIII の尖ったところで「こういうふ

うに日本刀があります」と言った場合，これは歴史的なものだから Ay にするかというと少し違います。日本刀は現代でも見かけられるものでしょうから Sc（Science：科学）とします。

　ですが，図版 IV について「マンモスの顔」と言った場合，これは動物の部分ですから Ad とコードします。ただし，ただの動物ではなくて過去に絶滅して現存しないものですから Ay も付けたほうがいいと思います。ここでは見たものは 1 つですけれど，コードとしては「Ad, Ay」とします。この Ay と先ほどの Art は仲間です。講義 10 で説明する AB（Abstract Content：抽象的内容）という特殊スコアはスコアを 2 倍にしますが，これに Art と Ay を足したものを加えて「知性化指標（Intellectualization Index：2AB+(Art+Ay)）」を導きます。知性化という表現からも明らかなように，これらは情緒的なインパクトを思考によって緩和する防衛反応を示します。思考によって情緒や感情のインパクトを中和して自分にとって安全なものにするのが知性化の役割です。ですから，Art と Ay は二重にコードしないほうがいいと思います。たとえば，図版 III W で「エジプト時代の壁画です」という反応は絵なので Art であり，エジプト時代のものと言えば Ay も該当するでしょう。ですが「Art, Ay」としないで，どちらか一方だけをコードしてください。これは 1 つの反応から「知性化指標」に加重しすぎないようにするためです。Ay は過剰にコードされる傾向があります。たとえば，城というのがその典型ですが，図版 II などで「湖の遠くの向こうに城が建っています」という場合の城は Ay にしないほうがいいでしょう。たとえば「ガンジーの顔」や「天皇の顔」も Ay ではなくて，「キリスト」や「仏陀」となってはじめて「Hd, Ay」とするので，「民族衣装を着た……」とか「中国の……」というだけで Ay はコードしないようにします。

Bl（Blood：血液）

Blは，動物の血液も人間の血液も含みます。あらゆる意味で血液という反応が提示された場合にはBlとコードします。

Bt（Botany：植物）

Btは植物のことです。木，葉っぱ，花びら，球根などはすべてBtです。鳥の巣も植物でできていますのでBtとコードします。

Cg（Clothing：衣服）

Cgは，身にまとうものすべてのことです。図版IIIについて「靴を履いています」「ハンドバックをもっています」「カゴをもっています」という反応も，マフラーや帽子と同じように身に付けるものとしてCgとコードします。Cgはとくにコードしそこねないように注意が必要です。というのも，HVI（Hypervigilance Index：警戒心過剰指標）というものがあって，これは警戒心が強い人を表わす特殊指標なのですが，HVIのチェック項目として，Cgが3つより多いことが条件となっているからです（本書・付録III「C-5」および『ロールシャッハ・テスト』198ページ参照）。王冠や冠などは「Cg, Art」としたり，ヘルメットや鎧かぶとなども「Cg, Sc」とします。

講義8　反応内容・平凡反応　203

Cl（Clouds：雲）

　Cl は雲です。霧や霞は Cl ではなくて Na（Nature：自然）とコードします。

Ex（Explosion：爆発）

　Ex は爆発のことで，火山の爆発やロケットの噴射のようなものも Ex に含まれます。図版 X で「花火」という反応がありますが，これも Ex とコードします。

Fi（Fire：火）

　Fi は火のことですが，"火のないところに煙は立たない"と覚えていただくといいでしょう。ここには火と煙の反応が含まれます。また図版 III の D2 の「火の玉」という反応も Fi とします。

Fd（Food：食物）

　Fd はとても大事なコードのひとつです。Fd 反応が 1 個あるかないかは解釈に影響します。これは，人間が食べる対象とするものすべてを含みます。たとえば，「ナスです」「レタスやニンジンに見えます」は Fd とします。たしかにナスの花を愛でるということもありますが，ナスは鑑賞するというより食べる対象であるほうが一般的です。
　Fd かどうかの区別が難しいのは，エビやカニのような甲殻類や海草

などの反応の場合です。図版 II の D3 や図版 IX の D3 のとくに赤い部分に「カニ」や「エビ」と言われただけでは、食べ物としてのエビなのか生き物としてのエビなのかを判断するのは難しいことです。たとえば「カニ」と答えた場合、「これが全体カニの甲羅で、ちょうどこのあたりにミソがあります」と説明してくれたり、「甘エビのようです」のように言えば、それは食べる対象ということがわかります。食べ物か生き物かの区別は、テストが終了して受検者本人がいなくなってしまうと確かめられないので、「カニ」や「エビ」のようにシンプルな回答しかなくて、どちらかわからない場合は、「カニと言ってくれましたが、最初にこの図版を見たときに、そのカニは生き物のカニを見られていたのでしょうか、食材としてのカニだったのでしょうか」と確かめてください。もちろん、「カニが横歩きしています」というように明らかに生き物とわかる場合は、A とコードできますので確認の必要はありません。同じことは、海草やワカメなどにも言えます。海の植物として Bt をコードするか、食べ物として報告されたのかわからないときには、先のエビやカニの例と同じように「最初にこの図版を見たときにワカメを見たのは、それは海の植物としてのワカメでしたか、食材としてのワカメでしたか」と確認することをおすすめします。この介入は、受検者に教えてもらわなければ確認できないので行ないますが、必ず、(1) 最初に見たときに、(2) 生き物（植物）だったか食べ物だったか、という 2 つの選択肢を提供して確かめてください。「食べ物ですか」などと乱暴に質問しないようにお願いします。

　また、動物がその種にとって自然に餌とする対象も Fd とします。たとえば図版 VIII で「2 頭の動物が、真ん中の獲物を襲って、食べているみたい」と言ったとすると、この動物にとっての獲物は Fd としてコードします。ただし、「クマが手を伸ばして木の実でも採っているようで

す」と言っていても，木の実が図版上に見えなければFdはコードしません。

Fdについては包括システムで重要な解釈仮説があります。それは，成熟した大人にはFdの反応が出現しないというものです。あるとすれば外拡型の成人です。外拡型の人は色に反応するので，Fdも知覚されやすいようです。自分より未熟なものを庇護したり養育したりすることができる心理的なポジションにいるものを大人と定義すると，大人のプロトコルにFdが出てくるということは，誰かが自分自身を庇護してくれて，面倒を見てほしい，という対人希求をしていることを意味します。ですから，ある反応がFdなのかそうでないのかを明確にコードしわけることが，解釈にとって重要なのです。

Ge（Geography：地理）

Geは特定・不特定の地図を指します。四国，半島，世界地図などです。

Hh（Household：家財道具）

Hhは家財道具全般のことを指します。一般に家のなかにあるもの，ベッド，机，イス，ランプ，食器，そういった屋内の調度品をまとめてHhとコードします。ただし，動物の皮の敷物は「Ad, Hh」とします。

Ls（Landscape：地景）とNa（Nature：自然）

Lsは，山や崖や洞窟，掘れば出てくる石炭や岩や石，丘や砂丘，そして海からの眺望という意味の海景，島などが含まれます。これらのも

のはすべて地続きで地景を形成しています（図8-1）。

　一方，太陽や月や惑星のような天体，虹や霧や闇，空，そして海や波，また空から降ってくる雨や雪のようなもの，さらにそれらが溜まってできる川や湖や池，これらは天空海からの働きかけという意味で，Naと定義します（図8-2）。水に関する対象はすべてNaに属します。南極の氷や氷山もNaです。

LsとNaと孤立指標

　このように似ているところの多いNaとLsを区別するのは，このコードが孤立指標（Isolation Index）に関わってくるためです。孤立指標は「Bt+2Cl+Ge+Ls+2Na」を反応の数で割ることで導かれるものです。まず第1段階として，この指標が0.24より大きくなると，その受検者は人々とのつながりが薄くなっているのではないかと心配します。第2段階として，0.33つまり3分の1より大きくなるとさらに注意が必要でしょう。人間はたいへん社会的な生き物ですから，この指標が高くなると，人々からサポートをもらえていないことになります。あるいは，等身大の自分をわかってくれたり受けとめてくれたりする対象を欠いている可能性を示します。

　これらNaとLsとBtは1つの反応に一緒に反応内容として含まれることが多いものです。『ロールシャッハ・テスト』160ページに「複数の反応内容のコーディング」というところがありますが，ここにNaとBtとLsに関してルールがあります。「Naはつねにbtやlsよりも優先し，Naと，BtあるいはLsを同時に含む反応の場合は，Naのみをスコアする」と説明されています。「四足動物が岩場（Ls）に足を掛けて，藪（Bt）に向かって歩いていくのが水辺（Na）に映っています」という反

講義8　反応内容・平凡反応　　207

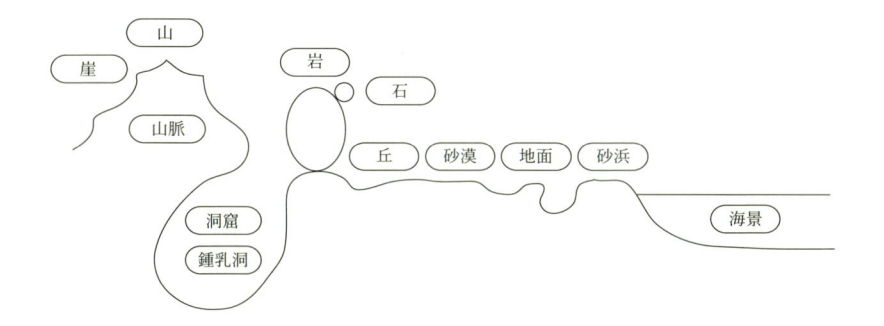

図 8-1　Ls（Landscape：地景）

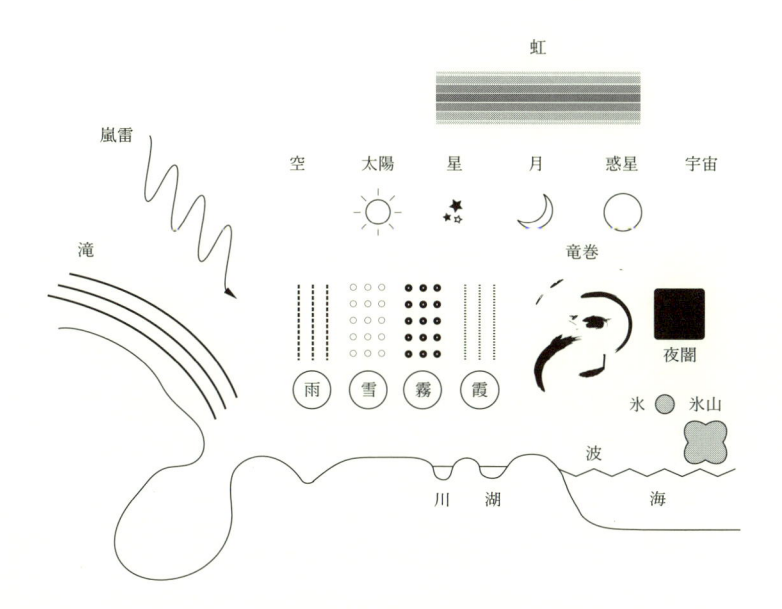

図 8-2　Na（Nature：自然）

応の場合は，反応内容は Na だけとして，四足動物という A と Na だけをコードします。このようなルールを定めるのは，孤立指標に加重しすぎないようにするためです。つまり1つの反応で，Na を 2 倍するので 2 点，Bt と Ls があるので 2 点，合計で 4 点とならないようにするためです。

　実は，孤立指標に加重しすぎないようにするためのルールがもう 1 つあって，「反応のなかに Na がなく，Bt と Ls の両方がある場合は，2 つのうちどちらか一方だけをコードする」と説明されています。Bt と Ls についてはどちらも 1 ポイントですから好きなほうをコードしてかまわないということです。たとえば，図版 VI で「この下が地面で，地面から植物の双葉，芽が出ています」という反応の場合，地面は Ls で，芽を出している植物は Bt ですが，そのどちらをコードしてもいいということです。

Sc（Science：科学）

　Sc はもともと，science fiction という意味の SF に関係するものだったのですが，今やほとんどゴミ箱のように雑多なものを Sc とコードするようになりました。つまり，「工場などで人間が人工的につくるものや産出するもの全般」を Sc とコードします。特に楽器という反応が図版 VI などでよく見られますが，やはり楽器も人工的につくったものとして Sc に含めますし，コマやブーメランやおもちゃ，Hh とは言い切れないようなものを，Sc とコードします。さらに，ビルや塔や家や城のような建造物も Sc に含めます。

Sx（Sex：性）

　Sx は，女性器，男性器，性行為そのもののことです。『ロールシャッハ・テスト』162 ページの表には「乳房（人間の性別を同定するために用いる場合を除く）」と書いてありますが，これは図版 III で「これが女の人に見えます，ここに胸があって」という場合の「胸」は，つまり「これが女性だと言ったのは，胸があるからです」ということ以上の特別な性的な関心を示すものではありませんから，Sx はコードしません。おしりでも同じことです。「ここが頭で，ここがおしりで……」のように単に人のフォルムを説明する途中におしりが入ってきたとしても，それがとりわけ性的な興味・関心でなければ Sx とはコードしません。

　また，Sx は必ず「Hd, Sx」や，動物であれば「Ad, Sx」，あるいは「H, Sx」や「A, Sx」と二次的にあとづけでコードします。

Xy（X-ray：エックス線写真）

　Xy は，もともとレントゲン写真のことを指していました。「エックス線写真の反応」と限定されていますが，現在では MRI のような断面写真や，外から画像にして人体内部を撮影する画像全般を Xy とします。

　Xy と An は，構造一覧表の右下の自己知覚のクラスターのなかに一組になって表示されています。仲間として解釈していきますので，「胃のレントゲン写真」という場合は，「胃」が An で，レントゲン写真は「Xy」となりますが，両方をコードせずに Xy のみコードしてください。

Id（Idiographic：個性記述的反応）

これまで挙げた反応内容のカテゴリーにあてはまらない内容の場合は，この Id を用います。『ロールシャッハ・テスト』160 ページに，「珍しい反応内容」として解説があるので参照してください。

平凡反応（Popular Responses : P）

平凡反応は，『ロールシャッハ・テスト』163 ページにリストがありますが，全部で 13 個用意されています。ヘルマン・ロールシャッハの基準に従って，33.3% の出現率であること，つまり 3 回に 1 回の割合で，ある図版の同じ領域で同じ反応が見られたものを P としています。33.3% というと相当高いもので，多くの人たちに見られやすい知覚です。講義 7 で形態水準の説明をしたときの o の定義は，9,500 のプロトコルで 2% 以上であればよかったわけですから，33.3% がいかに高い割合かがわかると思います。

13 の平凡反応

13 個の平凡反応のリストが『ロールシャッハ・テスト』163 ページの表 8.3 に載っています。図版 I の W 領域での「コウモリ」あるいは「チョウ」は，正位置で見られなければいけません。図版 II は D1 領域の黒いところが「クマ」に見えますが，クマの全身でも頭部だけでも P となります。図版 III は D1 または D9 領域で人間ですが，D1 領域で人

間を見た場合には例外ルールがあって，D7 または Dd31 が人間の一部ではないことを条件として，D1 が 2 人の人間に見えると P になります。図版 IV は，全体でも D7 領域だけでもいいのですが，人間や人間に類似したもの，たとえば巨人やモンスターのような SF の世界の想像上の生物，最近ではゲームのキャラクターみたいなものも含まれます。図版 V は W 領域で「コウモリ」「チョウ」に見えるもので，これも反応にあたって全体を使っていることと，それぞれ D6 領域が頭であることが条件です。図版 VI は，D1 領域だけでも全体でも，動物の毛皮や敷皮に見える場合です。図版 VII は，D9 が人間の顔に見える，というものです。D9 領域が人間の顔に見えている限り，その対象が D1 や D2 や Dd22 の領域あるいは W で 2 人の人の反応は P となります。図版 VIII は，両脇に見える四足動物が P ですが，これが爬虫類になると u となって P とはなりません。図版 IX は，D3 領域が魔女や魔法使いなどの人間のようなものに見える場合です。最後の図版 X は D1 領域が「クモ」「カニ」に見えるというものです。

平凡反応──比較研究から明かされる出現率

次に『ロールシャッハ・テスト』163 ページの表 8.3 の「非患者群」というところに注目してください。このデータを見るとわかるように，P のなかで出現頻度の最も高い P 反応は図版 VIII の D1 であることが「非患者群」94% というデータからわかります。同時に統合失調症以外の「患者群」でも 10 人に 9 人は図版 VIII の両脇に動物を見るわけです。図版 VIII で急にパステルカラーが施された図版になったときに，ここの両脇に四足動物を見つけることができるということは，共通のものの見方ができるかどうかのスクリーニングとしてとても重要です。

表 8-2 を見ていただくと，ノーマル・データのなかの P を検索した結果が提示されています。「日本」とあるのが包括システムを使って日本人に施行したときの結果，その隣にエクスナーによる調査結果，さらに隣に 1997 年のスペインでの調査結果が掲載されています。ここで見ていただきたいのは，図版 I のチョウが日本では 22% で 33.3% を超えていないという点です。同じ傾向は，スペインでも見られますが，21% にとどまっています。これに関しては，図版 I ではチョウよりも多く反応される傾向があるのは，正面向きの動物やオニや仮面などの WS の顔反応ではないかとの手ごたえを感じています。それから図版 II の W で「2 人の人」は日本の結果だけが 38% で，日本における P となります。

なぜこのようにローカル・データを参照するかというと，文化差が最も色濃く出てくるのが P と形態水準だからです。

図版 III の人間像はいずれのデータでもかなり共通しています。図版 IV も同様の結果です。図版 V については，日本はチョウが 61% とかなり多くなっています。図版 VI では楽器が 35% で 3 分の 1 以上になっていますが，これは国際的にも「なぜ日本人は図版 VI に楽器を見るのか」ということに関心が寄せられました。これに対する仮説として，図版 II も図版 VI も W 領域での P 反応ですので，日本人には W でものを見る傾向があり，全体で反応しようとするために頻度が上がったのではないかと思われます。

図版 III の人間像も図版 VIII の動物も，日本もスペインもほぼ 85% とかなりの比率を占めています。

ポルトガル，日本，フィンランド，アメリカ，スペインのデータを比較した研究（表 8-3）が 2005 年に発表されましたが，このように 5 カ国を比較すると，日本は他のどの地域よりもアメリカとほぼ同じデータになっていることがわかります。これらの比較研究からは，P というの

表 8-2　日本人成人 450 名における P 反応 ―― 米国およびスペインのデータと比較して *

図版	領域	反応	日本 1999 N=450	アメリカ 1995 N=700	スペイン 1997 N=470
I	W	コウモリ	○ (42%)	○ (48%)	○ (33%)
I	W	チョウ	× (22%)	○ (40%)	× (21%)
II	D1	動物	○ (39%)	○ (34%)	○ (37%)
II	W	2 人の人	○ (38%)	×	×
III	D1 or D9	人間像	○ (85%)	○ (89%)	○ (83%)
IV	W or D7	人間像	○ (37%)	○ (53%)	○ (36%)
V	W	コウモリ	○ (37%)	○ (36%)	○ (50%)
V	W	チョウ	○ (61%)	○ (46%)	○ (38%)
VI	W or D1	動物の毛皮	○ (39%)	○ (87%)	○ (33%)
VI	W	楽器	○ (35%)	×	×
VII	D9	人間の頭か顔	○ (62%)	○ (59%)	○ (41%)
VIII	D1	動物	○ (84%)	○ (94%)	○ (85%)
IX	D3	人間像	× (6%)	○ (54%)	×
X	D1	クモ	× (13%)	○ (42%)	× (19%)
X	D1	カニ	× (8%)	○ (37%)	× (19%)

○ = P 反応の基準に達した反応
× = P 反応の基準に達しなかった反応
カッコ内は出現頻度

* 出典＝津川律子・渕上康彦・中村紀子・西尾博行・高橋依子・高橋雅春 (2008)「包括システムによるロールシャッハ・テストの平凡反応」『心理臨床学研究』第 18 巻第 5 号, pp.445-453 より抜粋・一部改変

表 8-3　ポルトガルの非患者 309 名の平凡反応の日本，フィンランド，アメリカ，スペインとの比較 [*]

図版	領域	反応	ポルトガル 1999 N=350	日本 1999 N=450	フィンランド 1993 N=357	アメリカ 1995 N=700	スペイン 1997 N=470
I	W	コウモリ	49%	48%	59%	48%	33%
	W	チョウ	38%	22%	25%	40%	21%
II	D1	動物	26%	39%	43%	34%	37%
	W	2人の人		38%	32%		
III	D1, D9	人間像	78%	85%	98%	89%	83%
IV	W, D7	人間像	28%	37%	30%	53%	36%
V	W	コウモリ	47%	37%	68%	36%	50%
	W	チョウ	34%	61%	16%	46%	38%
VI	W, D1	動物の毛皮	44%	39%	59%	87%	33%
	W	楽器		35%			
VII	D9	人間の頭	41%	62%	21%	59%	41%
VIII	D1	動物	83%	84%	90%	94%	85%
IX	D3	人間像	4%	6%	4%	54%	
X	D1	クモ	16%	13%	24%	42%	19%
	D1	カニ	18%	8%	8%	37%	19%

☐ = P 反応の基準に達した反応
▨ = P 反応の基準に達しなかった反応
カッコ内は出現頻度

[*] Antonio Pires, *XVIII International Congress of Rorschach and Projective Methods*, Bacelona, 2005（2005 年国際ロールシャッハおよび投映法学会第 18 回バルセロナ大会）

がいかに地域・文化圏によって異なるのかがわかりますが，だからこそ地域・文化圏ごとにPを修正して使う必要があるのだと思っています。

　興味深いことに，これほど平凡反応に文化差が現われるにもかかわらず，インターナショナル・データの平凡反応の平均は 5.36 で（付録I・表1），日本人データの平均は 5.43 となっています（付録I・表2）。

講義 9

特殊スコア I
逸脱言語表現と不適切な結合

Nineth Lesson
Special Scores I : Deviant Verbalizations & Inappropriate Combinations

特殊スコア (Special Scores)

3本柱と特殊スコアの前後関係

　ロールシャッハ・テストの3本柱の説明が終わりました。次に特殊スコア（Special Scores）を説明していきます。

　3本柱は検査者と受検者の2人で検査を進めているときに，受検者が検査の場で見えていたことを忠実に聞き届けてロールシャッハのコードにしていく同時通訳の作業のようなものですから，「そのとき，そこで」，受検者と同じように図版が見えることが大事でした。

　反対に特殊スコアはある程度事後的に検査者が付け加えていけるものです。これから学ぶのは，15種類の特殊スコアです。包括システムでは，かつては解釈する人が質的に取り上げて解釈していた言葉や言い回しや思考の逸脱を，コード化して量的に把握し，解釈でももらさず取り上

表 9-1　構造一覧表（特殊スコアのレベル１とレベル２の区別）

Special Scores		
	Lv1	Lv2
DV	=1x1	0x2
INC	=3x2	0x4
DR	=2x3	0x6
FAB	=2x4	0x7
ALOG	=1x5	
CON	=0x7	
Raw Sum6	=9	
Wgtd Sum6	=26	

AB	=0	GHR	=4
AG	=1	PHR	=1
COP	=1	MOR	=3
CP	=0	PER	=3
		PSV	=0

げていけるように工夫されています。

特殊スコアの概説

　特殊スコアにはまず「特異な言語表現（Unusual Verbalizations）」の６種類があります（表9-1）。逸脱言語表現（DV, DR），不適切な結合（INCOM, FABCOM, CONTAM），不適切な論理（ALOG）です。この６つは，鑑識力・鑑別力のある特殊スコアと位置づけられています。ここでいう鑑識力・鑑別力とは，逸脱した思考を見極めるという意味です。これに加えて９つの特殊スコアがありますので，合わせて15種類の特殊スコアを学んでいくことになります。

　さらに重要なことは，『ロールシャッハ・テスト』169 ページに「レ

ベル1とレベル2の区別」という項目があります（表9-1）。レベル1とは，日常会話であるがゆえにチェックをすりぬけてしまった，日常生活レベルで起こりうる言い間違いのことです。レベル1は，一般人にもよく見られる，深刻ではない勘違いや思い違いに等しいミスのことを指しています。

　レベル2は，一般的に機能している成人には見られない深刻な間違いです。それほどまでにレベル2は一線を越えています。そこまで間違わないだろう，それはあまりにも特殊だろう，というレベルまで踏み越えてしまったものをレベル2と分類します。『ロールシャッハ・テスト』170ページに「レベル1とレベル2の区別をする際には，年齢，教育レベル，文化的背景といったロールシャッハ以外の要因は**考慮しない**」とあります。これらの要素を特殊スコアをコードするときに考慮すると，受検者はかつての高等小学校しか出ていないからこのように言ったのではないか，バイリンガルだからこのように反応したのではないか，と考えるようになりますが，コードするときには，このような考慮はすべきではないということです。5歳の幼児でも85歳の高齢の受検者でも，他の事情は脇に措いて，特殊スコアがあるときには基準に従って忠実にコードします。まずはそのような手続きを踏んでおいてから，「この受検者の言葉の間違いの多さは，母語が日本語ではないからだ」とか，「5歳児なので言葉の使い間違いが多い」というように，一定の基準に従ってコードをしたうえで，あとから解釈をするときに考慮すればいいということです。

　この6つの特殊スコアは，それぞれレベル1とレベル2に分けられていて，逸脱の大きさによって重みづけが異なっています。重大な認知的混乱であればあるほど数値が大きくなっていきます。

逸脱言語表現（Deviant Verbalizations：DV, DR）

逸脱言語表現（Deviant Verbalization：DV）

　最初の特殊スコアは Deviant Verbalization の略語にあたる DV です。Deviant（逸脱）シリーズには DV と DR がありますが，先に DV から説明していきます。

　この DV は『ロールシャッハ・テスト』170 ページに書いてあるように Deviant Verbalization のことです。Deviant は，歪んだ，ひずんだ，逸脱した，という意味です。そして Verbalization は，言語化する，言葉にする，ということですから，何らかの**言葉の間違い**が DV ということになります。この DV には，造語（Neologism）と重複（Redundancy）の 2 種類があります。

(1) 造語（Neologism）

　「造語」というのは，正しい言葉を使わなかったり**正しく言わなかった**，ということです。170〜171 ページに例がありますが，英語原文のものを日本語に訳すとそれだけで奇妙なことになりますから，表 9-2 の DV の欄を見てください。正しく言わない，言葉を間違った，というのは，図版 IV で「日本画でよく見る岩とか木とかそんな感じです。"墨画（すみが）"かな」と言うような場合です。あとで調べてみると，水墨画や墨絵というのはありますが，"墨画（すみが）"というものはないらしい。ですから「そのくらい，いいじゃないか」と思うかもしれませんけれど，これは正しくない。その意味で，これを DV とします。

表 9-2　特殊スコア例

DV
* Ⅳ　日本画でよく岩とか木とかそんな感じで，墨画かな。
* Ⅶ　ウサギさんが2匹。耳が大きくて，2人お尻をくっつけている。
* Ⅶ　双子の双生児。
* Ⅸ　白の現代彫刻。ここにはいろんな色があるけれど私が見たのは真っ白な彫刻です。

DR
「何に見えるか」という本来の課題から外れていくもの。外れ方には3種類考えられる。
1) 不適切な一句を差し挟む例
* Ⅳ　バイ貝の頭。バイ貝を殻から引きずりだしたときのイメージ。ちょっとお腹が空いているせいかもしれません。
* Ⅲ　カニの一部。カニは足しか食べれないんでね。
2) 図版に対する反応に刺激され，自分の経験や連想が優位になり反応とともに話してしまう例
* Ⅵ　バースデーケーキ。一流ホテルのバースデーケーキ。近々結婚記念日を迎えるんだけど，私たち2人だけだったら，こんな豪華なケーキは贅沢かしらね。
* Ⅱ　ガーターベルトとストッキング。赤いストッキング（D2）と，黒い部分がガーターベルトにあたる。黒と赤と台紙の白において，色気を感じる
3) 過剰な修飾。反応に対する個人的な思いいれから不適切な修飾をする例
* Ⅴ　優雅で高貴なチョウ。
* Ⅶ　洋服がいっぱい入って太ったタンス。

INC
* Ⅰ　コウモリ。羽で，身体，ここが手。
* Ⅷ　赤いクマ。
* Ⅴ　羽を広げたチョウが立ってる。
* Ⅰ　頭のない女の人が手を上げて立ってる。
* Ⅸ　食虫植物。花が牙を伸ばして，虫なり餌をねらっている。これが葉っぱ。

INC2
* Ⅴ　チョウ。羽の先がザリガニの手みたいに，こう（指でジェスチャー）なってる。
* Ⅰ　カエルに，手が2本普通にあるけど，足が後ろに4本ついてる。
* Ⅳ　毛むくじゃらの大男。全身が毛むくじゃらで，ペニスまでも毛むくじゃら。
* Ⅰ　目の4つあるイヌの顔。

FAB
* Ⅹ　この2つがカニに見えて，屋根を支える棒をもちあげてる。
* Ⅲ　2人の男の子がコーヒーカップで遊んでて，ウサギが頑張れ頑張れってはやしてる。

表 9-2 つづき

FAB2
* Ⅷ これが生きてる内臓（D2）で，そこからモグラが生まれてて（D1），その間でチョウとカマキリが戦っていて，カマキリがチョウの頭を食べてる。
* Ⅱ 辛そうな人が血を流して拝んでいる。手，顔，身体，心臓が破れて周りが赤い血で染まってる。

ALOG
* Ⅲ 2人の人が肺を引きさいている。彼らは料理人に違いない。（料理人？）そう，いったいほかに誰が肺を引きさくというんだ。

PER
自分の反応を説明するために，自分の経験，知識を持ち出してそれを正当化し説得しようとする。
* Ⅸ 色のついたレントゲン写真。さっき病院に寄って見てきた。
* Ⅶ 鳥の唐揚げ。昨日食べたけどこんなだった。
* Ⅰ 真ん中に人の身体があって，羽もあって，イカルスのよう。イカルスについて習っているので，これを見ると思い出します。羽も絵で見たようについていて，広げて飛び立とうとしています。

MOR
損傷反応のダメージ，傷つき感には3種類ある。
1) 内外の境界が破れて，もとの形をなくすとか，なかが外へ出てしまう，ズタズタ反応。
 * Ⅵ 動物がひかれてペッチャンコになって，内臓が飛び出している。
 * Ⅴ 横にすると，首を切られた人間の死体が紐でつるされて，風に揺れている。
2) 内外の境界は破られていなくとも，形態や輪郭の歪み，ねじれ，奇形など。
 * Ⅷ リンゴを半分に切った切り口。このへんが芯に見えた。
 * Ⅳ 葉っぱ。落ち葉みたい。ところどころ切れちゃって穴が開いてて，秋になって枯れた葉みたい。
 * Ⅹ さくらんぼの種だけを上手に残して食べたあと（D3）。
 * Ⅴ 形がいびつなガ。触角で胴，羽がかなりいびつです。
3) 不幸や病気悲しみを語るもの。
 * Ⅶ 尖った刺さるような痛み，このギザギザが刺さるような尖った痛みを感じさせる。
 * Ⅹ 色の重なっているところはいかにも打ち身や内出血のよう。
 * Ⅶ ペトちゃん，ドクちゃんのようなシャム双生児，ここでくっついている。
 * Ⅳ 深い森のなかに，さみしそうにたった1本立っている古い木。

表 9-2 つづき

CP
- ＊Ⅵ　トーテムポール。きれいに赤や黄色に彩られている（赤や黄色？）。この色の薄いのが黄色で真ん中の濃いのが真紅に見えたのです。
- ＊Ⅳ　茶色い地面。全体が勝手に色を付けて見たんですが，茶色い地面に見えた。

AB
- ＊Ⅸ　これは煩悩です。色の感じやこの形がいかにも人間の煩悩のように見えました。(M, Hx)
- ＊Ⅲ　2人（D9）の心が通いあって，思いも通じている。魂（D2），心（D3）かな。赤を暖かいものと見ると，心も魂も暖かくなっていて，通じあっている。

　それから「ウサギさんが2匹」という言い方。これも，ウサギは2匹と数えないで2羽と数えるのが正しい。同じように，「クマが2匹」と言いながらも「2人で鼻を合わせているみたい」というのは，大人でもときどき混乱して言うことがありますが，こういうのが正しくないということです。"墨画"は造語とも言えます。水墨画か墨絵と正しく言えなかったということですから，DV とします。

　就学前の子どもは，大人の言うことを聞きかじって，新しい言葉を使いこなせずに，正しく話せないという現象が見られます。たとえば，「エレベーター」を「エベレーター」と言ったり，「やじるし」が言えなくて「やるじし」と言ったり，「やもり」のことを「てもり」と言ったり，「バンソーコー」のつもりで「ハンコーキー」などと言うのも，すべてが DV です。このように正しく言葉を使わない，あるいは自分では意味をもっていると思って使っている造語は，すべて DV に分類されます。

(2) 重複（Redundancy）

　もう1つは重複です。重複というのは，「反応として述べた対象につ

いて，その性質を重複して説明する」と説明されています。これは，同じ意味の表現を繰り返してしまうということです。『ロールシャッハ・テスト』171ページの例に「死んでいる死体」というのがありますが，これは「死体」という言葉がすでに「死んでいる」ことを意味しているのに，「"死んでいる"死体」と表現するということは，「死んでいる，死んでいる」と重複することになります。表9-2の「双子の双生児」も同じ意味の表現を重複させています。ただ，そのぐらいのミスは誰でもしてしまいそうです。ですから，すべてレベル1（DV1）です。そしてレベル1のときにはDVとだけ記して数字の1を入れない習慣があります。

　『ロールシャッハ・テスト』171ページには，レベル2のところに「3人トリオ」という例があります。"trio of three" という表現ですが，"trio" には "tri-" という3を意味する表現が含まれているわけですから，これは「3の3」という表現になってしまいます。日本語で聞くとあまり変に聞こえないかもしれませんが，英語圏の人にしてみると，あまりに妙な表現なので，レベル2（DV2）になっています。ただし日本語の特徴として，数がものすごく曖昧で，数にあまり頓着しないものですから，日本語でロールシャッハ・テストを施行するにあたっては，このレベル2はまったく参考にならないでしょう。

　DVでレベル2というのは日常的にあまり出てこないものですが，例を挙げると，図版VIIの空白のところを「空虚真空」という反応があって，説明では「空っぽで何もないということ」ということでした。空虚は人間が心情として感じるもので，真空は酸素がない状態ですから，「空虚真空」はレベル2だろうと思います。統合失調症の人たちは，ときどきこういう興味深い造語を使うことがありますが，一般にDVはレベル1のほうが多いと思います。

DVが出てくると、レベル1ならば1点、レベル2ならば2点と重みづけをします。最終的に全部の合計点数が高くなればなるほど認知的混乱が大きかったということになるわけです。少なければ少ないほど思考の逸脱がなかったということになります。

逸脱反応（Deviant Response : DR）

言葉の逸脱や間違いではなく、反応が逸脱するものをDRとコードします。DRの定義は、図版に何が見えたかを説明するという本来の課題から外れていく現象のことです。表9-2でDRの外れ方には3つあると書いてありますので、順に説明します。

(1) 不適切な説明（Inappropriate Phrases）

第1の外れ方は、「不適切な説明」、つまり不要な一句を挿し挟むということです。「誰もそんなこと聞いてないよ」ということを自発的に言うのです。たとえば図版IVを見て「バイ貝を殻から引きずりだしたときのイメージ」という反応に「ちょっとお腹が空いているせいかもしれません」と加えるのは、不要な一句です。見たものはバイ貝で、殻から引きずりだした中身と説明したまではいいのですが、お腹が空いているかどうかは語ってくれる必要はないので、そこがDRとなります。「外れる」というのはそういうことです。自分が反応したあとに、自分に連想が起こってくる。「バイ貝といえば、自分は好きだし、あ、ちょっと食べたいなと思ってるのかな。お腹が空いているせいかもしれません」というように連想が起こって反応と一緒に話してしまうものです。『ロールシャッハ・テスト』172ページの例を見てください。「イヌです」という反応のあとに続く「父はどうしてもイヌを飼わせてくれなかったん

です」は、父の対応について語ってしまっていて、図版に見たイヌを説明すればいいのに、「犬といえば父が……」と連想が起こって話してしまっています。そんなことは誰も聞いていないということですから DR となります。

　ただし、見ている本人が好きとか嫌いとかいうのは、DR と取らないでおきます。たとえば、ネコを見て「私、ネコ好きなんです」とか、図版 VIII のシャーベットやアイスクリームを見て「私、アイスクリームに目がないんです。大好きなんです」と言っても、それは見ている本人の感想とか、本人自身の好みを言っていると考えられるので、DR とはコードしないでおきます。ただし、図版 IV の D4 領域にヘビを見て「これ、ヘビです」と反応して「うちの母はヘビを見ると泡を吹いて倒れるんですよ！」と言ったら DR をコードします。図版を見ている本人以外の人、たとえば父や母が出てきたり、兄弟姉妹や、子どもが出てきたりすると、図版に何を見たかの説明とは直接関係のないことですから、DR をコードします。

(2) 状況流動反応 (Circumstantial Responses)

　第 2 の外れ方は、「状況流動反応」です。これは、図版に対する自分の反応に刺激されて、自分の経験や連想が思い起こされて、それが優位になって、反応とともに場当たり的に出てきてしまうものです。

　図版 VI を「バースデーケーキ」と言った御夫人が、「バースデーケーキというのを教えてください」と聞かれて、「一流ホテルのバースデーケーキ。近々結婚記念日を迎えるんだけど、私たち 2 人だけだったらこんな豪華なケーキは贅沢かしらね」と言いました。最初の反応は「バースデーケーキ」で、それが「一流ホテルのバースデーケーキ」と説明するところまでは、ケーキを説明しているのですが、「私たちの結婚記念

日」という連想が起こってきて話しだしてしまった時点で、焦点づけが緩んだことになります。焦点づけの緩さと、場合によっては自分に起こってくる感情のコントロールの緩みが、思考に影響を与えて場当たり的に話が流れて出てきてしまうと考えられます。

　図版からフッと離れてしまって、「それは図版のどこにあることなの？」と聞いても定かではない、図版にないことをしゃべっているだけの反応がDRです。

(3) 過剰な修飾 (Over Elaboration)

　第3の外れ方は、実は『ロールシャッハ・テスト』に説明がありません。これは「過剰な修飾」と言われているものです。これは、反応に対する個人的な思い入れから不適切な修飾をしてしまう場合のことです。概念としてわかっていたほうが便利なので加えておきます。これは、図版Ⅶ Wで「洋服がいっぱい入って太ったタンス」という反応などがそれです。洋服がいっぱいに入ってパンパンになっていて太っている、というのは詩的ですけれども、「タンスが太っている」とは言わないものです。このように受検者の思い入れから、そぐわない修飾をしてしまうときにDRとコードします。また、「優雅で高貴なチョウ」という反応がありますが、高貴というのはおそらく本来人柄を指すものだと思います。ですから、チョウが高貴だというのは、チョウを修飾するのには合わないので、これもDRとなります。

　「過剰な装飾」は、受検者にとって最も身近で、その人の頭のなかや気持ちをいっぱいに占めている連想が言葉になって、ミスマッチな形で出てくる反応のことです。DRという現象は思考にも影響を与えていますが、もともとは感情のコントロールの失敗が根底にあるという意味で、6つの特殊スコアのなかの残りの5つとはちょっと違います。ですから、

結果的には思考，言葉，概念に影響を与えていますが，もともとは感情のコントロール，認知の焦点づけの緩み，そういったものが DR の特徴だと考えてください。

DR のレベル 2

　DR のレベル 2 は，どんどん図版から離れていく現象をコードします。『ロールシャッハ・テスト』172 ページの反応の例には，「ある種の植物。でも，これを見た人は未だかつて 1 人もいませんね」や「鳥。でも，見たいと思っていたのはチョウなんです」が DR2 となっています。図版に見えるものの説明よりも，図版の手がかりから離れて，自分の内的現実のほうが優位になってしまう場合です。『ロールシャッハ・テスト』の 173 ページには状況流動反応の DR2 の例が示されています。「水に浮いた油，それからゴミ。ただもうゴミだらけ。不道徳な人が投棄した，すごく汚らしいもので一杯。人間って本当に汚らわしいから，そういう人は殺しちゃうか，自分たちが捨てたゴミのなかに放りこんじゃうことにする法律を作るべきです」。これは，自分のゴミの反応にどんどん自分で反応していって，「不道徳な人→そういう人は殺す→法律を作る」と，一段階ならず何段階も話題が進展していって，ゴミから始まった反応は法律の話にまで流れていきました。このようにすぐに止まらないで，いくらでも段階的にホップ・ステップ・ジャンプして話が展開していく場合を DR2 とします。

不適切な結合（Inappropriate Combinations）

　次が，『ロールシャッハ・テスト』173〜175ページにあるINCOMとFABCOMですが，これを説明します。これは結合の問題です。

不調和な結合（Incongruous Combination : INCOM）

　INCOMは「インコム」と読みますが，これは，ある1つの**対象**にありえない**特徴**や**動き**が**付与**されている反応と定義されています。要は組み合わせのおかしさということですが，どのようにおかしいのかというと，たとえば図版Ⅷで「これは赤いクマです」と言う場合です。赤いクマはいないのに，クマという1つの対象のなかにそれには合わない赤い色を入れてしまっているので，これをINCOMとします。それから図版Ⅷの両脇の「魚が立っています」では，「魚」に，「立つ」という合わない動きを入れているので，INCOMになります。また「これは人間の顔です」と言っているのに「角があります」と言うと，人間の顔に角はないのでINCOMです。

　この定義のすぐあとに，「対象が漫画のなかのものであればINCOMは付けない」と書いてあります。たとえば，「漫画のなかの赤いカタツムリ」という反応があったとき，それが漫画のなかの対象であれば（A）となりますので，比較的非現実的なことが許されるわけです。それからSF映画の場合も，普通の人間と一緒に象の顔をした人間もどきの人がいたりとか，変わった対象がなんでもありという感じでそろっています。そういうSF映画のキャラクターであれば，角が生えていても，スー

パーマンのように空を飛んでいても，INCOM を付けません。漫画や神話に出てくる天使のような，もともと非現実的な対象であれば，コードは（H）（A）（Hd）（Ad）となり，それは例外ということになります。

ただし，次に見る FABCOM もそうですけれど，いくら漫画のなかのキャラクターでも逸脱度が大きいときにはコードすることがあります。それは FABCOM のところで詳しく説明します。

INCOM のレベル 1 とレベル 2

典型的な INCOM は，『ロールシャッハ・テスト』174 ページにある「ネコの顔。笑っている」というものです。ネコは笑うかというと，ネコ好きの人はネコも笑うと言いますが，一般にネコは人間と同じようには笑わないので，合わない動きを入れたという意味で INCOM のレベル 1 になります。そして「頭が 2 つある人」というのが INCOM のレベル 2 になっていますが，頭が 2 つある人間はとても考えられないからです。

それから，INCOM のレベル 2 の代表例として参考できるのは，「ニワトリの頭をした女性」という例です。どの例でもいいですけれど，こういうものがレベル 2 なんだという自分の基準をおもちになるといいと思います。なぜなら，レベル 2 を付けるのは実際難しいからです。日常風景にあまりにそぐわないもの，たとえば電車で向かい側に座っているのが「ニワトリの頭をした女性」だということになると，そういうこともある，とはちょっと思えない事態ですから，それがレベル 2 ということになります。ある日あるとき道を歩いていて，そういったものに遭遇したときに，自分の現実感覚が失われるようなことになれば，それはレベル 2 とコードします。それに対して，ネコが笑っていたような気がするけど，今見たものは何だったんだろうと，今日は昨日の酔いが残っているのかな，ちょっと疲れているのかな，ぐらいでやりすごせるもので

あるとすれば，それはレベル1ということになります。

　私が学びはじめた頃は，映画や漫画だったらどうだろうと考えてみて許容される範囲であればレベル1という基準を用いていましたが，今は映画や漫画が過激になってきているものですから，現実感覚の基準が変わってきています。ですから，日常風景を想定してやりすごせないくらい仰天するリアクションが自分のなかに起こってくるかどうかを基準にして，レベル1とレベル2を区別するのが基本です。『ロールシャッハ・テスト』173ページに「レベル1とレベル2は，反応の奇妙さをもとに分けられる」とあります。つまり，ある反応についてレベル2の基準を満たすかどうか迷いが生じるようなときは，むしろ無難な選択としてレベル1と付けたほうがいいということです。

　先ほどの表9-2を見てください。レベル1のところでは，INCOMにコウモリの例が出されていて「羽で，身体，ここが手」という反応があります。これはよく見られる反応です。ですが実は手というのは，解剖学的にいうとコウモリにはなくて，羽の先から出ているのは爪にあたるもののようです。しかし，私たちはそんなことまで知らないで「手」と言ってしまいます。図版VIの動物の毛皮についても，「ここが手で足で」というように「手」と言ってしまいます。図版VIIIの動物についても，やはり「手」というふうに言われることがあります。四足動物というぐらいですから四肢のはずで，手というのは正しくは前足や後足です。ですから手という反応は間違っているので，正しく言わなかったという意味でDVなのかもしれません。実際「動物が見えます，ここが手で，ここが足」と反応では言いながら，「これが前足ですよね，そしてここが後足で，これが尻尾だとすると1本後足がないな」というように，質問段階では自分で修正することもあります。そのような場合には，最初に手や足と言ったのは言い間違いで，これはDVだったとはっきりわ

かることもありますが，確認できない場合は INCOM とコードしておきます。

作話的結合（Fabulized Combination : FABCOM）

　FABCOM はコードするときに FAB と略して書きます。FABCOM の特徴は，『ロールシャッハ・テスト』174 ページの定義を読むと「**2 つあるいはそれ以上の対象の間に，ありそうもない，あるいはありえない関係が想定されている反応に対して用いられる**」（強調引用者）とされています。2 つ以上ということは，たとえば図版 II で「クマとクマが"せっせっせーのよいよいよい"をしています」というような反応です。クマはそのような運動はしません。これはコードすると D+1 あるいは D+6 で，そして M をコードし，"せっせっせーのよいよいよい"を M^a とします。2 頭いるので A，そして P と ZA をコードして，そして人間ではないものが人間運動をしているけれど，これは 2 つの対象にありえない運動が起こっている，ということで特殊スコアとして FAB をコードします。レベル 1 のときには FAB とだけ記録します。

　また「クマがシルクハットの帽子を被っています」という反応は，クマと帽子のありえない関係なので，このクマと帽子に対して FABCOM をコードします。2 つ以上の対象という意味では，クマがシルクハットの帽子を被って，スカートをはいて，靴を履いている，となっても同じことです。ただし FABCOM が 2 つ，3 つということで，「FAB, FAB, FAB」のようにはしないでください。FABCOM は 1 個だけで十分です。全体のコードは「D+1 Fo A, Cg ZA (3.0) P FAB」となります。この程度の FABCOM は私たち大人でも，ちょっと夢見がちだったり，ちょっと面白おかしい子どもっぽいイメージとして出現することはあります。

FABCOM のレベル 1 とレベル 2

　次に FABCOM のレベル 2 についてですが，私は『ロールシャッハ・テスト』174 ページ下の反応の例の 2 番にある「**潜水艦に襲いかかっている 2 人の女性**」というのを，FABCOM のレベル 2 の基本形として学びました。潜水艦と 2 人の女性という組み合わせは決してありえない，これならばレベル 2 でいいということです。それに対して「アリが 2 匹で踊っています」は，夢見がちな人の世界観ですからレベル 1 の FABCOM でいいということになります。先ほどの表 9-2 の FAB2 の例は 2 つとも同じクライアントが同じプロトコルで言ったものです。図版 VIII「生きている内臓からモグラが生まれている」というところで，この組み合わせはあまりにも現実を無視していて，ありえない組み合わせですから，FAB2 としています。

　必ず FABCOM のレベル 2 とコードするというルールに該当するのが「信じられない透き通り」です。これは，たとえば図版 IV で「大きな男が座っていて，心臓が動いているのが見えます」という反応です。脳が透き通って見えるとか心臓が動いているのが見えるということは，現実的にはありえないものですが，それが見えると報告されると，これはつねに FABCOM のレベル 2 とします。「非現実的に透き通って見えている反応の場合は，いつもレベル 2 とスコアする」と『ロールシャッハ・テスト』174 ページにもあります。他の例では，図版 II の「2 人の人がいて，この人は妊娠しています」という反応で，それを聞くと「ここに胎児が見えますから」と，黒のなかに赤く見える部分を指して胎児と言ったり，「この人は病気です」という反応で，「肝臓が赤く腫れあがっています」と，赤い部分を肝臓と言って，胎児や肝臓が外から見えているおかしさに気づかないまま説明されるのが，「信じられない透き通り」の例です。表 9-2 の FAB2 の最後の例は，「心臓」が破れているのが外

から見えてしまっているので，FAB2 とします。

レベル 1 とレベル 2 の区別のない特殊スコア

　次の ALOG と CONTAM にはレベル 1 とレベル 2 の違いがありません（表 9-3）。つまり ALOG と CONTAM は，一般の人が不注意や勘違いのレベルでしてしまうミスではないからです。一見すると，これらはレベル 1 の仲間に入れてリストされているように見えますが，1 個でも出現すると，その重みづけが「×5」や「×7」になりますから，ほとんどレベル 2 の仲間と考えていただくといいと思います。

不適切な論理（Inappropriate Logic：ALOG）

　ALOG の定義は『ロールシャッハ・テスト』175 ～ 176 ページにあり，「不適切な論理」とあります。これは，もともとは Autistic Logic の 2 つの頭文字を取って ALOG となったものです。Autistic は自閉的，Logic は論理ですから，「自閉的」な特徴をもった「理屈」ということになります。ここでいう自閉的というのは，自分には通じるけれど一般社会には通じないという意味で，受検者が「自分の反応を正当化するために」無理な理屈をもってくるので一般社会に通じないのです。そして定義には「検査者に促されることなく」普通ではない理由づけをした場合，とありますが，この「検査者に促されることなく」というところが重要です。さらに「誤った判断を導くような，厳密さを欠く単純化された思考の様式を示すもの」であると定義されていますが，この「単純化された」というのがわかりやすいでしょう。たとえば「ピンク色のカーディガンを着ている彼女は，私のことを好きに決まっている。なぜならピンクを着

表 9-3　構造一覧表（ALOG と CONTAM）

Special Scores		
	Lv1	Lv2
DV	=1x1	0x2
INC	=3x2	0x4
DR	=2x3	0x6
FAB	=2x4	0x7
ALOG	=1x5	
CON	=0x7	
Raw Sum6	=9	
Wgtd Sum6	=26	
AB	=0	GHR =-4
AG	=1	PHR =1
COP	=1	MOR=3
CP	=0	PER =3
		PSV =0

　ているんだから」という感じで，「ピンク色っていうのは，自分に対するポジティブな思いを語っている」という論理を展開するのですが，それはその人にとってはそうなのかもしれないけど，一般には通じないし，非常に誤った判断をしているわけです。ですが，その人自身にはその論理が誤っているとは思えないのです。「A=B」であるというのが，ここでは「ピンク色=私のことを好き」というように，特定の色であれば特定の真実を含むと決まっているかのように，その人のなかでは揺るがない絶対的な事実としてあって，それをそのまま表出するのが Autistic Logic です。ですから単に「A=B」ではなく｜A=B｜と絶対値になっていて揺るがない理屈となるものです。

　「促されることなく」という記述は，もともとそういう論理がその人のなかにあったということです。検査者が「それを説明してくれますか？」と言うと，「いや，どうしてかっていうと，ピンク色の服を着て

いる人は，かわいくて……」というふうに説明をしているときにはじめて出てくるのではなく，もともとその人のなかに揺るがない論理があって，自分の反応を正当化するためにその論理を使っているときに ALOG とコードします。ALOG では，受検者は自分の出した反応を正当化するために，ただ目に入ったことをそのまま挙げて「A だから B である」と断定しています。

さらに「よくある正当化」の例として「対象の大きさ」が挙げられています。たとえば「上にあるからこれは北極だ」というように断定されている場合です。そして「空間的な要素」の特徴もあって，『ロールシャッハ・テスト』176 ページにある例には，**図版の一番上にあるから，これは北極に決まっています**」などがあります。このように自分にしか通じない論理をもっているのは，典型的には理屈づけの問題が大きく，一般の人には起こらない，あまりにも独りよがりで独断的な思考の逸脱を示します。ですから，レベル1 はありません。

ですが，人にわかってもらおうと思っていない思春期・青年期の人のロールシャッハで，「大きい鳥です」のように答えて，それを「説明してください」と聞くと，「大きく描かれていれば大きいに決まってるじゃないですか」みたいな反応をされたときに ALOG とするのはちょっと違います。ぶっきらぼうで説明を端折ってしまったために，ただ単に目に入っている特徴を使って非論理的で厳密さを欠いたことを言っているのとは違うということです。ですから，ALOG と付けすぎないように注意したいと思います。

では具体的な ALOG の例を見てみましょう。『ロールシャッハ・テスト』176 ページの 2 つ目の例に「これは悪人のように見えます」という反応があります。「悪人とおっしゃいましたが」と言うと，「**間違いありません。黒い帽子をかぶっていますから**」と答えるというように，「黒

い帽子をかぶっていれば悪人だ」という論理になっています。最初から
この受検者は悪人と言っているので ALOG とします。検査者に促され
ないで自分から言うのが基本ですけれど，この場合は最初から悪人と特
定しているので，これは ALOG とします。

　さらに先ほどの表 9-2 の例を見てください。図版 III で「2 人の人が
肺を引きさいている」という反応です。そして「彼らは料理人に違いな
い」と言うわけです。「料理人に見えたのを説明してくれますか」と言
うと，「いったいほかに誰が肺を引きさくというんだ。肺を引きさいて
るっていうのは料理人だ」という回答をします。この人のなかでは「肺
を引きさく＝料理人」という論理で十分で，それ以外に論理はないとい
う意味で，これは ALOG となります。

　『ロールシャッハ・テスト』175 〜 178 ページにかけて，エクスナー
がていねいに例示しながら説明していますので，ぜひそこからも学んで
ください。

混交反応（Contamination : CONTAM）

　次は CONTAM です。これは混交反応ですが，CON とコードします。
これは結合逸脱の一種ですが，まったく一般的な結合とは言えないもの
です。ですから INCOM，FABCOM とは同じではないので，一番最後
に説明することにしました。『ロールシャッハ・テスト』175 ページに
は「不適切な結合のなかで最も奇妙な反応」と書いてあります。これは
「2 つあるいはそれ以上の印象が，明らかに現実を無視して 1 つの反応
に**融合**されていることを示している」（強調引用者）ということです。2
つ以上の印象が現実を無視したありえない方法で 1 つに融合されるとい
うことですが，これは「写真の二重写しのように，ある反応が心理的に

別の反応と重なっているのである」とあります。

　私流に CONTAM を説明すると次のようになります。私たちの現実感覚では，2つのものが1つに融合することがありません。たとえば私がホワイトボードをボンと叩いてもホワイトボードと私は融合しません。これが私たちの生きる現実です。ですが CONTAM という現象は，これが融合するということです。ホワイトボードと私という2つの本来別のものが1つに融合するというのは，私がボンとホワイトボードに働きかけたら，ホワイトボードのなかに私が入っていって，ホワイトボードがクリーム色になってマーブルになって……ということで，私とホワイトボードが1つになって，ホワイトボードであり私でもある，またはホワイトボードであって私でもある，という分けがたい1つの存在になるということです。それが CONTAM という現象です。

　このコードを理解するのが難しい理由は，通常私たちの生活のなかで CONTAM の現象を見ることがないためです。電車のなかで隣の誰かとぶつかると，にわかに私がその人と一体になって，男女の融合体が1つできあがるということです。こうして「2つのものが融合した1つのもの」を見ているわけですから，反応内容はいつも1つです。ですが，その1つのなかに2つの印象が入っているわけです。

　たとえば『ロールシャッハ・テスト』175ページに例が示されています。図版Ⅰについて「チョウです」と反応して，質問段階では「ここが羽（D2）で，ここが体（D4）です」と答えるので，普通のチョウかと思って聞いてると「ここに目（DdS30）があって，口（DdS29）があって，耳（Dd28）があります」と言います。「チョウでしたよね？」と聞くと，「はい，チョウです」と答えます。そこで「羽があって，体，目，口って言ったのはどう見たらいい？」と言うと，「ここが目で，口で」というふうに答えるので，さらに「最初，チョウとしか聞いていなかっ

たんですけど？」と聞くと，「えぇ，チョウです」と答えるというふうに，チョウですけれど，チョウと同時にもう1つ別のものを見ているということです。「目があって，口があって，耳があって，顔にも見えます」ということは，分ければ本来2つの別の反応になるはずなのに，それが「はい，チョウです」という返答のように，チョウと顔が混交している（merging）ことが確実なときには，CONTAMとコードします。そしてコードはWSoとなっていますが，これは「はい，ここが目で，口で」と言ったように，チョウを見たときにSも使っているからWSoになっているわけです。そしてチョウと顔は直接的には関係がないからoです。チョウの形態水準がFoでA，チョウはPなのでP反応も付けます。確かめるとZスコアは「ZS=3.5」となり，そしてCONTAMと付けます。CONTAMの反応にP反応がありうるのかと思うかもしれませんけれど，チョウというP反応を見たこともたしかなのでコードします。ですが，この受検者に起こっている知覚のレベルでの奇妙さはCONTAMでコードします。CONTAMが出現すると1つだけで重みづけは7点になります。

　それでは，最後にCONTAMをコードするときの約束事を確認しましょう。『ロールシャッハ・テスト』の説明の最後に，「混交反応には，対象を述べるにあたって造語やその他の風変わりな言語表現が用いられることが，いつもというわけではないが，しばしばある」と書かれています。CONTAMの造語の例としては，たとえば，虫の正面像と正面向きのウシとが一緒になって「虫ウシ（a bug-ox）の顔」のように言うと，これは造語になるわけですね。これは造語ですからDVのレベル2もコードしたくなるところですが，ここはコードしないでください。これについては「ある反応がCONTAMとコードされた場合は，特殊言語表現に対するその他の特殊スコア（DV, DR, INCOM, FABCOM, ALOG）

については，たとえ反応中にそれらに当てはまる言語表現があったとしても，スコアしない」とされています。つまり，CONTAM だけコードすれば十分であるということです。

識別困難な CONTAM

いつも迷うのは INCOM のレベル 2 と CONTAM の識別です。たとえば図版 V で「チョウウサギです」と言って，このチョウウサギについて教えてもらうと「羽があって，チョウで，ここらへんに耳があって，脚があって，ウサギで，チョウウサギ」と言われたりします。ウサギとチョウが混交して（merging）チョウウサギという 1 つのものに見えているのですから，ここは CONTAM でいいと思うのですが，「これはチョウとウサギが一緒になったもの」と言う人もいます。「ここにチョウの頭や耳があって，あ，チョウじゃない。ウサギなんだけど，ウサギに羽が付いている」というように。たとえば「ウサギに大きな羽が付いています。重そうな羽を付けたウサギです」のように言うと，それは CONTAM ではなく，まずウサギというものを見て，そのウサギに合わない重たい羽を付けていますから，これは INCOM のレベル 2 です。こういう場合，INCOM のレベル 2，つまり 1 つのものに本来合わないものを付けたのか，CONTAM，つまりウサギとチョウが融合して 1 つのものとして見えているのか，というのが，コードするときに一番迷うところだと思います。ですから，どう見えているのかを聞いてみることです。そのなかでどちらにすべきかという判断材料が提示されて，コードを付け分けられると思います。

CONTAM は最も奇怪であまり出てこないと書いてある通りなのですが，まったくコードする機会がないというわけでもありません。

CONTAM に表われる問題はバウンダリーの障害と言ってもいいかもしれません。要するに1つのものともう1つのもの，自分と他のもの，そこにバウンダリーを設けて別のものとすることのできない障害だからです。おそらく発達のごく早期に知覚水準が非常に未熟で原始的なレベルだったときには，私たちにもかつてあったかもしれないような，古い認識や知覚のパターンを CONTAM は示しています。このような原始的な認知知覚を呈するということを，必ず担当医や検査依頼者などに報告する必要があるでしょう。

講義 10
特殊スコア II
特殊な反応内容から特殊スコア練習問題

Tenth Lesson
Special Scores II : From Special Content Characteristics to Practice Exercise

特殊な反応内容 1

抽象的内容（Abstract Content : AB）

　ここからはお楽しみの特殊スコアです。まずは AB（Abstract Content：抽象的内容）から始めます。AB は『ロールシャッハ・テスト』179 ページに説明がありますが，明確かつ具体的な象徴表現が述べられていなければ AB とはしません。例を見ると，たとえば「平和を描いた抽象画」「地獄を描いた抽象画」「近代美を表わしている抽象画」のように，何かを表象していなければ AB とはしません。AB は，知性化指標（2AB+Art+Ay）のなかでも比重が重くて，2 倍の重みづけをします。知性化は，外から情緒的なインパクトがあった場合にそれを中和する働きをします。思考によって，感情をあまりインパクトがないものへと処理します。AB をコードするのは，その意味で具象ではなくて，何らかの

上位概念に仕立てあげて抽象化をする表象（representation）という作業がある場合に限られます。例を見ると「共産主義の独裁を表わしている像」とあります（強調引用者）。単なるブロンズ像，誰かわからない偉人の銅像という具象ではなく，その像が「共産主義の独裁」を表象している場合にABとコードします。たとえば図版IXについて「煩悩です」という反応や「これは至福の喜びです」というHxの反応内容のものも，目に見えない抽象的な反応に仕上げている反応ですのでABとなります。逆に「ただの抽象画」「ピカソが描いた，わけのわからない絵」や「よくわからない彫像」などは，はっきりとした表象が含まれていないので，ABとしません。

攻撃的な運動（Aggressive Movement : AG）

　次はAGとCOPです。すべての運動反応がAGないしCOPとコードされる可能性がありますが，**運動がないときには付けません**。M，FM，mの運動反応があるときにはAGかCOPをコードする可能性があります。

　AGは，「戦っている，壊している，言い争っている，ひどく怒った顔を向けている」などのように，その動きが明らかに攻撃的である運動反応にコードします。つまりたった1人で怒っているだけではAGにはなりません。『ロールシャッハ・テスト』180ページの例の最初にありますが，「男の人の顔。彼は何かにひどく怒っています」のように，「こちらを睨みつけている」とか「こちらに向かって怒っている」とか，そういう具体的な対象があるものがAGです。「ひどく怒った顔つき」だけでは1人で怒っているのでAGとはコードしません。そして，その動き（M，FM，m）が明らかに攻撃的であるときに付けるということです。

その次が大事なことですが，その攻撃は**現在進行形で行なわれていなけ**ればいけません。「撃たれたクマ」とか「爆撃された船」では，誰かが撃った，誰かが爆撃した，という過去形になってしまいます。こうなると過去に受けた攻撃ですから，現在そういった攻撃が行なわれていないとするとAGとコードはしません。さらに「爆発それ自体はAGではない」とも定義されています。ただし，爆発によって何かが今まさに破壊されつつあれば，それはAGとコードするということです。たとえば図版Ⅵで「銃弾が，何かを貫通しているように見えます」となると，「貫通している」というのは現在進行形ですからAGとなります。「昆虫が2匹で一緒に，この棒を倒そうとしている」という例も，棒を倒すという現在進行形の攻撃ですから，これもAGです。

協力的な運動（Cooperative Movement：COP）

次はCOPについてです。同じように運動反応に関わるものですが，ここでは2つ以上の対象の相互関係を見ます。「相互関係が**明らかに肯定的もしくは協力的である運動反応**」である場合にコードされると定義されています。これは二者関係が，単なる普通の関係ではなくて，特別なものだという判定になります。特別かどうかの判断基準は，「**明らかに協力的ないし肯定的**」な場合です。ですから「2人の人が話をしています」「2人の人が手を合わせています」「2人の人が見ています」だけでは，明らかに肯定的で協力的だとは言えないのでCOPとはコードしません。たとえば図版Ⅶで「2人がキスしようとしている」というのはCOPとコードすべきでしょうし，「2人で内緒話をしている」というのもそうでしょう。ただ話しているのではなく，2人が顔を寄せあって内緒話をしているのであれば，これは明らかに肯定的で協力的だと判断

してCOPとコードします。

　先ほど説明した「昆虫が2匹で一緒に，この棒を倒そうとしています」という反応は，棒を倒すというところでAGを取りましたが，2匹で一緒に打ち倒そうとしているというところでCOPも取れますから，AGとCOPの両方のコードが付きます。この2つのコードはいわば関係性を評価しているものですから，他者との関係で自己主張が大切だと思う人たちはAGが多くなります。逆にCOPは，二者関係は協働関係だと思っている人に多く見られることになります。2匹の昆虫の例のように，AGとCOPの両方が一緒に付くというのは，対人関係について混乱しているか，人とどう関わっていいのかわかっていない状態を示します。思春期・青年期の人たちで，サポートを必要とする人たちには，このようなAGやCOPが両方出てきたり，COPが出てくるけれど実はマイナス反応だったり，COPは出てくるけれど後述するMORが付随していたりと，COPにダメージを与える他のコードが付いていることがあるようです。COPによって特別に良好な対人関係が示されたとラベリングしつつも，本当にそれを退色させる他のコードがないかどうかを見る価値はあります。

　ところが例外的に，セール価格のようなCOPもあります。「遊んでいる」ときと「踊っている」ときがその例で，たとえば図版VIIで**2人が踊りを踊っている**という場合，2人の人が踊ったり遊んだりしていると，それはそれ以上確かめなくても明らかに肯定的で協力的だろうと，ほぼ自動的にCOPを付けます。

　COPに関するリサーチの結果を紹介しますと，だいたい内向型の成人には1個ぐらいは出てくるのが普通のことのようです。日本人の240のデータ（表10-1）を参照すると，COPの平均は1.23となっています。ですから，COPが1個出現しても特別珍しく褒め称える現象でもあり

講義 10 特殊スコア II —— 特殊な反応内容から特殊スコア練習問題　　245

表 10-1　日本人データ 240（COP）

Variable	Mean	SD	Min	Max	Freq	Median	Mode	SK	KU
INCOM	1.22	[1.29]	0.00	5.00	151	1.00	0.00	1.05	0.57
DR	0.42	[1.09]	0.00	9.00	54	0.00	0.00	4.52	26.81
FABCOM	0.66	[0.91]	0.00	5.00	108	0.00	0.00	1.62	3.05
DV2	0.00	[0.07]	0.00	1.00	1	0.00	0.00	15.49	240.00
INC2	0.08	[0.28]	0.00	2.00	17	0.00	0.00	3.81	14.90
DR2	0.03	[0.23]	0.00	2.00	4	0.00	0.00	8.13	66.04
FAB2	0.05	[0.24]	0.00	2.00	11	0.00	0.00	5.07	27.82
ALOG	0.11	[0.43]	0.00	3.00	19	0.00	0.00	4.48	22.06
CONTAM	0.01	[0.09]	0.00	1.00	2	0.00	0.00	10.88	117.47
Sum 6 Sp Sc	2.97	2.85	0.00	23.00	209	2.00	2.00	2.77	13.20
Lv2 Sp Sc	0.16	[0.53]	0.00	4.00	24	0.00	0.00	3.97	17.81
WSum6	8.19	8.69	0.00	53.00	209	6.00	0.00	2.56	9.09
AB	0.15	[0.44]	0.00	3.00	28	0.00	0.00	3.41	12.93
AG	0.45	0.80	0.00	4.00	74	0.00	0.00	2.02	4.18
COP	1.23	1.22	0.00	5.00	151	1.00	0.00	0.71	-0.35
CP	0.03	[0.18]	0.00	1.00	8	0.00	0.00	5.23	25.59
Good HR	5.01	2.39	0.00	13.00	238	5.00	4.00	0.51	-0.01
Poor HR	3.88	3.32	0.00	21.00	221	3.00	4.00	1.71	4.10
MOR	1.09	[1.48]	0.00	9.00	128	1.00	0.00	2.05	5.40
PER	0.56	0.88	0.00	5.00	90	0.00	0.00	1.91	4.26
PSV	0.19	[0.50]	0.00	3.00	37	0.00	0.00	3.02	10.32
PTI Total	1.05	1.25	0.00	4.00	124	1.00	0.00	0.85	-0.61
DEPI Total	3.70	1.24	1.00	7.00	240	4.00	4.00	0.08	-0.21
CDI Total	2.68	1.24	0.00	5.00	231	3.00	3.00	-0.15	-0.67
SCon Total	4.57	1.48	1.00	8.00	240	5.00	5.00	0.03	-0.42
HVI Total	4.26	1.73	0.00	8.00	239	4.00	5.00	-0.19	-0.81
OBS Total(1-5)	1.59	0.87	0.00	3.00	211	2.00	2.00	-0.22	-0.59
WD+	0.03	0.21	0.00	2.00	5	0.00	0.00	7.93	66.01

ません。ただ，対人関係に問題があって疾患や障害で精神科を訪れる群のプロトコル中の 70 ～ 80％は COP が 0 ということです。そして COP が多い人は，集団でリーダーシップを取りやすい人だということもわかっています。

特殊な色彩現象（Special Color Phenomena）

色彩投映（Color Projection : CP）

　CP というのは「特殊な色彩現象」のひとつで，『ロールシャッハ・テスト』183 ページに定義があります。大前提として，受検者が**無彩色のブロットや領域**に有彩色を見た場合とあります。無彩色のブロットということは，図版 I や IV のように色がない図版ということです。CP は色がないところに有彩色を見るということです。CP はまれだと書いてありますが，驚くほどまれというわけではなく，ときどきは出てきます。「最もよく出現するのは図版 IV か図版 V である」とありますが，たとえば図版 V で「紫色のきれいなチョウ」という場合でしょうか。この図版は黒なのですが，そこの黒い部分が紫色に見えるというわけです。なぜ有彩色に見えるのかということに関しては，これは濃淡のせいで，濃い／薄いというのが有彩色を醸しだす効果となるようです。CP の解釈的な意味は，否認です。自分の目に入ってくる情報は黒や濃淡の無彩色だけれど，私が見ているのは紫色のきれいなチョウだと答えることになります。

　黒とか濃淡の特徴は，すべて不快な感情に結びついていると説明しました。ですから「私が目にしたのは不快ではなく，愉快な感情を感知し

ました」というふうに，不快を愉快に変えてしまいます。否認というのは防衛のなかでもかなり原始的なものです。私の経験では，図版Vより図版VIのほうがCPが多いように思います。たとえば上のD3領域に「インディアンの旗」が見えて「カラフルできれいなインディアンの旗です」のように言われるので，「カラフルで，というのはどう見たらいいですか」と聞くと，「黄色い赤の旗です」と答えられます。そのときには「黄色い赤って，この図版ではどう見たらいいですか」と**必ず聞いてください**。CPが起こっている人は，自分にはこれがカラフルと見えるので，意気揚々と，しっかりはっきり説明してくれます。「こういうふうに色が薄くなっているところが黄色で，ここが濃くなっていて赤で，ここが茶色です。そういう赤や黄色や茶色っていうのは，インディアンの旗にありそうですよね」と言います。この場合の決定因子はFYです。あるいは，同じ図版VIに「ここは地面です，茶色い地面です」という反応に，「茶色い地面を教えてください」と言うと，「いや，なんとなく地面だと思ったので，茶色く見えました」と言ったとすると，そういう場合はFです。この無彩色の図版に「赤」や「青」と言っているからといって，絶対にFCやCFやCをコードしないでください。それは間違いです。あるとすればYですが，YもなければFになります。

逆CPについて

　講義9の表9-2にあるDVの4つ目の例を見てください。これは「有彩色に無彩色を見る」という例です。図版IXのカラフルなカードに「白の現代彫刻。ここにはいろんな色があるけれど私が見たのは**真っ白な彫刻です**」と言う場合，いろいろな色があるのがわかっているけれど，「これは白です」と言うのは，CPの逆の現象です。ですが，この逆CP

については，決まった特殊スコアがありません。これを CP とコードしないでください。CP とコードするときはつねに無彩色の白，黒，灰色の図版にカラフルな色を見るということですから，この例のようなものは，あてはめるコードの用意がないので，正しく色の名称を使わなかったという意味で DV と付けます。

人間表象反応（Human Representational Responses）

良質（GHR）と貧質（PHR）

『ロールシャッハ・テスト』181〜182 ページに，人間表象反応が説明されています。これは 2000 年以降包括システムの体系に入ってきた，いわば最も新しい特殊スコアです（表 10-2）。構造一覧表にしたときに「GHR：PHR」とまとめられていますが，このまとまりは対人関係のクラスターと呼ばれていて，今学んだばかりの COP や AG と GHR や PHR が並んでいます。

この GHR と PHR は急に 2000 年になって研究されたのではなく，もともと Ego Impairment Index（EII：自我損傷インデックス）の研究が 1990 年代から進められていました。その後 1990 年代から今でも研究されている EII の研究項目のひとつが，この GHR と PHR です。『ロールシャッハ・テスト』181 ページにある 3 つの基準がターゲットになります。第 1 に，人間反応内容のコード（H，(H)，Hd，(Hd)，Hx）を考慮に入れます。第 2 に，M 決定因子を含むすべての反応もターゲットに入れます。第 3 に，FM 反応でも，COP や AG がコードされるものであれば，それもターゲットに入れます。

表 10-2　構造一覧表（GHR と PHR）

Protocol 192					Ration, Percentages, and Derivations			
R	=25	L	=0.32					
EB	=5 : 6.0	EA	=11.0	EBPer =N/A	FC : CF+C	=4 : 4	COP=1 AG	=1
eb	=7 : 11	es	=18	D =-2	Pure C	=0	GHR : PHR	=4 : 1
		Adj es	=12	Adj D = 0	SumC' : WSumC	=3 : 6.0	a : p	=6 : 6
FM	=4	SumC'	=3	SumT =1	Afr	=0.56	Food	=0
m	=3	SumV	=2	SumY =5	S	=5	SumT	=1
					Blends : R	=9 : 25	Human Cont	=4
					CP	=0	Pure H	=3
							PER	=3

　そして、「人間表象反応を良質（GHR）もしくは貧質（PHR）に分類するためのステップ」（『ロールシャッハ・テスト』182 ページ参照）の 1 〜 7 のアルゴリズムに従って、上からチェックしていきます（表 10-3）。

　最初の例で、図版 III について「D+, Ma. FYo 2 H, Cg P 3.0 FABCOM」というコードがあります。この例を使ってアルゴリズム表に照らしていきますと、第 1 の条件、反応内容が PureH 反応で、かつ (a), (b), (c) すべての条件を満たしていれば GHR だと書いてあります。(a), (b), (c) の条件を見ると、まず (a)「形態水準が、FQ+, FQo, FQu のいずれかである」ということですが、これはクリアしています。(b)「DV を除き、認知に関わる特殊スコアは付いていない」ということですが、DV は付いてもいいけれど、それ以外の特殊スコアが付いてはいけないということです。この例では FABCOM が付いていますから、条件を満たしていません。したがって、(c)「特殊スコアの AG もしくは MOR が付いていない」を見るまでもなく (b) で脱落します。ですから次に進みます。

　第 2 の条件は、いずれかを伴えば PHR だというもので、これは形態

表 10-3　人間表象反応を良質（GHR）もしくは貧質（PHR）に分類するためのステップ

1. Pure H 反応で，かつ次の条件すべてを満たす反応は GHR とする。
   (a) 形態水準が FQ+，FQo，FQu のいずれかである
   (b) DV を除き，認知に関する特殊スコアは付いていない
   (c) 特殊スコアの AG もしくは MOR が付いていない
2. 次のいずれかに該当する場合は PHR とする。
   (a) 形態水準が FQ- もしくは FQnone（無形態）の場合
   (b) 形態水準が FQ+，FQo，FQu でも，ALOG，CONTAM もしくは認知に関するレベル2 の特殊スコアのいずれかが付く場合
3. 残りの人間表象反応のうち，COP が付き，AG が付いていないものは，GHR とする。
4. 残りの人間表象反応のうち，次のいずれかに該当するものは PHR とする。
   (a) 特殊スコアとして FABCOM もしくは MOR が付く場合
   (b) 反応内容に An が含まれる場合
5. 残りの人間表象反応のうち，III，IV，VII，IX の各図版で P（平凡反応）がコードされているものは GHR とする。
6. 残りの人間表象反応のうち，次のいずれかに該当する場合は PHR とする。
   (a) 特殊スコアとして AG，INCOM，DR のいずれかが付く場合
   (b) Hd ［(Hd) ではなく］がコードされている場合
7. 残りすべての人間表象反応は GHR とする。

水準のチェックです。1つは，(a)「形態水準が FQ- もしくは FQnone（無形態）の場合」。もう1つが，(b)「形態水準が FQ+，FQo，FQu でも，ALOG，CONTAM もしくは認知に関するレベル2の特殊スコアのいずれかが付く場合」。この2つの条件が整えば PHR だということですが，ここでの例には該当しませんので2でもありません。

第3の条件は，「残りの人間表象反応のうち，COP が付き，AG が付いていないものは，GHR とする」と書いてありますが，COP はここでは付いていませんから，3でもないということです。

第4の条件は，人間表象反応のうち (a)，(b) いずれかがあてはまれば PHR だというもので，(a)「特殊スコアとして FABCOM もしくは

MORが付く場合」，(b)「反応内容にAnが含まれる場合」とあり，ここでの例にはFABCOMが付いていますから，ここに該当したことになります。ですからここで例に挙げたもののコードはPHRとなります。

　こうしてステップを読み違いさえしなければ，GHRかPHRかの識別は，それほど難しいことではないと思います。このコードでわかることはGHRとPHRの数の違いですが，それはGHRとPHRを比べた場合，GHRのほうが1つでも多くあってほしいと期待しているからです。『ロールシャッハ・テスト』237ページには，600のノーマルデータがありますが，非患者のデータではGHRが平均4.9，PHRが平均1.5と，およそ5対1.5になっています。これまでにロールシャッハ・リサーチ財団が集めたデータについてGHRとPHRを見ますと，パーソナリティ障害群のデータを見ると，GHRが平均2.8，PHRが平均2.3と，少し近似しています。そして，うつ病を経験している入院患者は，GHRが3.1でPHRが2.9と，こちらも近似しています。今まで見てきたS-Constellation（自殺の可能性を示す指標）を割りだすために集めた，ロールシャッハを取ってから60日以内に亡くなった人たちのデータでは，GHRが2.8でPHRが3.2となります。この群だけPHRのほうが多くなっています。スキゾフレニア群170名のデータでは，PHRがGHRと同じかPHRが多かったのが170人中149人で，GHRがPHRより多くなったという理想的な方向を示したのが170人中21人。感情障害群のデータでは，GHRのほうがPHRより多くなったのが170人69人。つまり，できればGHRが多いほうが望ましいというのはそういう意味です。日本の240のデータを参考に見てみますと，GHRの平均は5.01で，PHRの平均は3.88となっています（表10-4）。

表 10-4　日本人データ 240（GHR と PHR）

Variable	Mean	SD	Min	Max	Freq	Median	Mode	SK	KU
INCOM	1.22	[1.29]	0.00	5.00	151	1.00	0.00	1.05	0.57
DR	0.42	[1.09]	0.00	9.00	54	0.00	0.00	4.52	26.81
FABCOM	0.66	[0.91]	0.00	5.00	108	0.00	0.00	1.62	3.05
DV2	0.00	[0.07]	0.00	1.00	1	0.00	0.00	15.49	240.00
INC2	0.08	[0.28]	0.00	2.00	17	0.00	0.00	3.81	14.90
DR2	0.03	[0.23]	0.00	2.00	4	0.00	0.00	8.13	66.04
FAB2	0.05	[0.24]	0.00	2.00	11	0.00	0.00	5.07	27.82
ALOG	0.11	[0.43]	0.00	3.00	19	0.00	0.00	4.48	22.06
CONTAM	0.01	[0.09]	0.00	1.00	2	0.00	0.00	10.88	117.47
Sum 6 Sp Sc	2.97	2.85	0.00	23.00	209	2.00	2.00	2.77	13.20
Lv2 Sp Sc	0.16	[0.53]	0.00	4.00	24	0.00	0.00	3.97	17.81
WSum6	8.19	8.69	0.00	53.00	209	6.00	0.00	2.56	9.09
AB	0.15	[0.44]	0.00	3.00	28	0.00	0.00	3.41	12.93
AG	0.45	0.80	0.00	4.00	74	0.00	0.00	2.02	4.18
COP	1.23	1.22	0.00	5.00	151	1.00	0.00	0.71	-0.35
CP	0.03	[0.18]	0.00	1.00	8	0.00	0.00	5.23	25.59
Good HR	5.01	2.39	0.00	13.00	238	5.00	4.00	0.51	-0.01
Poor HR	3.88	3.32	0.00	21.00	221	3.00	4.00	1.71	4.10
MOR	1.09	[1.48]	0.00	9.00	128	1.00	0.00	2.05	5.40
PER	0.56	0.88	0.00	5.00	90	0.00	0.00	1.91	4.26
PSV	0.19	[0.50]	0.00	3.00	37	0.00	0.00	3.02	10.32
PTI Total	1.05	1.25	0.00	4.00	124	1.00	0.00	0.85	-0.61
DEPI Total	3.70	1.24	1.00	7.00	240	4.00	4.00	0.08	-0.21
CDI Total	2.68	1.24	0.00	5.00	231	3.00	3.00	-0.15	-0.67
SCon Total	4.57	1.48	1.00	8.00	240	5.00	5.00	0.03	-0.42
HVI Total	4.26	1.73	0.00	8.00	239	4.00	5.00	-0.19	-0.81
OBS Total(1-5)	1.59	0.87	0.00	3.00	211	2.00	2.00	-0.22	-0.59
WD+	0.03	0.21	0.00	2.00	5	0.00	0.00	7.93	66.01

データ解析から GHR と PHR を理解する

「好まれた群」と「好まれなかった群」と書いてある「GHR と PHR の各群での比較表」（表 10-5）は，COP や AG の研究などで以前に集められたデータです。これは高校 3 年生や大学 1 年生に該当する 18 歳の年齢の人たちのクラスに行って，ノミネーション（仲間指名法）という作業をしたときのものです。ノミネーションは，今週末パーティをするので来てもらいたい人，悩みがあるから聞いてもらいたい人，週末に映画を観に行きたい人など，一緒に行動したいクラスメイトの名前を書いてもらうものです。次に同じように，パーティには呼びたくない人，相談事があっても秘密を打ち明けたくない人，一緒に映画に行きたくない人の名前も書いてもらいます。このようにして集められた「好まれた群」の 25 人のプロトコルを見ると，GHR が 4.32 で PHR の 1.52 を上回っていました。逆に「好まれなかった群」の PHR は 4.18 で GHR の 2.38 を上回っていました。

犯罪者群のデータは司法から上がってきたデータであることは間違いありませんが，犯罪の内容は定かではありません。この群の結果も PHR のほうが多くなっています。またアメリカでは，配偶者からの暴力を受けている虐待被害者の女性たちはバタード・ウーマンと称されますが，その 22 人は，PHR が 5.23 で GHR が 2.86 となっています。私にとってはこのデータが一番インパクトがあって，GHR と PHR を理解するうえで印象深いのですが，最も身近な第三者で，ひとつ屋根の下で暮らす身近な人からポジティブな関係を期待できない経験にさらされている人は，はっきりと PHR が多くなることを示しています。また同様に，虐待やネグレクトの被害者の子どもたちのロールシャッハの結果も，残

表 10-5　GHR と PHR の各群での比較表（Rorschach Workshops, 2001）

	GHR		PHR
好まれた群（N=25）	4.32	>	1.52
好まれなかった群（N=16）	2.38	<	4.18
犯罪者群（N=46）	2.00	<	2.61
被虐待女性群（N=22）	2.86	<	5.23
アルコール中毒群（N=48）	2.87	>	1.75
ヘロイン中毒群（N=44）	2.40	<	3.09

念なことではありますが，やはり PHR のほうが多いということをこのごろ経験しています。さらにアルコール依存と薬物（ヘロイン）依存のデータを見てみると，前者は GHR が 2.87 で PHR が 1.75，後者は PHR のほうが多くなって 3.09 となっています。

　こうしたさまざまな群のデータから学べることは，GHR が 1 ポイントでも多くあるということ，つまり「GHR>PHR」であるということは，「過去に経験してきた対人関係がおおよそ肯定的で，人に期待したり人から期待される関係であった」ということです。逆に PHR が多い人は，「過去の対人関係の歴史が輝かしいものではなくて，挫折や苦しい思いや葛藤が多々あった」ということでしょう。

特殊な反応内容 2

損傷内容（Morbid Content : MOR）

　MOR はよくコードされるもののひとつです。子どものうつ病の研究

チームが，子どもや若年のうつ病患者にロールシャッハを施行したところ，図版 VI に「ぺしゃんこに潰れた動物」がよく見られることに気づきました。あまりにも共通性が高いので，これをひとつのパターンとして定義しようと考案されたのが MOR です。MOR の定義は『ロールシャッハ・テスト』180 ページにありますが，「対象を，死んだ，滅ぼされた，破滅した，だめになった，ダメージを受けた，傷ついた，壊れた，などと見なした」という特徴をもちます。実は MOR については 2 種類しか書かれていませんが，本書講義 9 の表 9-2 には 3 種類に分けてありますので，そちらをご覧ください。

　第 1 に，内外の境界が破れて，もとの形をなくす，内部が外に飛び出るというような，いわゆる「ズタズタ反応」という最も強烈な MOR です。図版 VI について「動物がひかれてペッチャンコになって，内臓が飛び出ている」，あるいは図版 V について「横にすると，首を切られた人間の死体が紐でつるされて，風に揺れている」というように，ダメージが大きくて，すっかりもとの形が損傷しているものが MOR の第 1 の特徴です。

　第 2 に，内外の境界は破られていないけれど，形態や輪郭が歪んでいたりねじれていたりしているものです。「リンゴを半分に切った切り口。このへんが芯に見えた」という例が図版 VIII について出ていますが，図版 VI でも多くあります。キウイやスターフルーツのように半分に切ると中心に種のようなものがあった，という反応も MOR とコードします。もともとのリンゴの形がスパッと切られて中身が見える状態になっているのも MOR とコードします。また，「葉っぱ。落ち葉みたい。ところどころ切れちゃって穴が開いてて，秋になって枯れた葉みたい」のように，落ち葉とか枯れ葉と言っただけで，たとえ穴が開いているとかボロボロだとは言わなくても，MOR を取ります。図版 X の D3 というところで

すが，このオレンジ色の小さなところが「さくらんぼの種だけを上手に残して食べたあと」というものも MOR の例です。図版 V の「形がいびつなガ．触角で胴，羽がかなりいびつです」というのも MOR の例です。

　第 3 に，不幸や病気や悲しみを語るもの，あるいは死の予感もここに含めます。図版 VII の「尖った刺さるような痛み，このギザギザが刺さるような尖った痛みを感じさせる」という例は，「痛み」は人間が経験するもので Hx とコードしますが，病気なので MOR と取っていいと思います。図版 X について「色の重なっているところ」というのは，コーディングすると Y にもなりますが，さらに「いかにも打ち身や内出血のよう」だと言われれば，これは病気の一部と解釈することができるので MOR とコードします。さらに「シャム双生児」も「奇形」ですから MOR を取りましょう。図版 IV について「深い森のなかに，さみしそうにたった 1 本立っている古い木」や死体も MOR とコードします。

　MOR は思考過程を表わしていると理解するといいでしょう。いわば悲観的な思考が多くなることと MOR の多さは関係しています。MOR が 1 つ，2 つならば一般的ですが，3 つを超えていくと多いと考えていいと思われます。これは，物事をいつも悲観的に考える傾向が生じているということです。しかし，これは変化するのがかなり難しく，悲観する人たちのことはなかなか変えられません。

　ドラマティックでない MOR は，図版 VI に出てくる「ぺしゃんこになっている動物」でした。これは，子どもにもよく出てくる，あくまでも当たり前の MOR です。ドラマティックな MOR は，直接的に現実的なセルフイメージを表明してくれることもあります。たとえば，図版 V で「横にすると，首を切られた人間の死体が紐でつるされて，風に揺れている」というのはたいへんドラマティックなもので，その受検者しか言えないような MOR です。このような個人を語る MOR 反応は，主語

を「私」として，その文章がその人を語っていると読んでもいいくらい，身近で生身の自分の感覚を説明してくれています。いわば投映が起こっている可能性がたいへん高い反応ということです。

個人的な反応（Personalized Answer）

個人的（Personal : PER）

　次は PER，個人的な反応についてです。『ロールシャッハ・テスト』182 ページの定義によると，「PER というコードは，反応を正当化したり明確化するための根拠の 1 つとして個人的な知識や体験を引きあいに出した反応に与えられる」とされています。たとえば「私はこれを見たことがあります」とか「私はこれを知っています」というものですから，その意味では比較的簡単です。本書講義 9 の表 9-2 にある例の図版 IX で「色のついたレントゲン写真」と言ったあとに説明を求めると「さっき病院に寄って見てきた」と言うような場合です。「今見てきた」と言われると，問答無用なわけです。その人は知っている，見てきたのですから。しかしそれを見ていない検査者は，そうですか，としか言いようがなくなります。PER はその意味で強引に自分を正当化する作用があって，一方的に自分の反応を終えてしまいます。見ましたから，知っていますから，というように話を終えてしまう。図版 I について「真ん中に人の身体があって，羽もあって，イカルスのよう。イカルスについて習っているので，これを見ると思い出します。羽も絵で見たように付いていて，広げて飛び立とうとしています」というものがあります。「習っているので，これを見ると思い出します」というように，実は簡単です

けれど、コードしはじめると PER と DR の混同に注意する必要があります。「そういえばイカルスって言えば……」「思い出しました、ちょうど教科書でもこうでした」と連想が働いたり自分の経験が思い起こされたりしても、「だからこれはこうなんです」というように、連想や経験が図版に戻ってきて、反応に見えた根拠に使われるのが PER です。

DR も同じように連想と経験がものをいうのですが、「デコレーションケーキと言えば一流ホテルよね。そういえば近々結婚記念日を迎えるんだけど、2人だけだからこんな豪華な一流ホテルのケーキは、私たちにはちょっと贅沢かしらね」というように、連想が発生しても決して図版には戻ってこないで離れていってしまうのが DR です。図版に戻ってきて自分の言っていることを正当化する作用の PER との違いは、はっきりとあります。

PER が3個を超えて出てくると、いつも話をそのように終わらせる人というわけですから、対人関係が深まるのを自分から妨げてしまいます。対人関係の深まりを避けようとする人は PER が多くなります。そして自分が権威的であったり、逆に権威に弱かったりするように、対人関係に権威をもちこむ人は PER が多くなります。PER が多いと、いずれにしても対人関係が表面的になります。

固執 (Perseveration : PSV)

最後の最後、PSV について説明します。Perseveration は、脳神経の領域では「固執」ではなく「保続」という訳になっていることが多いようですが、訳語は違っても脳神経の領域の「保続」もロールシャッハ・テストの PSV と同じ現象を指しています。多くの人は不思議なことに「何

に見えますか？」と言うと「○○に見える」と答えますし，「急いでないからもう少し見てください」と言うと「そうですか，じゃあ□□にも見える」と反応します。つまり，別な反応をしたときには別なものが見えるということです。前と結局同じ反応になることはあまりありません。延々と同じことを繰り返し言う様を，転導性が悪いと言ったりします。イメージとしては，「あ，これにも見えるかな。あれにも見えるかな」というように，一般的にはさまざまに見え方が変わってくるものです。ところが同じようなところで足踏みするのが PSV ですから，これは反応の生産の失敗ということです。

　包括システムにさまざまなインデックスがあるのですが，器質的なものをスクリーニングする指標はありません。ロールシャッハはパーソナリティの理解のためには使えますが，神経心理学的な，器質的な，オーガニックな特徴を見つけるのは難しくて，それはむしろ他の検査，知能検査などのほうが適しているかもしれません。知能検査やベンダー・ゲシュタルト検査（Bender Gestalt Test）のようなもののほうが，心理士が扱えるスクリーニングとしてはいいかもしれません。

　そのなかにあって PSV というのは唯一例外的で，神経心理学的，器質的なものの不調を見ることができる貴重なコードです。この PSV も 3 つの種類があると『ロールシャッハ・テスト』178 〜 179 ページに書かれています。

　第 1 の「図版内の固執」は最も一般的で，あったとしても 1 つ出現するのがせいぜいですが，比較的ほかの PSV よりも見られやすいものです。これについては「図版内の PSV というのは，ある反応と次の反応に連続して同じ領域，同じ DQ，同じ決定因子，同じ FQ，同じ反応内容，そしてもし含まれているのなら同じ Z スコアが示された反応のことを言う」と説明されています。ただし「特殊スコアは同じでなくてもかま

わない」とも書いてあります。さらに「図版内の PSV をコードするとき，P のコーディングは繰り返されていなくてもよい。しかし，特殊スコア以外のその他すべてのコードは同じで，反応は続けて出されたものでなければならない」と書いてあります。つまり，図版 I で「コウモリが飛んでいるように見えます」と言ったあと，「チョウでもいいですね」，さらに「チョウが飛んでいるようにも見えると思います」と言ったとすると，これはコウモリとチョウが連続してまったく同じコードとなる反応として出てきたために PSV となります。「ひっくり返してもいいですか。ひっくり返すと，これはカラスが飛んでいるようですね」「カラスがこっちに向かって飛んできているように見えます。カラスに襲い掛かられたことがあって，カラスに襲われたときのことを思い出して，これはそんなふうに思いました」のように言ったとすると，PER も付けるけれど，P の有無も，特殊スコアの有無も問わない。反応領域，決定因子，a, p, 反応内容，Z スコアも同じならば，これを PSV とコードするということです（表 10-6）。ですが，どこか一部分で「これがチョウに見えます。そういう羽で体です」と言って，連続していた反応の決定因子が変わって F になったりすると，それは PSV ではなくなってしまいます（表 10-7）。

　たとえるなら，PSV というのは，脚がしびれているような感覚のものです。脚がしびれるとすぐには立ち上がれなくて，ちょっと妙な感覚を覚えますよね。PSV は要するに，器質的機能的に歩けないわけではないけれど，何かの拍子に動きが悪くなるというタイプのもので，PSV が 1 個ぐらいであれば，受検者の本質に関わる器質的な疾患や問題と考えなくてもいいと思います。しかし PSV が 2 個以上出てくるというのは一般的ではありません。脚がしびれた以上のことだと思います。

　第 2 の「反応内容の固執」は，1 つの同じ図版内で生じることではな

表 10-6　PSV とコードする例

コウモリ	Wo	FM°o	A		1.0	
チョウ	Wo	FM°o	A	p	1.0	PSV
カラス	Wo	FM°o	A		1.0	Per, PSV

表 10-7　PSV とコードしない例

コウモリ	Wo	FM°o	A	p	1.0	
チョウ	Wo	Fo	A	p	1.0	PSV はつかない

くて，受検者が対象を以前見たのと同じものだと特定したとき，2番目の反応のコードは最初のコードと同じである必要はなく，コーディングがまったく違うことはよくあるということです。たとえば，図版IIで「2人の人がけんかしている」と言って，次の図版IIIで「あれ，さっきの人たちがまたいる。でも今はけんかしていない」と言ったような場合のことです。『ロールシャッハ・テスト』178ページでの説明があまり親切ではないので，少し詳しく説明します。図版IIで「"せっせっせーのよいよいよい"をしている人を見ました」と反応し，さらに図版IIIについて「さっきの"せっせっせーのよいよいよい"をしていた2人が，今度は物を取りあっている」と反応して，「人って，こんなふうにすぐ心変わりをするんですよね」「2人の関係ってこうやってすぐ変わっちゃうんですよね」というような反応をした場合です。こういうときに図版IIIの反応にPSVを取ります。なぜかというと，この2人が2つの図版にわたって再登場していて，反応内容がこの2人に固執しているからです。ですが，「"せっせっせーのよいよいよい"をしている人です」と言って，別の図版で「ここにもまた人がいます」というのは，これだけではPSVではありません。あくまで特定の知覚が再登場するときに

はじめて PSV とコードします。あるいは図版 I でチョウと反応していた人が図版 V で「さっきの，あのぽっちゃりしていたチョウがダイエットをしたんですよ。だからこんなにスリムになりました」となると，それは図版 I のチョウがふたたび図版 V で**再**登場したことになりますから，PSV をコードします。これはテーマの保続ということです。このダイエットしたチョウの話はどのようなクライアントの反応だったのか想像がつきますか？　これは摂食障害のクライアントのものです。つまり，あまりに固執しているテーマがあると，それが固執として PSV という形で出てくるということでしょうか。この第 2 の反応内容の固執は，かなり珍しい例だと言えると思います。

　第 3 の「機械的な固執」は，mechanical PSV と言われるもので，知的障害および神経学的損傷をもつ人に最も多く出現します。『ロールシャッハ・テスト』178 ページの定義によると「通常，この種の固執は短く単純な記録で生じ，同じ対象が何度も**機械的に繰り返し述べられる**」とされています。図版 I で「コウモリ」，図版 II でも「コウモリ」，さらに図版 III もまた「コウモリ」というように，とにかく機械的に「コウモリ」，何を見ても「コウモリ」と言ってしまうような場合で，この場合は反応数が少なくて 13 以下になることも多いでしょう。つまり，妥当性に欠ける記録であることが多いですし，すべて PSV になって妥当性がなくなることもあるので，この場合は再検査も考えなくていけません。再検査にメリットがあるかどうかも含めて慎重に考えてのことですが，ロールシャッハ・テストがあまり適切ではないかもしれないと判断する必要もあると書いてあります。機械的な PSV が出てきた場合には，おそらくロールシャッハ・テストのように記憶再生を要する高度な作業は難しいと思っていただいたほうがいいと思います。

特殊スコアのコーディングの難しさ

次に図 10-1 を見ていただきたいのですが，これを見るとコーディングの難易度がわかります。これは「評定者間の一致率」といって，評定者間のコーディングの一致度を見たものです。これは正しいコードに一致するかどうかではなく，評定者間でコードがどれほど一致したかを見ています。アメリカとスペインと日本の共同比較研究結果です。データ集計に関わった私の場合は，ボランティアの方に協力していただいて，各グループ 15 人ずつ A，B，C のグループをつくって，1 人に 10 プロトコルをコードしてもらうよう，計 45 人に依頼しました。そのうち 15 人のコーディングは A グループの 10 プロトコルをコーディングして，その 15 人がどのくらいグループのなかで一致するのかを見ます。A，B，C のグループの 10 プロトコルはそれぞれ違うもので，3 つの国の結果は，似たパターンを示していることがわかります。

日本のデータを見ると，最も一致度が高かったのは F，Fr，rF です。リフレクションが起こるかどうかは間違いようがありません。次に一致度の高いものは運動反応 M，FM，m でしょうか。反応領域も一致度は高く，a：p は，他の 2 つの国より日本の一致度が高いので評価は分かれるところですが，ほかには FD も間違いなくコードできる項目です。反応内容については A，(2)，P，Z スコアもあまり間違えないことがわかります。

逆に最も一致度が低くて誰にとっても難しかったのが，右上にある 6 つの特殊スコアということになります。ある人が INCOM とコードしたものを別の人が FABCOM とコードしたり，ある人が INCOM レベ

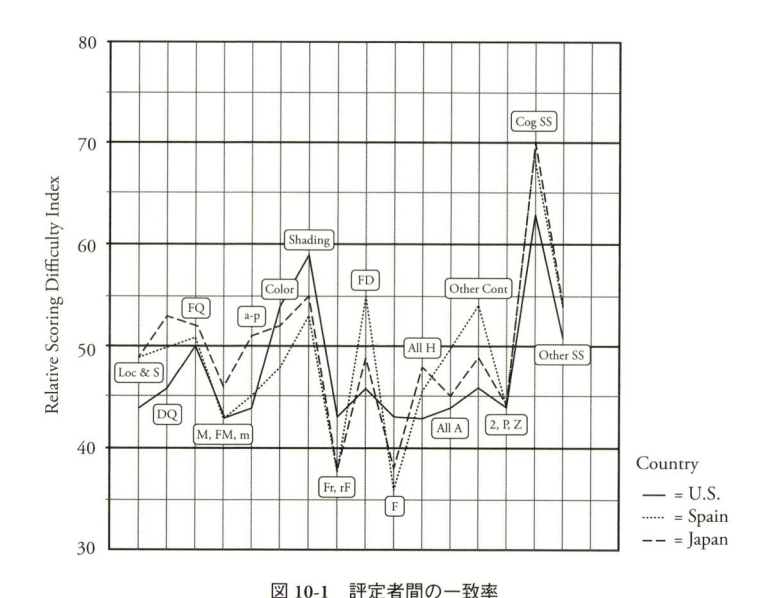

図 10-1 評定者間の一致率
(Gregory J. Meyer, XVI International Congress of Rorschach and Projective Methods, Amsterdam, 1999)

ル2とコードしたものを別の人がCONTAMとコードしたりしています。ですから特殊スコアは，一度で理解してすぐに実践できる可能性は低いので，少し時間をかけて消化する必要があると思います。また濃淡反応（Shading）も難しいもののひとつでしょう。ShadingはC'，T，V，Yのことですが，決定因子のなかでは一致率が低くて難易度の高いもののひとつです。ですから，もしFやFrやPや(2)といったところでよく間違っているようでしたら，それは反省してください。

　これはロールシャッハ・テストを教える方にとっても重要で，数多くあるコードのなかでも，難易度の高いものは注意しなくてはいけない，という強弱を付けながらコードを理解していく必要があるでしょう。

特殊スコア練習問題

次に特殊スコアの練習問題が7題ありますので，復習をかねて見ていきましょう。ここでは特殊スコアだけを確認していきます。

（特殊スコア練習問題）
1　VI　琵琶。全体ネコとかでできている琵琶。お腹も竿もヒゲも全部動物でできている。
2　III　統治者の仮面。オペラ座の怪人や三銃士といった古い映画を見れば，統治者はいつも赤い仮面を被っている。赤は彼が統治者だという意味。そういう映画を何度も観た。
3　X　弱気。この赤の濃淡が弱気を表わしている。
4　IX　リンゴの上にバッファローが乗って，その上に乗った騎士が戦っている。
5　II　誰かが人の顔に弾丸をぶちこんで穴を開けたよう。鼻がふっとんで，血が飛び散っている。死んで白目をむいている。恐ろしい死に方だけど，彼はそういう死に方がふさわしいのだろう。そういう死に方がふさわしい人もいる。
6　I　アゲハチョウとコウモリの組みあわさったグロテスクな生き物。ここがコウモリの羽に見えて，チョウの胴体で，全体の濃淡がアゲハチョウの模様に見える。
7　VII　花を育てるアーチ。家の裏庭にもあって，真ん中の白いところを歩いて抜けられる。子供の頃よくふざけながら走り抜けたものだ。僕らが花を採ると母はいつもかんしゃくを起こした。僕らがそれを壊しちゃうんじゃないかと母はいつも心配していた。

問題1

図版 VI について「琵琶」という反応があって，「全体ネコとかでできている琵琶。お腹も竿もヒゲも全部動物でできている」とあります。反応領域は W ですが，迷うとすると INCOM か CONTAM ですね。全部ネコとかでできていてお腹も竿もヒゲも全部動物でできている，全体が琵琶だということで，琵琶にヒゲが付いてるということでしたら，INCOM でしょう。あるいは，琵琶という1つの対象に本来琵琶にはな

いヒゲが付いていて，ヒゲだけでなく，お腹も，その全部が動物であり
琵琶であるというなら，ここは CONTAM です。

問題 2

　次は図版 III について「統治者の仮面」という反応です。「オペラ座
の怪人や三銃士といった古い映画を見れば，統治者はいつも赤い仮面を
被っている。赤は彼が統治者だという意味。そういう映画を何度も観
た」と反応が続きます。ここには 2 つの特殊スコアを入れてほしいの
ですが，その 1 つが ALOG です。統治者はいつも**赤い仮面を被っている**，
赤はその人が統治者だという意味であるというところが，まさに ALOG
です。そして，そういう映画を何度も観た，というところは PER とな
ります。

問題 3

　次の例は図版 X のもので，「弱気」というところは Hx とコードしま
す。Wv の形態質のない Mp で，Hx となります。さらに「この赤の濃
淡が弱気を表わしている」とありますから，ここは AB とコードします。

問題 4

　「リンゴの上にバッファローが乗って」というところは図版 IX の下の
ピンク色のところがリンゴで，その上にグリーンのバッファローがいて，
さらにその上に乗っている騎士が戦っているという反応ですが，これ
は FABCOM のレベル 2 です。リンゴの上にバッファローは乗りません。

その基準は，街の通りでそれを見たら驚いて仰天してしまうレベルのものだと考えて，FABCOM のレベル 2 とします。さらに戦っているので AG もコードします。

問題 5

次は図版 II について「誰かが人の顔に弾丸をぶちこんで穴を開けたよう。鼻がふっとんで，血が飛び散っている。死んで白目をむいている」という反応です。死んで白目をむいているわけですから，聞いただけでも自動的に MOR が付くでしょうか。さらに「恐ろしい死に方だけど，彼はそういう死に方がふさわしいのだろう。そういう死に方がふさわしい人もいる」と続きます。ここでのコードは微妙ですが，「鼻がふっとんで，血が飛び散っている」というところは AG でしょうか。AG は，過去のものには付けませんが，弾丸をぶちこんで穴を開けているとはいえ，これは現在進行形とも取れるので，AG とコードしましょう。もう 1 つ確実にあるのが DR です。「そういう死に方がふさわしい」というコメントは，鼻がふっとんでいる顔についてのもののはずなのに，「そういう死に方がふさわしい人もいる」と図版からふっと離れています。その点で DR とコードします。図版から離れた deviant response，つまり余計な意見を差し挟んでいると解釈すべきでしょう。

問題 6

図版 I に戻って「アゲハチョウとコウモリの組みあわさったグロテスクな生き物」が反応です。質問段階では「ここがコウモリの羽に見えて，チョウの胴体で，全体の濃淡がアゲハチョウの模様に見える」と続きま

す。これは INCOM のレベル 2 とするのか CONTAM とするのかで迷います。つまり，2 つのものが 1 つに混交している（merging）のか，それとも 1 つのものに別の部分が組みあわさっているのかを見極めなければなりません。受検者の言う通りに取れば組みあわさったもので，部分がジョイントして全体の模様はアゲハチョウのものということですから，2 つが重なっているというより，INCOM のレベル 2 が適切かもしれません。こうグロテスクに組みあわさっているなら，レベル 2 としていいと思います。

問題 7

図版 VII を逆位置にして「花を育てるアーチ」という反応を提示しています。「家の裏庭にもあって，真ん中の白いところを歩いて抜けられる。子どもの頃よくふざけながら走り抜けたものだ。僕らが花を採ると母はいつもかんしゃくを起こした。僕らがそれを壊しちゃうんじゃないかと母はいつも心配していた」と続きます。これはおそらく DR でしょう。家の裏庭にもあって子どもの頃によく通り抜けました，というのは PER とコードしていいと思います。

付録
Appendix

付録 I

ノーマル・データ

インターナショナル・データと日本人データ 240

Appendix I
Normal Data : International Data & 240 Japanese Data

2つの表の概要

❖ 表1「インターナショナル・データ」は，包括システムのロールシャッハ・ノーマル・データを収集した16カ国の3,858プロトコルの結果を1つにしたものです。参加国およびサンプル数は以下のようです。アルゼンチン506，90，オーストラリア128，ベルギー100，ブラジル409，デンマーク141，フィンランド343，ギリシャ98，オランダ108，イスラエル41，150，イタリア249，日本240，ペルー233，ポルトガル309，ルーマニア111，スペイン517，アメリカ283，450，52。

❖ 表2「日本人データ240」は，上記の16カ国のなかでも，リサーチの方法やデータの収集において精度が高く信頼性の高い最優良データとして「モデル・サンプル」と称された4つの1つに選ばれました。

表1　出典 = Gregory J. Meyer, Philip Erdberg & Thomas W. Shaffer (2007) "Toward International Normative Reference Data for the Comprehensive System". *Journal of Personality Assessment* 89 (SI) ; 201-216.

表2　出典 = Noriko Nakamura, Yasuyuki Fuchigami & Ritsuko Tsugawa (2007) "Rorschach Comprehensive System Data for a Sample of 240 Adult Non-patients from Japan". *Journal of Personality Assessment* 89 (SI) ; 97-102.

表1 インターナショナル・データ

Variable	M	SD	Variable	M	SD	Variable	M	SD
Age	36.45	11.71	F	8.92	5.34	Ls	0.87	1.12
R	22.31	7.90	Pair	7.04	3.83	Na	0.75	1.11
W	9.08	4.54	3r+(2)/R	0.38	0.16	Sc	1.11	1.35
D	9.89	5.81	Lambda	0.86	0.95	Sx	0.47	0.94
Dd	3.33	3.37	PureF%	0.39	0.17	Xy	0.19	0.52
S	2.49	2.15	FM+m	4.87	2.89	Idiographic	0.89	1.21
DQ+	6.24	3.54	EA	6.84	3.76	An+Xy	1.34	1.54
DQo	14.68	6.74	es	9.09	5.04	DV	0.65	0.99
DQv	1.09	1.50	D Score	-0.68	1.48	INCOM	0.73	0.97
DQv/+	0.29	0.67	AdjD	-0.20	1.23	DR	0.49	0.96
FQx+	0.21	0.68	a (active)	4.96	3.08	FABCOM	0.45	0.76
FQxo	11.11	3.74	p (passive)	3.73	2.65	DV2	0.01	0.14
FQxu	6.20	3.93	Ma	2.09	1.83	INC2	0.10	0.33
FQx-	4.43	3.23	Mp	1.67	1.61	DR2	0.06	0.31
FQxNone	0.33	0.71	Intellect	2.35	2.57	FAB2	0.08	0.31
MQ+	0.12	0.43	Zf	12.50	4.92	ALOG	0.16	0.46
MQo	2.26	1.66	Zd	-0.67	4.72	CONTAM	0.02	0.15
MQu	0.69	0.99	Blends	4.01	2.97	Sum6 Sp Sc	2.75	2.39
MQ-	0.63	1.05	Blends/R	0.18	0.13	Lv2 Sp Sc	0.25	0.62
MQNone	0.03	0.20	Col-Shd Blends	0.60	0.92	WSum6	7.63	7.75
SQual-	0.87	1.15	Afr	0.53	0.20	AB	0.32	0.82
M	3.73	2.66	Populars	5.36	1.84	AG	0.54	0.86
FM	3.37	2.18	XA%	0.79	0.11	COP	1.07	1.18
m	1.50	1.54	WDA%	0.82	0.11	CP	0.02	0.15
FC	1.91	1.70	X+%	0.52	0.13	Good HR	3.70	2.18
CF	1.65	1.55	X-%	0.19	0.11	Poor HR	2.86	2.52
C	0.34	0.66	Xu%	0.27	0.11	MOR	1.26	1.43
Cn	0.02	0.14	Isolate/R	0.20	0.14	PER	0.75	1.12
Sum Color	3.91	2.53	H	2.43	1.89	PSV	0.23	0.56
WSumC	3.11	2.17	(H)	1.22	1.24	PTI Total	0.59	0.95
FC'	1.39	1.47	Hd	1.52	1.71	DEPI Total	3.80	1.33
C'F	0.28	0.64	(Hd)	0.64	0.92	CDI Total	2.90	1.24
C'	0.06	0.28	Hx	0.41	0.98	S-Con Total	4.67	1.62
FT	0.55	0.82	H+(H)+Hd+(Hd)	5.83	3.51	HVI Total	2.79	1.64

表1 つづき

Variable	M	SD	Variable	M	SD	Variable	M	SD
TF	0.08	0.36	(H)+Hd+(Hd)	3.36	2.73	OBS Total(1-5)	1.13	0.91
T	0.01	0.11	A	7.71	3.18	WD+	0.17	0.56
FV	0.37	0.76	(A)	0.42	0.73	WDo	10.69	3.47
VF	0.12	0.39	Ad	2.41	1.97	WDu	4.89	3.10
V	0.01	0.13	(Ad)	0.16	0.45	WD-	2.91	2.27
FY	0.93	1.32	An	1.16	1.42	WDNone	0.34	0.69
YF	0.36	0.73	Art	1.22	1.45	EII-2	-0.15	0.95
Y	0.07	0.29	Ay	0.52	0.87	HRV	0.94	2.98
Fr	0.34	0.76	Bl	0.25	0.55			
rF	0.07	0.33	Bt	1.41	1.44			
Sum C'	1.75	1.71	Cg	1.89	1.77			
Sum T	0.65	0.91	Cl	0.18	0.46			
Sum V	0.52	0.92	Ex	0.19	0.48			
Sum Y	1.34	1.63	Fi	0.50	0.80			
Sum Shading	4.29	3.48	Food	0.33	0.66			
Fr+rF	0.41	0.88	Ge	0.26	0.62			
FD	1.02	1.19	Hh	0.84	1.03			

表 2　日本人データ 240

Variable	Mean	SD	Min	Max	Freq	Median	Mode	SK	KU
Age	31.56	10.53	18.00	66.00	240	28.00	30.00	1.08	0.38
Years Ed	12.45	5.90	0.00	22.00	213	16.00	16.00	-1.41	0.48
R	26.25	9.97	14.00	80.00	240	24.00	16.00	1.34	3.08
W	11.95	5.64	2.00	35.00	240	11.00	9.00	1.24	2.40
D	9.97	6.00	0.00	34.00	239	9.00	4.00	0.86	0.76
Dd	4.34	[3.72]	0.00	22.00	223	3.00	2.00	1.74	4.12
S	3.73	[2.73]	0.00	19.00	227	3.00	2.00	1.67	5.20
DQ+	7.83	3.57	0.00	19.00	238	8.00	8.00	0.39	-0.02
DQo	16.61	8.11	5.00	67.00	240	15.00	15.00	1.56	5.68
DQv	1.41	[1.92]	0.00	10.00	146	1.00	0.00	2.20	5.54
DQv/+	0.40	[0.89]	0.00	6.00	61	0.00	0.00	3.22	12.90
FQx+	0.03	0.21	0.00	2.00	5	0.00	0.00	7.93	66.01
FQxo	12.88	4.21	5.00	31.00	240	12.00	11.00	0.99	1.48
FQxu	5.97	3.84	0.00	25.00	237	5.00	4.00	1.51	3.69
FQx-	7.15	5.02	0.00	36.00	237	6.00	5.00	1.52	4.15
FQxNone	0.23	[0.67]	0.00	6.00	38	0.00	0.00	5.04	33.89
MQ+	0.02	0.17	0.00	2.00	4	0.00	0.00	9.09	90.25
MQo	3.57	1.99	0.00	13.00	233	3.00	3.00	0.91	2.17
MQu	0.81	1.04	0.00	5.00	123	1.00	0.00	1.67	3.37
MQ-	1.22	[1.56]	0.00	10.00	151	1.00	0.00	2.44	8.32
MQNone	0.00	[0.00]	0.00	0.00	0	0.00	0.00	−	−
SQual-	1.94	[1.81]	0.00	10.00	194	1.00	1.00	1.54	3.19
M	5.62	3.14	0.00	18.00	234	5.00	5.00	0.84	1.40
FM	3.63	2.20	0.00	13.00	229	3.00	3.00	1.04	2.01
m	1.77	1.65	0.00	9.00	181	1.00	1.00	1.15	1.69
FC	1.99	1.84	0.00	8.00	186	2.00	1.00	1.15	1.19
CF	1.94	1.78	0.00	9.00	179	2.00	0.00	1.01	0.92
C	0.28	[0.65]	0.00	3.00	47	0.00	0.00	2.63	6.93

表2 つづき

Variable	Mean	SD	Min	Max	Freq	Median	Mode	SK	KU
Cn	0.00	[0.00]	0.00	0.00	0	0.00	0.00	—	—
Sum Color	4.20	2.85	0.00	15.00	226	4.00	2.00	1.01	1.27
WSumC	3.35	2.45	0.00	13.50	226	3.00	2.00	1.16	1.75
FC'	1.47	[1.41]	0.00	8.00	171	1.00	1.00	1.10	1.50
C'F	0.22	[0.50]	0.00	3.00	45	0.00	0.00	2.68	8.75
C'	0.03	[0.18]	0.00	1.00	8	0.00	0.00	5.23	25.59
FT	0.53	[0.79]	0.00	4.00	94	0.00	0.00	1.75	3.73
TF	0.07	[0.26]	0.00	1.00	17	0.00	0.00	3.36	9.41
T	0.00	[0.00]	0.00	0.00	0	0.00	0.00	—	—
FV	0.32	[0.69]	0.00	5.00	59	0.00	0.00	3.45	17.34
VF	0.10	[0.32]	0.00	2.00	24	0.00	0.00	2.98	8.39
V	0.00	[0.07]	0.00	1.00	1	0.00	0.00	15.49	240.00
FY	0.65	[0.95]	0.00	5.00	103	0.00	0.00	1.92	4.44
YF	0.22	[0.51]	0.00	3.00	45	0.00	0.00	2.46	6.32
Y	0.08	[0.36]	0.00	4.00	15	0.00	0.00	6.82	61.02
Fr	0.32	[0.64]	0.00	3.00	57	0.00	0.00	2.20	4.80
rF	0.07	[0.30]	0.00	2.00	14	0.00	0.00	4.64	22.63
Sum C'	1.72	[1.56]	0.00	8.00	180	1.00	1.00	0.97	0.90
Sum T	0.60	[0.82]	0.00	4.00	106	0.00	0.00	1.54	2.83
Sum V	0.43	[0.77]	0.00	5.00	78	0.00	0.00	2.78	11.36
Sum Y	0.95	[1.23]	0.00	5.00	127	1.00	0.00	1.58	2.22
Sum Shading	3.70	2.88	0.00	21.00	217	3.00	3.00	1.59	5.52
Fr+rF	0.39	[0.76]	0.00	5.00	65	0.00	0.00	2.58	8.48
FD	1.13	[1.35]	0.00	9.00	154	1.00	1.00	2.34	8.37
F	10.98	6.70	1.00	55.00	240	10.00	5.00	1.64	7.00
(2)	7.14	3.40	0.00	22.00	238	7.00	6.00	0.95	1.76
3r+(2)/R	0.33	0.15	0.00	0.93	238	0.33	0.50	0.68	1.60
Lambda	0.86	0.84	0.05	8.33	240	0.63	0.50	4.39	30.14

表2 つづき

Variable	Mean	SD	Min	Max	Freq	Median	Mode	SK	KU
PureF%	0.40	0.16	0.05	0.89	240	0.39	0.33	0.31	-0.15
FM+m	5.41	2.89	0.00	17.00	235	5.00	4.00	0.75	1.10
EA	8.98	4.20	0.00	22.50	239	8.50	7.00	0.56	0.35
es	9.11	4.50	1.00	27.00	240	9.00	5.00	0.75	0.78
D Score	-0.01	1.38	-5.00	5.00	121	0.00	0.00	-0.21	2.04
AdjD	0.38	1.34	-3.00	5.00	120	0.00	0.00	0.82	1.93
a (active)	5.32	3.14	0.00	17.00	232	5.00	4.00	0.66	0.38
p (passive)	5.75	3.39	0.00	17.00	234	5.00	3.00	0.78	0.44
Ma	2.75	2.14	0.00	12.00	206	2.00	2.00	0.91	0.96
Mp	2.91	2.15	0.00	13.00	218	3.00	2.00	1.13	1.94
Intellect	1.87	1.98	0.00	10.00	170	1.00	0.00	1.57	3.07
Zf	16.16	5.71	2.00	37.00	240	15.00	14.00	0.67	0.68
Zd	-0.81	5.48	-15.00	14.00	233	-1.50	-2.00	0.10	-0.33
Blends	4.32	3.03	0.00	16.00	222	4.00	2.00	0.96	1.34
Blends/R	0.17	0.12	0.00	0.71	222	0.15	0.00	0.90	1.43
Col-Shd Blends	0.58	[0.87]	0.00	7.00	99	0.00	0.00	2.55	12.46
Afr	0.51	0.18	0.11	1.46	240	0.48	0.36	1.16	2.96
Populars	5.43	1.70	1.00	11.00	240	5.00	5.00	0.38	0.16
XA%	0.74	0.12	0.48	1.00	240	0.75	0.75	-0.17	-0.53
WDA%	0.80	0.11	0.52	1.00	240	0.81	0.80	-0.34	-0.42
X+%	0.52	0.13	0.21	0.88	240	0.50	0.50	0.33	-0.18
X-%	0.26	0.11	0.00	0.52	237	0.25	0.25	0.21	-0.50
Xu%	0.22	0.10	0.00	0.53	237	0.21	0.16	0.36	-0.03
Isolate/R	0.17	0.12	0.00	0.67	225	0.15	0.13	1.10	1.63
H	3.51	2.30	0.00	13.00	228	3.00	3.00	0.94	1.36
(H)	1.50	1.33	0.00	6.00	181	1.00	1.00	0.92	0.40
Hd	2.05	2.00	0.00	12.00	192	2.00	1.00	1.76	4.35
(Hd)	1.14	1.28	0.00	9.00	152	1.00	0.00	1.80	5.82

表2 つづき

Variable	Mean	SD	Min	Max	Freq	Median	Mode	SK	KU
Hx	0.10	[0.40]	0.00	4.00	17	0.00	0.00	5.78	42.63
H+(H)+Hd+(Hd)	8.21	4.44	0.00	27.00	239	7.00	7.00	1.13	1.78
(H)+Hd+(Hd)	4.70	3.18	0.00	18.00	231	4.00	3.00	1.27	1.88
A	7.27	3.19	1.00	21.00	240	7.00	6.00	1.24	2.99
(A)	0.68	[1.06]	0.00	6.00	98	0.00	0.00	2.22	6.48
Ad	3.69	[2.39]	0.00	13.00	227	3.00	2.00	0.78	0.53
(Ad)	0.43	[0.73]	0.00	5.00	76	0.00	0.00	2.08	6.40
An	0.64	[0.97]	0.00	7.00	99	0.00	0.00	2.27	8.30
Art	1.13	1.30	0.00	6.00	140	1.00	0.00	1.31	1.59
Ay	0.45	[0.82]	0.00	8.00	84	0.00	0.00	4.14	30.96
Bl	0.22	[0.51]	0.00	3.00	43	0.00	0.00	2.72	8.46
Bt	1.77	1.78	0.00	10.00	182	1.00	1.00	1.68	3.85
Cg	3.13	2.35	0.00	13.00	214	3.00	3.00	0.88	0.85
Cl	0.12	[0.32]	0.00	1.00	28	0.00	0.00	2.40	3.81
Ex	0.18	[0.48]	0.00	4.00	35	0.00	0.00	3.70	19.32
Fi	1.04	[1.11]	0.00	5.00	148	1.00	0.00	1.16	1.26
Food	0.63	[1.09]	0.00	7.00	92	0.00	0.00	2.95	11.85
Ge	0.20	[0.73]	0.00	8.00	31	0.00	0.00	6.74	60.36
Hh	0.70	1.06	0.00	7.00	107	0.00	0.00	2.60	10.08
Ls	0.96	1.17	0.00	6.00	131	1.00	0.00	1.49	2.79
Na	0.69	[1.10]	0.00	8.00	98	0.00	0.00	2.50	9.80
Sc	1.40	[1.49]	0.00	11.00	167	1.00	1.00	2.12	8.29
Sx	0.20	[0.55]	0.00	3.00	34	0.00	0.00	3.10	9.97
Xy	0.09	[0.31]	0.00	2.00	19	0.00	0.00	3.74	14.58
Idiographic	1.36	1.49	0.00	9.00	160	1.00	0.00	1.60	3.62
An+Xy	0.73	[1.03]	0.00	7.00	107	0.00	0.00	2.01	6.33
DV	0.38	[0.82]	0.00	8.00	65	0.00	0.00	4.33	32.10
INCOM	1.22	[1.29]	0.00	5.00	151	1.00	0.00	1.05	0.57

表2 つづき

Variable	Mean	SD	Min	Max	Freq	Median	Mode	SK	KU
DR	0.42	[1.09]	0.00	9.00	54	0.00	0.00	4.52	26.81
FABCOM	0.66	[0.91]	0.00	5.00	108	0.00	0.00	1.62	3.05
DV2	0.00	[0.07]	0.00	1.00	1	0.00	0.00	15.49	240.00
INC2	0.08	[0.28]	0.00	2.00	17	0.00	0.00	3.81	14.90
DR2	0.03	[0.23]	0.00	2.00	4	0.00	0.00	8.13	66.04
FAB2	0.05	[0.24]	0.00	2.00	11	0.00	0.00	5.07	27.82
ALOG	0.11	[0.43]	0.00	3.00	19	0.00	0.00	4.48	22.06
CONTAM	0.01	[0.09]	0.00	1.00	2	0.00	0.00	10.88	117.47
Sum6 Sp Sc	2.97	2.85	0.00	23.00	209	2.00	2.00	2.77	13.20
Lv2 Sp Sc	0.16	[0.53]	0.00	4.00	24	0.00	0.00	3.97	17.81
WSum6	8.19	8.69	0.00	53.00	209	6.00	0.00	2.56	9.09
AB	0.15	[0.44]	0.00	3.00	28	0.00	0.00	3.41	12.93
AG	0.45	0.80	0.00	4.00	74	0.00	0.00	2.02	4.18
COP	1.23	1.22	0.00	5.00	151	1.00	0.00	0.71	-0.35
CP	0.03	[0.18]	0.00	1.00	8	0.00	0.00	5.23	25.59
Good HR	5.01	2.39	0.00	13.00	238	5.00	4.00	0.51	-0.01
Poor HR	3.88	3.32	0.00	21.00	221	3.00	4.00	1.71	4.10
MOR	1.09	[1.48]	0.00	9.00	128	1.00	0.00	2.05	5.40
PER	0.56	0.88	0.00	5.00	90	0.00	0.00	1.91	4.26
PSV	0.19	[0.50]	0.00	3.00	37	0.00	0.00	3.02	10.32
PTI Total	1.05	1.25	0.00	4.00	124	1.00	0.00	0.85	-0.61
DEPI Total	3.70	1.24	1.00	7.00	240	4.00	4.00	0.08	-0.21
CDI Total	2.68	1.24	0.00	5.00	231	3.00	3.00	-0.15	-0.67
S-Con Total	4.57	1.48	1.00	8.00	240	5.00	5.00	0.03	-0.42
HVI Total	4.26	1.73	0.00	8.00	239	4.00	5.00	-0.19	-0.81
OBS Total(1-5)	1.59	0.87	0.00	3.00	211	2.00	2.00	-0.22	-0.59
WD+	0.03	0.21	0.00	2.00	5	0.00	0.00	7.93	66.01
WDo	12.40	3.99	5.00	30.00	240	12.00	11.00	0.93	1.36

表2 つづき

Variable	Mean	SD	Min	Max	Freq	Median	Mode	SK	KU
WDu	4.83	3.08	0.00	25.00	236	4.00	3.00	1.97	8.30
WD-	4.48	3.51	0.00	25.00	226	4.00	2.00	1.58	4.69
WDNone	0.18	0.58	0.00	5.00	31	0.00	0.00	4.68	28.65
EII-2	0.14	1.19	-2.10	4.96	240	-0.17	-0.52	1.25	2.07
HRV	1.13	3.55	-14.00	9.00	221	2.00	1.00	-1.07	2.08

付録 II

トライアル 15

Appendix II
The Fifteen Trial

トライアル 15 の使用法

　このトライアル 15 はコーディングの卒業試験です。85% 以上の一致率でパスしていただけますでしょうか？

　白人男性 20 歳の実物プロトコルです。たった 15 反応しかありませんので，気楽に取り組んでください。ロケーションシートやコードを書く記録用紙も付けてあります。これまで学習してきたコーディングについて総復習することができるはずです。

　本書『基礎篇』に続く『解釈篇』の冒頭で一緒にコードの確認をしたいと思います。回答と解説はそこでさせていただきます。またロールシャッハ言語でコミュニケートできるのを楽しみにしています。

トライアル 15

番号		反応	質問段階
I	1	イヌの顔かもしれない，笑っているような。	E：（反応を繰り返す。）〈以下同様にて略〉 S：穴が開いているのは目で，耳はこの上（指す）で鼻，鼻ずるか何か。頬と，白いところは口です。吊り上がっていて笑っているようです。イヌはそうするんですよ，知っていますか？
II	2	これは2匹の黒いクマが，ガラスに押し付けあって，闘いをしているみたい。ここの上は帽子。闘いで怪我をした勢いで，帽子が跳ねあがっています。	S：鼻はこの下で（指す），それぞれの耳。左右に1匹ずつ。上が帽子。 E：怪我をしているとおっしゃいましたね。 S：互いに闘っていて，後ろの，この白いガラスに押し付けあっているんです。この赤いのは血でしょう。まるで大急ぎで絵の具で描いたみたいです。
III	3	2人の人と机。2人は立っています。	S：頭で腕で足。彼らは机（D7）に寄り掛かっているので斜めになっています。
	4	2人のウェイターが，短い上着を着てハイヒールのような靴と，ぴったりの黒いズボンをはいて，テーブルの隣に立って，テーブルを拭いているようです。背景には派手な赤い飾りがあります。	S：そう，これです（輪郭をなぞる）。ぴったりした洋服を着て，このテーブルに屈み込んで拭いているようです。短い上着を着ていて奇妙な顔をしています。まるでサルのような。腕は広げています。 E：背景には派手な赤い飾りがあるとおっしゃいましたが？ S：そうです。この赤いのです。真ん中と両端，よくレストランやパーティーで使うような，ただの赤い飾りです。
IV	5	これはジャックと豆の木に出てくるような大男です。大きくて強くて木も切り倒してしまうような。面白いブーツも履いています。でも，頭はなくて，のどしか見えません。それでも話せるのです。足の間に何かあります。何だろう，ペニスでしょうか。	S：頭はなくて，切り取られたんです。舌とのどだけがこの上に見えています（指す）。 E：もう少し他の部分も教えてくれますか？ S：これが，面白いブーツで，足の間にあるのがペニスで，あるべきところにあります。

	6	葉っぱ。	S：全体です。全体の輪郭です。 E：もう少し説明してくださいますか？ S：私には葉っぱの形にしか見えないのです。
	7	後ろから見たリスのようです。	S：尻尾で、まるで後ろ向きに出てきたみたいにこちらにお尻を向けていて，これが本当に大きな足で，小さな頭，前屈みになっているのでしょう，ほんの少ししか頭は見えません。
Ⅴ	8	コウモリ。	S：羽1，羽2，真ん中です（指す）。 E：真ん中に？ S：身体は，真ん中です。
Ⅵ	9	上は何かわかりません，下はたぶんクマの皮でしょう。	S：きっとそうだと思います。足があって，動物の皮のようにぺしゃんこに見えて，床に敷いてあるみたいです。
Ⅶ	10	ランプの形，下は大きいですね。周りに影が見えます。	S：ドームになっていて，影，旧式の箱型の大きな本体。影が周りにあって，はっきり区別できます。影は後ろ側にあるようで，濃淡のせいか距離を感じます。
Ⅷ	11∧	国の紋章，旗に付いている州の紋章のよう。	S：両側に動物がいます。クマでしょう。左右対称で，農業の紋章か，上は山で真ん中に青い水が見えます。
	12<	こうすると，イグアナが岩を登っているところ。下に全部が映っています。	S：ヤモリの種類で，たぶんイグアナでしょう。足はこれで，ここに登っています。木とかやぶとか岩です。
Ⅸ	13<	海岸のようです。夕焼け色をしています。	S：太陽は見えないのですが，色だけです。オレンジ，緑は雲のよう。全部下に映っているのです。夕焼け時の海岸です。
Ⅹ	14	2匹のカニがクリケットのバットのようなのをもっています。	S：この上です。灰色をしています。触角があって，小さな足と，バットのようです。野球のバットではなくて，クリケット用の真っ直ぐのです。それを振り回そうとしています。カニはそんなことできませんけれどね。
	15	このピンクのはひどい。2つの血のシミのようです。	S：そう見えます。 E：そう見えるのはわかりますが，私にもわかるように教えてください。 S：わかりません。ただ赤いからです。違った色合いの赤が鮮血で，まだ乾いていない血に見えたのです。 E：まだ乾いていないと？ S：あるところは他のところよりも赤いからです。

スコアの継列

CARD	NO.	LOCATION	NO.	DETERMINANT (S)	(2)	CONTENT (S)	POP	Z SCORE	SPECIAL
I	1.								
II	2.								
III	3.								
III	4.								
IV	5.								
IV	6.								
IV	7.								
V	8.								
VI	9.								
VII	10.								
VIII	11.								
VIII	12.								
IX	13.								
X	14.								
X	15.								

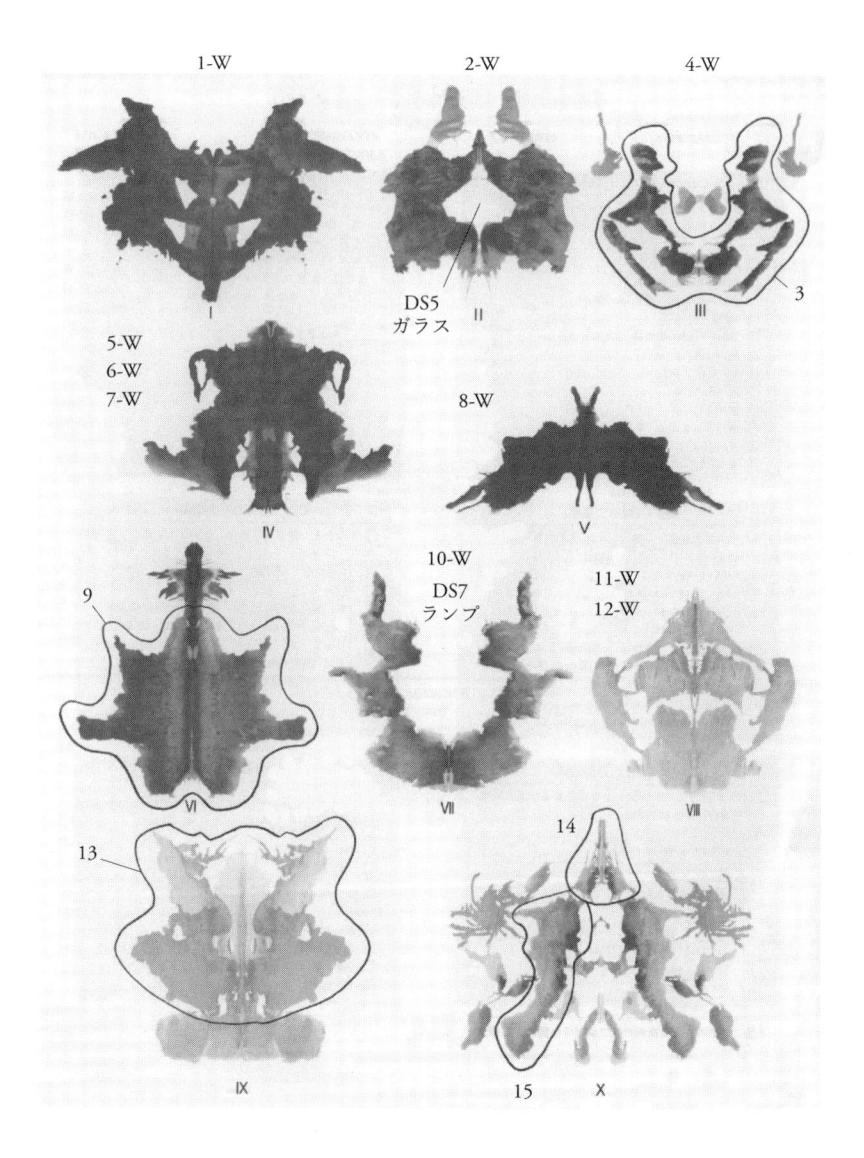

286　ロールシャッハ・テスト講義 I

1-W　　　　　2-W　　　　　4-W

DS5
ガラス

5-W
6-W
7-W

8-W

10-W
DS7
ランプ

11-W
12-W

トライアル 15

付録 III

構造一覧表と布置記録表

The Structural Summary & Constellations Worksheet

構造一覧表と布置記録表の使用法

　ロールシャッハ言語を学んでいただくにあたって，学んでいる新しい概念の意味や，定義などをはっきりさせるのにできるだけ役に立つ索引を用意しました。

　ここでは『ロールシャッハ・テスト』188ページの「構造一覧表」と198ページの「布置一覧表」を抜粋し，それぞれのエリアがわかるように工夫してあります。

　また，この2つの表のA，B，Cの各エリア番号は，本書303ページから始まる「事項索引」に対応しています。それぞれの変数が構造一覧表のどこに位置しているのか，変数同士の関連がわかりやすい地図のようにご利用いただければ幸いです。事項索引のゴシック体（太文字）は，とくにその変数が意味をもつエリアを示しています。

構造一覧表（上部）

Location Features	Determinants		Contents	Approach	
	Blends	Single			
A-1			H =3	I	DS.W.W
Zf =15	FC.FY	M =2	(H) =1	II	DS.D.D
ZSum=42.0	M.CF.m	FM =2	Hd =0	III	D.D.D
Zest =49.0	M.FV.FT	m =0	(Hd)=0	IV	W
A-2	Fr.FV.FY	FC =2	Hx =0	V	W.W
W =7	m.YF	CF =1	A =10	VI	W
D =15	M.FC'.YF	C =0	(A) =1	VII	D.Ds.D
W+D=22	FM.Cf	Cn =0	Ad =2	VIII	WS
Dd =3	m.CF	FC' =2	(Ad)=0	IX	DdS.DdS.D
S =5	FM.CF	C'F =0	An =2	X	D.D.D.D.D
	A-5	C' =0	Art =1		
		FT =0	Ay =0	**Special Scores**	
A-3		TF =0	Bl =1	Lv1	Lv2
DQ		T =0	Bt =2	DV =1x1	0x2
+ =10		FV =0	Cg =3	INC =3x2	0x4
o =14		VF =0	Cl =2	DR =2x3	0x6
v/+ =0		V =0	Ex =0	FAB =2x4	0x7
v =1		FY =1	Fd =0	ALOG =1x5	
		YF =0	Fi =0	CON =0x7	
A-4	**Form Quality**	Y =0	Ge =1	Raw Sum6 =9	
FQx	Mqual W+D	Fr =0	Hh =2	Wgtd Sum6 =26	
+= 2	=1 =2	rF =0	Ls =0		
o=17	=2 =17	FD =0	Na =4	AB =0	GHR =-4
u=6	=2 =3	F =6	Sc =2	AG =1	PHR =1
-=0	=0 =0		Sx =0	COP =1	MOR =3
none=0	=0 =0		Xy =1	CP =0	PER =3
		(2) =10	Id =1		PSV =0
		A-6	**A-7**	**A-8**	

構造一覧表（下部）

Protocol 192   Ration, Percentages, and Derivations

R	=25	L	=0.32					
EB	=5:6.0	EA	=11.0	EBPer	=N/A	FC:CF+C	=4:4	COP=1 AG =1
eb	=7:11	es	=18	D	=-2	Pure C	=0	GHR:PHR =4:1
		Adj es	=12	Adj D	=0	SumC':WSumC	=3:6.0	a:p =6:6
FM	=4	SumC'	=3	SumT	=1	Afr	=0.56	Food =0
m	=3	SumV	=2	SumY	=5	S	=5	SumT =1
						Blends:R	=9:25	Human Cont =4
						CP	=0	Pure H =3
								PER =3
								Isol Indx =0.60

——— B-1 ———   ——— B-2 ———   ——— B-3 ———

a:p	=6:6	Sum6	=9	XA%	=1.00	Zf	=15	3r+(2)/R	=0.52
Ma:Mp	=2:3	Lv2	=0	WDA%	=1.00	W:D:Dd	=7:15:3	Fr+rF	=1
2AB+Art+Ay	=1	WSum	=26	X-%	=0.00	W:M	=7:5	SumV	=2
Mor	=3	M-	=0	S-	=0	Zd	=-7.0	FD	=0
		Mnone	=0	P	=7	PSV	=0	An+Xy	=3
				X+%	=0.76	DQ+	=10	MOR	=3
				Xu%	=0.24	DQv	=1	H:(H)+Hd+(Hd)	=3:1

——— B-4 ——— ——— B-5 ——— ——— B-6 ——— ——— B-7 ———

PTI=1	DEPI=5*	CDI=2	S-CON=5	HVI=No	OBS=No

——— B-8 ———

B1　統制（control）

B2　感情（affect）

B3　対人知覚（interpersonal）

B4　思考（ideation）

B5　媒介（mediation）

B6　情報処理過程（processing）

B7　自己知覚（self perception）

B8　「布置記録表」の C-1 〜 C-6 参照

布置記録表

C-1 S-Constellation（自殺の可能性）

☐ 8項目以上該当する場合はチェックする
注意：15歳以上の対象者にのみ適用する
☐ FV+VF+V+FD>2
☒ Color-shading Blends>0
☒ 3r+(2)/R<.31 または >.44
☐ MOR>3
☒ Zd>+3.5 または Zd<-3.5
☒ es>EA
☐ CF+C>FC
☐ X+%<.70
☒ S>3
☐ P<3 または P>8
☐ Pure H<2
☐ R<17

C-2 PTI（知覚と思考の指標）

☐ XA%<.70 かつ WDA%<.75
☐ X-%>.29
☐ LVL2 かつ FAB2>0
・☒ R<17 で WSUM6>12 または
  R>16 で WSUM6>17
☐ M->1 または X-%>.40
 0 Sum PTI

C-3 DEPI（抑うつ指標）

☐ 5項目以上該当する場合はチェックする
 ☒（FV+VF+V>0）または（FD>2）
 ☒（Col-Shd Blends>0）または（S>0）
・☐（3r+(2)/R<.44 かつ Fr+rF=0）または（3r+(2)/R<.33）
・☐（Afr<.46）または（Blends<4）
 ☒（Sum Shading>FM+m）または（SumC'>2）
 ☒（MOR>2）または（2xAB+Art+Ay>3）
 ☒（COP<2）または（[Bt+2xCl+Ge+Ls+2xNa]/R>.24）

C-4 CDI（対処力不全指標）

☐ 4項目以上該当する場合はチェックする
 ☒（EA<6）または（AdjD<0）
 ☐（COP<2）かつ（AG<2）
 ☐（Weighted Sum C<2.5）または＊（Afr<.46）
 ☐（Passive>Active+1）または（Pure H<2）
 ☒（Sum T>1）または（Isolate/R>.24）または（Food>0）

C-5 HVI（警戒心過剰指標）

☐ 1が該当し，かつ他の項目に4以上該当する場合はチェックする
 ☐（1）FT+TF+T=0
 ☒（2）Zf>12
 ☐（3）Zd>+3.5
 ☒（4）S>3
 ☐（5）H+(H)+Hd+(Hd)>6
 ☐（6）(H)+(A)+(Hd)+(Ad)>6
 ☐（7）H+A : Hd+Ad<4 : 1
 ☐（8）Cg>3

C-6 OBS（強迫的スタイル指標）

☐（1）Dd>3
☒（2）Zf>12
☐（3）Zd>+3.0
☐（4）Populars>7
☒（5）FQ+>1
以下の項目が1つでも該当する場合はチェックする
☐ 1から5の条件がすべて該当
☐ 1から4が2つ以上該当しかつ FQ+>3
☐ 1から5が3つ以上該当しかつ X+%>.89
☐ FQ+>3 かつ X+%>.89

あとがき
Postscript

　1981 年に初めてエクスナー博士に国際ロールシャッハ及び投映法学会の第 10 回 Washington 大会でお目にかかりましたが，それが私にとって包括システムとの出会いとなりました。

　ヨーロッパ開催を常としていたこの大会が，初めてアメリカで開催されたこともあって大変張りきっておられたのが印象的でした。その意味では，それから 30 年経って 2011 年に日本で国際ロールシャッハ及び投映法学会第 20 回大会が開催されるのは個人的にはとても感慨深く思えます。以降 1984 年にはスペインの Barcelona で，1987 年にはブラジルの San Paulo で開催された国際ロールシャッハ大会でお目にかかったものの，どれもお目にかかったにすぎませんでした。私がエクスナー博士の Rorschach Workshops に出かけるきっかけは，この San Paulo 大会でエクスナー博士と共同研究発表をしていた若い女性研究者が，「博士がハワイでワークショップをやるのですが，ハワイは日本から近いのでは？」と誘ってくれて以来エクスナー博士が当時年 1 回発行していた *Alumni News Letter* という情報冊子を彼女が届けてくれるようになったことからでした。

　私の包括システムの学び方は，実に非効率的で，コストもかかり決してスマートなやり方ではなかったと思います。アメリカ大陸でも

東海岸より南にある Atlanta からさらに飛行機を乗り継いで1時間の Asheville に出かけ、そこでエクスナー博士が毎年行なっている Rorschach Workshops のプログラムへの参加は計20回を超えました。さらにその他の都市で開催されたワークショップに参加したのも加えるとさらに多くなります。1988年から2005年までの17年間、年中行事のようにして通って学べたのは、不便で遠かったからかもしれません。それゆえにモチベーションが上がって、学ぶ意欲が掻き立てられたといえるかもしれません。また、重厚な空気の漂う緊張感に包まれて25人くらいの専門家が集まって学ぶ寺子屋のような雰囲気の中で、エクスナー博士の自由で闊達な解釈をじっくり聞くと、帰国してからの自分の臨床にすぐに生かせる知恵が満載のワークショップだったのです。参加するたびに得るものが大きく、労力よりも学べる楽しみが勝っていたのだと思います。

おそらく10年ほど前にエクスナー博士に、自分がやっているロールシャッハの5日間の基礎講座はエクスナー博士の2つのケースを使っているので、エクスナー博士と連名でテキストにさせてもらうのはどうだろう、と相談させていただいたことがありました。その時の博士のお返事は「それはいい、好きにしたらいい」でした。許可をいただいたものの、このエクスナー・ジャパン・アソシエイツ（Exner Japan Associates : EJA）の講座は、藤岡淳子、中村伸一諸氏とともに1989年に3人で包括システムのロールシャッハの勉強会を始めようと立ち上げたのが始まりで、それぞれが一人ずつ紀恵理子、佐藤豊、木村（佐藤）尚代の諸氏を仲間に誘って6名でスタートしたものでした。その後、メンバーは増えて、寺村堅志、渡邊悟、岩井昌也、永井幸子、市川京子の諸氏が加わって、にぎやかで活動的な時代を迎えました。1992年にはエクスナー博士が来日してワークショップをしてくださることになり、この EJA のメンバーで講座を開催して、それぞれが講師となって、持ち回りで博

士のワークショップの理解を事前に深めるための講座を始めることになりました。ですから，エクスナー博士にテキストにしてもいいよ，と言われても，もともとは EJA のメンバーが持ち回りで講座をやっていたものなので，このたびにわかに私一人がそれをまとめてもいいのかという迷いはありました。

　EJA のメンバーは，その後それぞれキャリアを積んだり，あるいは家庭を持ったりと発展解散しました。そして気がつくと，1995 年頃からは私が一人で EJA の講座を切り盛りするようになっていました。それから 15 年経って年 3 回 5 日間の基礎講座を毎年開催して，少しずつ工夫を凝らしたり，参加者からの有益な質問を多数いただくうちに講座は少しずつ成熟し，まとまりのあるものになっていったように思います。エクスナー博士が 2005 年に亡くなられて以降は，恩師との約束を果たしていない違和感のほうが大きくなってきて，最近はいくらなんでも何とか"かたち"にしなくては，と強い意志が自分の中から芽生えてきました。幸いなことに，エクスナー博士のご子息のクリストファー・エクスナー氏が，亡き父上と同じように「どうぞご自由に，教科書として役に立つように作業を進めてください」と 2 つのケースを使うことを含め，私がこのように講座を本にまとめることを許可してくださいました。

　時期とタイミングというのはとても大事だと思います。なぜならば，私は自分がロールシャッハの教科書を書くことは毛頭考えていなかったからです。教科書はあくまでもエクスナー博士の著書に戻るべきだと思っていました。アメリカでも，ヨーロッパでも包括システムを学ぶのに，*The Rorschach : A Comprehensive System* を傍らに置かず，別のテキストで勉強を始める専門家はいません。「この教科書に目を通さずしていかに学べようか」という感じです。ですから，ともかく野田昌道氏とともに 2009 年に『ロールシャッハ・テスト——包括システムの基礎と

解釈の原理』(金剛出版, 2009) (John E. Exner Jr.. Ph.D., *The Rorschach : A Comprehensive System Vol.1 : Basic Foundations and Principles of Interpretation*, 4th Edition, John Wiley & Sons, 2003) の教科書を訳出することができて，ようやく本分を全うした思いでした。それとともに，この教科書を傍らに置いて，いつもやっている講座の内容を盛り込んだサブテキストがあれば教科書の解説役を果たすことができるかもしれないし，それは包括システムを真に学ぼうとしている方々のお役にたつかもしれないと，前向きな気持ちが起こってきて，本書について真面目に取り組むようになりました。

　時期とタイミングという意味では，金剛出版が息長く包括システムのロールシャッハの教科書を出版してくださっていましたが，若い編集者の藤井裕二氏と出会えたのも弾みになりました。藤井裕二氏が包括システムのロールシャッハは面白い，と思ってくださらなければこのテキストは日の目を見ることはなかったと思います。原稿起こしから，表紙のデザイン，索引，挿絵などすべての困難なリクエストに応えてくださいました。心から感謝しております。

※

　ここに収めましたのは 5 日間の基礎講座のおよそ半分の内容にあたります。引き続き残りの 2 日半の講座の内容は続刊としてお届けいたします。続刊の「解釈篇」では，コーディングの確認，施行法について，構造一覧表の作成について，そして解釈の実際についてエクスナー博士のお気に入りの 2 つのケースを用いて学びます。私は，基本的にはライブでの講座が好きです。ここに書かれたことと基礎講座の 5 日間は "全く同じ" ではありませんので，このテキストで学んだあとに EJA の講座

においでいただいてライブで学ぶ機会もご一考ください。また，かつて基礎講座に参加された皆様には，どうぞ懐かしい内容について本書をお手にとって"ゆっくり"読み進めてご確認ください。実学であるロールシャッハ法は，講座に一度参加しただけでは分からなくても当然です。私も基礎講座には二度参加しました。そして三度目は教える立場になるときに講師の目線で学び直しました。

しつこいようですが，この本だけでなく，必ず『ロールシャッハ・テスト——包括システムの基礎と解釈の原理』を傍らに置いて学んでいただけますようにお願い申し上げます。最新の文献や，研究が満載ですから，どのような実証的な研究が実際になされて解釈仮説が導き出されたのかを確認していただけると，さらに納得できることが多いはずです。

✣

最後に，ここにお名前を挙げられなかったかつてのEJAのメンバーも含め皆さんに感謝致します。今までの私たちの足跡をこのような形でまとめさせて頂いたことにお礼を申し上げたいと思います。

皆様のロールシャッハ・ワールドがさらに豊かで力強いものになりますように，そしてその元気が的確なアセスメントとしてさまざまな臨床現場で生かされますように，心から願って，一旦筆を擱きます。

中村紀子
2010年6月

文献

Reference

Reference

- ジョン・E・エクスナー著, 中村紀子・津川律子・店網永美子・丸山香訳『ロールシャッハ形態水準ポケットガイド——改訂版第 3 刷』(エクスナー・ジャパン・アソシエイツ［2002］) (John E. Exner Jr.. Ph.D., *Rorschach Form Quality Pocket Guide*, Rorschach Workshops, 1995)

- John. E. Exner, "The Rorschach Archives", *Bulletin of the International Rorschach Society* 8 ; 5-6, 1998.

- ジョン・E・エクスナー著, 中村紀子・西尾博行・津川律子訳『ロールシャッハ・テスト ワークブック (第 5 版)』(金剛出版［2003］) (John E. Exner Jr.. Ph.D., *A Rorschach Workbook for the Comprehensive System, 5th Edition*, John Wiley & Sons, 2001)

- ジョン・E・エクスナー著, 中村紀子・野田昌道訳『ロールシャッハ・テスト——包括システムの基礎と解釈の原理』(金剛出版［2009］) (John E. Exner Jr.. Ph.D., *The Rorschach : A Comprehensive System Vol.1 : Basic Foundations and Principles of Interpretation , 4th Edition*, John Wiley & Sons, 2003)

- Gregory J. Meyer, Philip Erdberg & Thomas W. Shaffer, "Toward International Normative Reference Data for the Comprehensive System", *Journal of Personality Assessment* 89 (SI) ; 201-216, 2007.

- Noriko Nakamura, Yasuyuki Fuchigami & Ritsuko Tsugawa, "Rorschach Comprehensive System Data for a Sample of 240 Adult Non-patients from Japan", *Journal of Personality Assessment*, 89 (SI) ; 97-102, 2007.

- 津川律子・渕上康幸・中村紀子・西尾博行・高橋依子・高橋雅春「包括システムによるロールシャッハ・テストの平凡反応」*Journal of Japanese Clinical Psychology* 18-5 ; 445-453, 2000.

- Early Blots Created by H. Rorschach for Possible Use, The Herman Rorschach Archives and Museum, Bern, Switzerland. (講義 1 の図 1-1, 1-2, 1-3, 1-4, 1-5, 1-6, 1-7, 1-8, 1-9)

事項索引

Subject Index

Subject Index

✥ 事項索引の見方
(1) A-1, A-2, A-3…は，「付録 III」で示されたエリアに該当する．
(2) B-1, B-2, B-3…は，「付録 III」において，その変数がとくに意味をもつエリアを示す．
(3) 001, 002, 003…は，本文のページ数を表わす．

A

A（Whole Animal） A-7, C-5　063, 187, 198-200, 204, 208, 209, 231, 238, 263, 274, 278

(A)（Whole animal, fictional or mythological） A-7, C-5　063, 187, 195, 198, 199, 228, 229, 274, 278

a（active） B-3, B-4, C-4　118-122, 125-127, 273, 277

AB（Abstract Content） A-8, B-4, C-3　196, 201, 217, 241, 242, 266, 273, 279

Ad（Animal detail） A-7, C-5　187, 198, 201, 205, 209, 274, 278

(Ad)（Animal detail, fictional or mythological） A-7, C-5　195, 198, 229, 274, 278

AG（Aggressive Movement） A-8, B-3, C-4　040, 057, 176, 242-244, 248-250, 253, 267, 273, 279

ALOG（Inappropriate Logic） A-8　057, 217, 221, 233-236, 238, 250, 266, 273, 279

An（Anatomy） A-7, B-7　187, 199, 200, 209, 250, 274, 278

a-p（active-passive） B-3, B-4, C-4　122

Art（Art） A-7, B-4, C-3　200-202, 274, 278

Ay（Anthropology） A-7, B-4, C-3　200, 201, 274, 278

B

Blend Response　A-5, B-2, C-3　273, 277

Bl（Blood） A-7　202, 274, 278

Bt（Botany） A-7, C-3　202, 204, 206, 208, 274, 278

C

C（Pure Color Response） A-6, B-2, C-1, C-4　031, 057, 059, 060, 110, 131, 133-137, 140-144, 164, 273, 275

C'（Pure Chromatic Response） A-6, B-1, B-2, C-3　110, 145-148, 164-166, 191, 264, 273, 276

CDI（Coping Deficit Index） B-8, C-4　018,

019, 273, 279
CF（Color Form Response） A-6, B-2, C-1, C-4　110, 145-148, 165, 273, 275
C'F（Chromatic Form Response） A-6, B-1, B-2, C-3　031, 057, 059, 060, 131, 133-143, 164, 167, 247, 273, 276
Cg（Clothing） A-7, C-5　200, 202, 249, 274, 278
Cl（Cloud） A-7, C-3　203, 274, 278
Col-Shd Blends（Color-Shading Blends） C-1, C-3　164, 165, 273, 277
CONTAM（Contamination） A-8　217, 233, 236-240, 250, 264-266, 268, 273, 279
COP（Cooperative Movement） A-8, B-3, C-3, C-4　040, 057, 176, 242-246, 248, 250, 253, 273, 279
CP（Color Projection） A-8, B-2　222, 246-248, 273, 279

D

D（Common Detail） A-2, B-6　063, 066, 067, 069, 070, 072, 074, 075, 088, 100, 273, 275
Dd（Unusual Detail） A-2, B-6, C-6　066, 067, 069, 070, 074, 075, 088, 100, 273, 275
DEPI（Depression Index） B-8, C-3　018, 159-161, 273, 279
DQ（Developmental Quality） A-3　064, 077, 080, 082-085, 088-093, 096, 097, 110, 141, 171, 191, 193, 259
―― o（Ordinary） A-3　082-086, 088, 273, 275
―― v（Vague） A-3, B-6　079-084, 088, 089, 141, 191, 273, 275
―― +（Plus） A-3, B-6　081, 083-089, 100, 273, 275
―― v/+（Vague Plus） A-3　082-084, 273, 275
DR（Deviant Response） A-8　057, 217, 219, 220, 224-227, 238, 250, 258, 267, 268, 273, 279
DV（Deviant Verbalization） A-8　057, 217, 219, 220, 222-224, 230, 238, 247-250, 273, 278, 279

E

Egocentricity Index（3r+(2)/R） B-7, C-1, C-3　159, 175, 273, 276
Ex（Explosion） A-7　203, 274, 278

F

F（Form Determinant） A-6　031, 057, 063, 110, 112, 113, 116, 148, 150, 152, 177, 178, 247, 260, 263, 264, 273, 276
FABCOM（Fabulized Combination） A-8　217, 228, 229, 231, 232, 236, 238, 249-251, 263, 266, 267, 273, 279
FC（Form Color Response） A-6, B-2, C-1, C-4　031, 057, 060, 110, 131, 133-139, 142, 143, 164-167, 247, 273, 275
FC'（Form Chromatic Response） A-6, B-1, B-2, C-3　110, 113, 145, 146, 148, 166, 273, 276
FD（Form Dimension Response） A-6, B-7, C-1, C-3　057, 111, 158, 160, 167-170, 263, 274, 276
Fd（Food） A-7, B-3, C-4　203-205, 274, 278
Fi（Fire） A-7　191, 203, 274, 278
FM（Animal Movement） A-6, B-1, C-3　048,

057, 110, 113-115, 117, 118, 121-124, 128-130, 176, 242, 248, 261, 263, 273, 275
FQ (Form Quality) A-4 259
FQnone (none) A-4 250, 273, 275
FQ- (Minus) A-4 181, 184, 186-191, 250, 273, 275
FQo (Ordinary) A-4 180, 181, 186, 190, 191, 249, 250, 273, 275
FQ+ (Ordinary-elaborated) A-4, C-6 181-183, 249, 250, 273, 275
FQu (Unusual) A-4 183, 184, 186, 191, 249, 250, 273, 275
Fr (Form Reflection Response) A-6, B-7, C-1, C-3 057, 111, 167, 170, 171, 274, 276
FT (Form Texture Response) A-6, B-1, B-3, C-4, C-5 152, 154, 157, 273, 276
FV (Form Vista Response) A-6, B-1, B-7, C-1, C-3 155-159, 274, 276
FY (Form Shading Response) A-6, B-1 147, 148, 165, 166, 247, 249, 274, 276

G

Ge (Geography) A-7, C-3 205, 274, 278
GHR (Good Human Representation) A-8, B-3 245, 248-254, 273, 279

H

H (Whole Human) A-7, B-3, B-7, C-1, C-4, C-5 193, 194, 198, 199, 248, 249, 273, 277
(H) (Whole Human, fictional or mythological) A-7, B-7, C-5 187, 193-195, 198, 199, 229, 248, 273, 274, 277

Hd (Human detail) A-7, B-7, C-5 187, 193, 194, 200, 209, 248, 250, 273, 274, 277
(Hd) (Human detail, fictional or mythological) A-7, B-7, C-5 193-195, 229, 248, 250, 273, 274, 277
Hh (Household) A-7 166, 198, 200, 201, 205, 208, 274, 278
Hx (Human experience) A-7 192, 194-198, 222, 242, 248, 256, 266, 273, 278

I

INCOM (Incongruous Combination) A-8 199, 217, 228-231, 236, 238, 239, 250, 263, 265, 268, 273, 278
Intellectualization Index (2AB+(Art+Ay)) B-4, C-3 201
Isolation Index (Bt+2Cl+Ge+Ls+2Na/R) B-3, C-3, C-4 206, 273, 277

L

Ls (Landscape) A-7, C-3 205-208, 273, 278

M

M (Human Movement) A-6, B-6 031, 048, 057, 061, 100, 110, 113-118, 122, 125, 127, 128, 133, 134, 192, 196, 197, 231, 242, 248, 263, 273, 275
m (Inanimate Movement) A-6, B-1, C-3 048, 056, 057, 110, 113, 115-118, 120-122, 124, 130, 141, 165, 176, 191, 242, 263, 273, 275
Mediation B-5

MOR（Morbid Content） A-8, B-4, B-7, C-1,
　　C-3　057, 159, 160, 221, 244, 249-251,
　　254-257, 267, 273, 279

N

Na（Nature） A-7, C-3　191, 203, 205-208,
　　273, 278

O

OBS（Obsessive Style Index） B-8, C-6　183,
　　274, 279

P

P（Popular Response） B-5, C-1, C-6
　　051-053, 057, 210-215, 249, 263, 273, 277
p（passive） B-3, B-4, C-4　057, 118-122,
　　125-128, 176, 260, 261, 273, 277
PER（Personal） A-8, B-3　221, 257, 258,
　　260, 266, 268, 273, 279
PHR（Poor Human Representation） A-8, B-3
　　248-254, 273, 279
PSV（Perseveration） A-8, B-6　100, 258-262,
　　273, 279

R

r（Reflection Response） A-6, B-7, C-1, C-3
rF（Reflection Form response） A-6, B-7, C-1,
　　C-3　057, 111, 167, 170, 171, 177, 263,
　　274, 276

S

S（White Space Details） A-2, B-2, C-1, C-3,
　　C-5　069, 070, 072, 082, 088, 170, 273,
　　275
Sc（Science） A-7　201, 202, 208, 273, 278
S-Constellation（Suicide Constellation : S-Con）
　　B-8, C-1　018, 158, 162, 251, 273, 279
Special Scores　A-8　216, 217, 234
Sum6　A-8, B-4　217, 273, 279
Sx（Sex） A-7　209, 273, 278

T

T（Pure Texture Response） A-6, B-1, B-3, C-4,
　　C-5　151-155, 157, 162, 164, 165, 176,
　　191, 264, 274, 276
TF（Texture Form Response） A-6, B-1, B-3,
　　C-4, C-5　154, 162, 274, 276

V

V（Pure Vista Response） A-6, B-1, B-7, C-1,
　　C-3　151, 155-162, 164, 165, 191, 264,
　　274, 276
VF（Vista Form Response） A-6, B-1, B-7, C-1,
　　C-3　156, 158, 159, 162, 274, 276

W

W（Whole） A-2, B-6　066, 069, 070, 088,
　　091-093, 100, 107, 185, 265, 273, 275
WDA%（Form Appropriate Common Areas）
　　B-5, C-2　273, 277
WS（Whole Space） 069, 070, 072, 073, 084,

085, 094, 096, 212, 238
WSum6　A-8, B-4, C-2　176, 273, 279

X

XA%（Form Appropriate Extended）　B-5, C-2　273, 277
Xu%（Unusual Form Use）　B-5　273, 277
Xy（X-ray）　A-7, B-7　187, 209, 273, 278

Y

Y（Pure Shading Response）　A-6, B-1　058-060, 147, 148, 151, 162-166, 191, 247, 256, 264, 274, 276
YF（Shading Form Response）　A-6, B-1　147, 148, 163, 165, 274, 276

Z

Z　A-1　091, 092, 102
Zd　B-6, C-1, C-5, C-6　100, 102, 104-107, 273, 277
Zf　A-1, B-6, C-5, C-6　100-102, 104
ZEst　A-1　057, 088, 098-102, 104, 107, 273, 277
ZSum　A-1　100-102, 104

あ

逸脱反応（DR）　A-8　057
逸脱言語表現（DV）　A-8　217
一般的な領域における適切形態反応（WDA%）　B-5, C-2
一般部分反応（D）　A-2, B-6
衣服反応（Cg）　A-7, C-5　202, 202
運動反応（Movement Determinants）　036, 048, 114, 118, 122-124
エックス線写真反応（Xy）　A-7, B-7　187, 209

か

外拡型　061, 062, 134, 205
解剖反応（An）　A-7, B-7　187, 199
科学反応（Sc）　A-7　201, 208
家財道具反応（Hh）　A-7　205
過剰な修飾（Over Elaboration）　220, 226
慣習的な形態の使用（X+%）　B-5, C-1, C-6
稀少な形態の使用（Xu%）　B-5
稀少反応（u）　A-4
強迫的スタイル指標（OBS）　B-8, C-6　183
空白部分反応（S）　A-2, B-2, C-1, C-3, C-5
雲反応（Cl）　A-7, C-3　203
芸術反応（Art）　A-7, B-4, C-3　200
形態材質反応（FT）　A-6, B-1, B-3, C-4, C-5　152
形態色彩反応（FC）　A-6, B-2, C-1, C-4　057, 134
形態質のないM　A-4　196-198, 266
形態水準（FQ）　A-4　049, 092, 179-182, 184, 185, 189-191
　——稀少（FQu）　A-4
　——普通（FQo）　A-4　180, 181
　——普通－詳細（FQ+）　A-4, C-6　181
　——マイナス（FQ-）　A-4　049, 181, 186-

191
形態反応（F）　A-6　063, 110
形態無彩色反応（FC'）　A-6, B-1, B-2, C-3
形態立体反応（FD）　A-6, B-7, C-1, C-3　057, 111, 158, 167
血液反応（Bl）　A-7　202
決定因子　A-5, A-6　031, 039, 064, 065, 110, 111, 113, 148, 163-167, 177, 179, 192, 193, 196, 247, 248, 259, 260, 264
固執（PSV）　A-8, B-6　258, 259, 261, 262
個人的な反応（PER）　A-8, B-3　257
孤立指標（Isolate/R）　B-3, C-3, C-4　206, 208
混交反応（CONTAM）　A-8　236, 238

さ

材質形態反応（TF）　A-6, B-1, B-3, C-4, C-5　154
材質反応（FT, TF, T）　A-6, B-1, B-3, C-4, C-5　057, 151, 152, 162
作話的結合（FABCOM）　A-8　231
色彩形態反応（CF）　A-6, B-2, C-1, C-4　057, 134
色彩投映（CP）　A-8, B-2　148
色彩濃淡ブレンド（Col-Shd Blends）　C-1, C-3
色彩命名反応（Cn）　A-6　133
自然反応（Na）　A-7, C-3　203, 205, 207
自己中心性指標（3r+(2)/R）　B-7, C-1, C-3　159, 161, 162, 175-177
自殺の可能性を示す指標（S-Con）　B-8, C-1　162, 251
純粋材質反応（T）　A-6, B-1, B-3, C-4, C-5
純粋色彩反応（C）　A-6, B-2, C-1, C-4　057, 134
純粋無彩色反応（C'）　A-6, B-1, B-2, C-3
情報処理過程（Processing）　B-6　089, 099

情報処理の効率（Zd）　B-6, C-1, C-5, C-6　104
情報の取り込み過剰（オーバー・インコーポレート）　C-1　105, 106, 108
情報の取り込み不足（アンダー・インコーポレート）　C-1　106, 108
植物反応（Bt）　A-7, C-3　202
食物反応（Fd）　A-7, B-3, C-4　203
人類学反応（Ay）　A-7, B-4, C-3　200
性反応（Sx）　A-7　209
積極と消極の右肩文字（a, p）　B-3, B-4, C-4
潜在的な反応　052, 055
全体適切形態反応（XA%）　B-5, C-2
組織化活動（Zスコア）　A-1　089, 090-098, 102, 103
損傷内容反応（MOR）　A-8, B-4, B-7, C-1, C-3　159

た

体験型（EB）　B-1　134
知性化指標（2AB+(Art+Ay)）　B-4, C-3　201, 241
抽象的内容（AB）　A-8, B-4, C-3　201, 241
地景反応（Ls）　A-7, C-3　205, 207
地理反応（Ge）　A-7, C-3　205
動物運動反応（FM）　A-6, B-1, C-3　110, 114, 120
動物反応（A, Ad, (A), (Ad)）　A-7, C-5　063
特異な言語表現（Unusual Verbalizations）　217
特殊スコア（スペシャルスコア）　A-8　057, 064, 148, 193, 196, 199, 201, 216-219, 226, 231, 238
特殊部分反応（Dd）　A-2, B-6, C-1

な

内向型　061, 062, 134, 176, 244
人間運動反応（M）　A-6, B-6　031, 057, 110, 114, 120, 124
人間反応（H, Hd, (H), (Hd), Hx）　A-7, B-3, B-7, C-1, C-4, C-5　125, 248
人間表象反応（Human Representational Responses）　248-250
認知的媒介　B-5
濃淡拡散反応（FY, YF, Y）　A-6, B-1　057, 147, 148, 151, 162
濃淡立体反応（FV, VF, V）　A-6, B-1, B-7, C-1, C-3　057, 151, 162

は

爆発反応（Ex）　A-7　203
発達水準（DQ）　A-3　064, 077, 078, 080, 084, 088
　——結合反応（DQ+）　A-3, B-6　081, 084
　——普通反応（DQo）　A-3　080, 084
　——漠然反応（DQv）　A-3, B-6　079, 080, 084
　——準結合反応（DQv/+）　A-3　084
反射反応（Fr, rF）　A-6, B-7, C-1, C-3　057, 111, 160, 171-173, 175-177
反応数（R）　B-1, B-2, C-1, C-2　050-052, 056, 057, 262
反応内容（Content）　A-7　064, 065, 192, 193, 199, 206, 208, 210, 237, 242, 249-251, 259-263
不適切な説明（Inappropriate Phrases）　224
不適切な論理（ALOG）　A-8　057, 217, 233
不調和な結合（INCOM）　A-8　199
火反応（Fi）　A-7　203
ブレンド反応　A-5, B-2, C-3　163, 164, 178

ペア反応（2）　A-6, B-7, C-1, C-3　057, 102, 111, 167, 174-177, 263, 264, 273, 276
平凡反応（P）　B-5, C-1, C-6　051-053, 057, 190, 193, 210, 214, 215, 250

ま

マイナス反応　A-4, B-5　049, 186-189
無形態（FQnone）　A-4　250
無彩色反応（FC', C'F, C'）　A-6, B-1, B-2, C-3　057, 145, 147, 166
無彩色形態反応（C'F）　A-6, B-1, B-2, C-3
無生物運動反応（m）　A-6, B-1, C-3　057, 115

や

有彩色反応（FC, CF, C）　A-6, B-2, C-1　031, 110, 141, 142, 145, 146, 149, 164, 166
抑うつ状態　B-7　018
抑うつ指標（DEPI）　B-8, C-3　018, 159

ら

レベル1　A-8　217, 218, 223, 224, 229-233, 235
レベル2　A-8, B-4, C-2　218, 223, 224, 227, 229, 230, 232, 233, 238, 239, 250, 263, 266-268
ロケーター（locator）　B-1　145-147

著者略歴

中村紀子
（なかむら・のりこ）

上智大学大学院博士後期課程満期退学。臨床心理学専攻。臨床心理士。中村心理療法研究室。エクスナー・ジャパン・アソシエイツ代表。
主要著訳書――『ロールシャッハ・テスト Sweet Code――コーディング・システム』（監修，金剛出版，2010）『ロールシャッハ・テスト――包括システムの基礎と解釈の原理』（ジョン・E・エクスナー著，野田昌道との共訳，金剛出版，2009）『ロールシャッハ・テスト ワークブック（第5版）』（ジョン・E・エクスナー著，西尾博行・津川律子との共訳，金剛出版，2003）『ロールシャッハの解釈』（ジョン・E・エクスナー著，野田昌道との共訳，金剛出版，2002）ほか。

ロールシャッハ・テスト講義Ⅰ――基礎篇（こうぎ）（きそへん）

初　刷	2010年7月10日
六　刷	2024年5月30日

著　　者	中村紀子
発行者	立石正信
発行所	株式会社 金剛出版　https://www.kongoshuppan.co.jp/
	〒112-0005　東京都文京区水道1-5-16
	電話 03-3815-6661　振替 00120-6-34848
ブックカバーデザイン	阿部一秀
印刷	新津印刷
製本	東京美術紙工協業組合

ISBN978-4-7724-1140-0　C3011　Printed in Japan　©2010

ロールシャッハ・テスト講義 II
解釈篇

[著]＝中村紀子

●A5版　●上製　●320頁　●定価 **4,620**円

『ロールシャッハ・テスト講義 I』に次ぐ第2弾。
クラスター解釈によってデータを精査して、
受検者の回復に役立つアセスメントスキルを解説する。

ロールシャッハ・テスト
包括システムの基礎と解釈の原理

[著]＝ジョン・E・エクスナー
[監訳]＝中村紀子　野田昌道

●B5版　●上製　●776頁　●定価 **19,800**円

テストの施行法や解釈、
さらに成立過程まで網羅した、
包括システムの原理が学べるロールシャッハ・テスト解釈書の決定版。

ロールシャッハ・テスト ワークブック
（第5版）

[著]＝ジョン・E・エクスナー
[監訳]＝中村紀子　西尾博行　津川律子

●B5版　●上製　●248頁　●定価 **5,720**円

旧版から変更・追加された変数や特殊指標を収録して
最新のシステムに対応。
スコアリング・コードのポイントや
練習問題を掲載したトレーニングブック。

価格は10%税込です。